本书为国家社会科学基金项目教育学重点课题"学生健康素养评价指标体系研究"（批准号：ALA130003）成果

Research on Students' Health Literacy
Assessment Index System

学生健康素养评估指标体系研究

主　编　傅　华　史慧静
编　委（按姓氏笔画排序）
　　　　王书梅　王　帆　王甫勤　史慧静
　　　　张　镭　钱海红　唐　增　傅　华

复旦大学出版社

序　言

　　中共中央、国务院印发的《"健康中国2030"规划纲要》中明确提出："要普及健康生活,从健康促进的源头入手,强调个人健康责任,通过加强健康教育,提高全民健康素养。"所谓健康素养,是指人们在进行与医疗服务、疾病预防和健康促进有关的日常活动时,通过获取、理解、评价和应用健康信息,从而做出有利于健康的决定。健康素养反映了一个人人所具备的维持健康状态和有效利用健康资源的综合能力,包含了认知能力和社会技能。这些能力或技能往往决定了个体具备怎样的动机,如何去获取、理解和使用健康信息,从而采取怎样的生活行为方式以促进和维持健康。学生阶段正处于人的一生中养成健康生活习惯的关键时期,提高学生健康素养是促进全民健康的重要策略之一。然而,我国长期以来都缺乏学生健康素养的评价理论和方法。

　　复旦大学傅华教授领衔的国家社会科学基金教育学重点课题"学生健康素养评价指标体系研究"研究团队,以公共卫生的视角,经过几年的潜心研究,在理清健康素养概念的历史发展、内涵和外延的基础上,梳理学生健康素养评价的主要内容维度,分别构建适合中国小学生、中学生和大学生群体的健康素养评估指标体系,编制一系列学生健康素养评估问卷,通过一系列调查,验证问卷的信度和效度,并进一步提出提升学生健康素养培育的对策。如此系统、完整地研究学生健康素养评估的理论和方法,在当下的国内外学术界属不多见。

　　本书的出版,不仅可以让广大学校卫生和健康教育的研究和实践者深入领会学生健康素养评估的内涵,还可以让大家实实在在地运用该研究获得的小学生、中学生和大学生健康素养评估指标体系,不断推进学校健康教育的有序开展,全面分析我国各类学生人群的健康素养现况,科学评价学生健康教育和学校健康促进工作的实效性。科学监测和培育学生健康素养，全面提高学生的防病能力和体质健康水平，提升全民健康素质，减少日益沉重的医疗费用支出和疾病负担，是一项重要的公民健康投资。

2020 年 7 月　上海

前　言

很高兴我们承担的国家社会科学基金教育学重点课题"学生健康素养评价指标体系研究"的成果终于和读者见面了。作为一本研究型的著作，我们的研究思想和工作思路是什么？研究出来的成果如何在现实中应用？为了回答这些问题，下面就学生健康素养的特殊性和学生健康素养评估指标体系构建的考虑及应用，谈谈我们的想法。

自 2008 年卫生部颁发《健康素养 66 条》以来，健康素养已经成为健康促进、疾病预防和医疗服务的热点领域。这几年，青少年，尤其是学生的健康素养逐渐受到重视。在党中央和国务院颁发的《"健康中国 2030"规划纲要》中，专门有一节阐述了"提高全民健康素养"，指出"从小抓起，普及健康科学知识"；在实现目标中，明确提出"到 2030 年，全民健康素养大幅提高"。从全球看，健康素养也越来越受到重视。世界卫生组织（World Health Organization，WHO）认为，健康素养是促进健康的支柱之一，也是人民增权的关键决定因素。2016 年在上海召开的"第九届全球健康促进大会"所发表的《上海宣言》中提出："健康素养是范围较广的技能和能力的综合体，人们需要首先通过学校课程，而后在整个生命周期内不断发展这类技能和能力。"由此可见，通过学校健康教育提升健康素养是学生增权（empowerment），以及使他们能够在以后的生涯中采取健康生活方式的基本先决条件；学生健康素养的提升是全民健康促进至关重要的环节。联合国可持续发展目标之一，就是到 2030 年，向学生提供自身可持续发展所需的所有知识和技能。

基于学生健康素养的重要性，本课题的研究目的是：理清学生健康素养的概念、特点和学生健康素养评估的理论框架；构建适用于中国小学生、中学生和大学生的健康素养评估指标体系；并提出有效提升中国学生健康素养的对策和建议。

在开展学生健康素养评估前,首先要确定其理论框架,而理论框架又是建立在概念之上的。所以,学生健康素养应该特指什么?它和一般理解的成年人健康素养有什么异同?正如我们在第二章里介绍的,通过对文献进行综述发现,健康素养是一个高度多样化的结构,对普通人群有100多个不同的定义。但有一个共同点是:描述了如阅读、写作、批判性思维或信息处理技能等认知、情感和行为能力的个人属性(individual attribute),而处于不同的生长发育阶段学生的认知及其他的个人属性有其特殊性。所以,学生健康素养应该是符合这一阶段发展的特点。因此,我们把学生健康素养定义为"学生本身在所处的年龄和学习阶段所具备的获取、理解、评价和应用健康信息,以做出合理健康决策的能力总和"。在这个概念中,我们采纳了健康素养一般性概念中的"获取、理解、评估和应用健康信息"这一认知、情感和行为的个人属性。但这个概念既要反映学生与一般人群的不同,同时也要强调学生这个群体概念下认知水平的异质性。也就是说,强调了"学生本身在所处的年龄和学习阶段"所具有的个人属性。正如我们在第一章所指出的,小学生的认知能力随年龄增长变化很大,所以我们在考虑小学生健康素养评估指标体系时是按年级来制订的;而到了中学阶段,尤其是大学阶段,就基本按照中学生和大学生的特点来整体考虑这个人群的健康素养评估指标体系。

我们所下的"学生健康素养定义"另一个特点,是把"做出合理健康决策的能力"作为学生健康素养的有形产出(visible outcome)或直接结果(directive outcome),也就是强调了健康素养在"健康信息"和"健康决策"之间的中介作用。健康决策就是让人们做出有益于健康的理智决定和明智选择。WHO前总干事布伦特兰说:"健康促进所阐述的就是做决定,包括在家庭、社会、国家乃至国际机构内做决定。我们必须帮助人民增权,让他们为自己和家庭的健康做出选择。"所以,健康决策与另一个重要概念"增权"有关。增权又称为增强权能,是指人们增强对决定他们生命事件掌控力的过程,即有能力对决定自身健康的问题做出明智的选择。也就是说,如果学生具备良好的健康素养,他就可以在日常的学习和生活中,身处各种情境下,自己决定应该做什么对他的健康是有益的。只有自己的健康自己作主,才能在千变万化的情境中应对自如。这是基于一个理性的行动主体从事与健康有关的有意识地选择和行动的基本假设,强调了个人的主观能动性和个人的积极作用。正如提出健康素养概念的著名学者之一 Nutbeam 教授所说的，可以把健康素养看作个人增权的工具；健康素养是个人和社会的有利条件或资产，是个人健康和他人健康的资源。

但是，在这里需要指出的是，个人的健康决策不仅取决于个人属性，还取决于所处的物质和社会环境。学生健康素养往往植根于他所处的社会文化实践的情境中，与其个人的生活轨迹、经历、社会状况及周围人的价值观有密切关系。学生健康素养的这种社会根植性（social embeddedness），是强调其作为社会条件与寻求健康信息相关的个人技能与健康决策之间相互作用的产物。因此，一个人能够使用其技能的方式和程度在很大程度上取决于当前任务与周围环境因素之间的相互关系。因此，除了从学生心理学发展的视角外，必须以学生社会化的观点，特定地理解这种学生个人-情境的互动。为此，我们在学生健康素养的定义中，以"能力总和"来概括学生的健康决策，它既有来自健康素养的个人属性，也同样受其身处的物质和社会环境的影响，最后的健康决策应是两者互动作用的结果，即"能力总和"。所以，在培养学生健康素养的策略上，不仅要注重学生个人的认知、情感和行为属性，同样也要重视学生健康素养的社会根植性，重视培养学生应对形形色色生活情境时的生活技能。在这方面，最近 WHO 在推广健康促进学校的项目中，就专门开发了 *Life skills education school handbook：prevention of noncommunicable diseases — Approaches for schools*（Geneva：World Health Organization；2020. https://www.who.int/publications-detail-redirect/9789240005020），感兴趣的读者可以进一步参考。当然，作为评估指标体系的研究，很难兼顾到不同情境下的学生健康素养问题。所以，本课题研究获得的学生健康素养评估指标体系，还是聚焦于学生"获取、理解、评价和应用健康信息"这一健康素养普适性的个人属性。

在理清了学生健康素养概念后，本书阐述了"学生健康素养评估指标体系的理论框架"，从学段、健康领域和健康素养3个维度构建学生健康素养评估的基本内容，用于指导设计三级构架的评估指标体系。健康是一个范围很广的概念，涉及方方面面。因而，我们在考虑学生健康素养的健康内容时，决定以国家对不同学段学生所制定的健康教育要求，来确定不同学段学生健康素养中的健康内容。

总体而言,我们这套学生健康素养的评估指标体系,有如下的特点:①强调学生健康素养具有发展连续性和阶段性,所以学生健康素养的评估是根据学生不同的认知发展阶段来设计的。②学生健康素养的能力总和既反映学生认知、情感和行为属性,也强调家庭、学校、社会及文化等物质和社会环境的社会根植性。③学生健康素养可以通过接受教育来形成和发展,强调学生健康素养应体现党和国家教育方针政策的精神,与国家相关规范要求及中国学生核心素养相一致,并能继承、弘扬中华文化人文情怀。④将学生健康素养划分为获取、理解、评估和应用健康信息4个维度,同时也整合功能性、交互性和评判性及媒体素养。这既能汲取国际健康素养的经验,也能与国际健康素养相比较。

本书的总体安排是:第一章概述性地介绍本课题主要研究成果。第二和第三章分别论述了健康素养概念及健康素养评估的理论和方法。第四、第五和第六章分别介绍了小学生、中学生和大学生健康素养评估指标体系的具体研究过程和结果,详细地介绍了我们的研究方法、过程,研究数据的分析和讨论。目的是与读者分享该研究的具体做法,了解研究的具体过程,以便进一步理解我们的研究结果和可能存在的不足之处。第七章概要性地提出了提升学生健康素养的建议。

本研究最主要的目的是构建符合中国特点、内容全面、结构完整的小学生、中学生和大学生健康素养评估三级指标体系。这一指标体系的建立,有助于具体指导学校分阶段、分步骤地有序开展健康教育,具体指导设计适合不同学段学生健康素养评测的问题。该指标体系的第一级和第二级指标,仅是标明了不同学段学生健康素养评估的健康领域内容和素养能力维度,第三级指标虽有具体健康素养能力的指向性,但仍不能直接用于测量问卷,需要应用者根据所要评估的素养能力编写具体的问卷问题,从而形成面向学生的测量工具。本书的附录是我们研究人员根据评估指标体系编制的各个学段学生健康素养测量问卷的示范,可供读者参考使用。

本研究凝聚了众多研究者,尤其是具体调查实施人员的辛劳和心血,很多的现场工作得到了当地方方面面的大力支持和帮助,在这里谨表衷心的感谢。我们感谢陈斌斌、徐琳、何鲜桂、陆大江、李存荣、冷梅、孙萍、周丽君、王琳、贾英男、吴瑞龙、陈德、曲爽笑、王亚宁、张喆和李梦娜等专业人士在学生健康素养评估问卷编写中提供的帮助;感谢上海教育报刊总社康复杂志社孙康、金晓丽及许珽銎等人的绘图制作;感谢上海市学校卫生保健协会健康教育专委会在评估问卷试用过程中的大力协助;感谢所有参与调研学校给予现场组织协调等的大力支持和帮助。最后,我们想说的是,作为一项研究,肯定有很多不足之处。本书的编撰也会有不少错漏,希望读者能给予批评指正。

傅　华　史慧静

目 录

第一章 研究总报告 ... 1
    一、研究目标和总体设计 / 2
    二、研究主要发现 / 5
    三、提升学生健康素养的建议 / 23

第二章 健康素养概述 ... 28
    一、健康素养理论研究的发展脉络 / 28
    二、国内外健康素养定义的发展 / 30
    三、健康素养的内容维度 / 37
    四、当前公民健康素养的现状水平和健康效应 / 40
    五、小结 / 45

第三章 健康素养评估问卷研究进展 ... 49
    一、成人健康素养评估问卷 / 49
    二、儿童青少年健康素养评估工具研究进展 / 54

第四章 小学生健康素养评估指标体系研究 ... 62
    一、研究目的与意义 / 62
    二、研究设计与方法 / 62
    三、研究结果 / 65
    四、讨论 / 133

第五章 中学生健康素养评估指标体系研究 ... 139
    一、研究目的与意义 / 139

二、研究工作流程和方法 / 139

三、研究结果 / 143

四、分析与讨论 / 192

五、小结 / 202

第六章 大学生健康素养评估指标体系研究 —————— 204

一、研究背景及研究目的 / 204

二、研究工作流程和方法 / 205

三、研究结果 / 208

四、分析与讨论 / 259

五、小结 / 261

第七章 学生健康素养与学校培育途径 —————— 263

一、在学生人群中关注健康素养的重要性 / 263

二、在学校场所开展儿童青少年学生健康素养培育 / 266

三、小结 / 269

附录1～3 各学段学生健康素养评估问卷 —————— 273

第一章
研究总报告

健康素养是指人们在进行与医疗服务、疾病预防和健康促进有关的日常活动时,获取、理解、评价和应用健康信息来做出健康相关决定以维持或提高生活质量的知识、动机和能力。它反映了人所具备的维持健康状态和有效利用健康资源的综合能力,包含了认知能力和社会技能。这些能力或技能决定了个体具备怎样的动机,如何去获取、理解和使用健康信息,从而采取怎样的生活行为方式以促进和维持健康。在过去十多年中,针对健康素养已开展了很多研究。多数研究表明,健康素养有明显的社会梯度。一方面,健康素养低下与以下方面有关:健康状况恶化,减少预防性保健服务的使用和增加医疗服务的使用,管理长期条件的能力较差,对社会经济弱势群体、老年人、移民、少数民族群体和残疾人造成更大的健康损害影响。另一方面,健康素养较高的人群会拥有较好的健康相关技能和能力,使他们能够实践一系列有利于健康的行动,包括改变个人行为,参与促进健康的社会行动,提升其影响其他人健康决定的能力,如戒烟,参与预防性筛查计划。这不仅直接改善了健康结局,而且还提供了更广泛的健康选择和机会。因此,健康素养低下能够对改善人群健康和实现健康公平性带来威胁。

学生阶段是处于人的一生中养成健康生活理念和行为习惯的关键时期。因此,提高学生健康素养是促进全民健康的重要策略之一。然而,由于青少年在生理、心智和认知等方面发育还不成熟,青少年时期的健康素养与成人期的健康素养有所差别。现有的成人健康素养量表无法全面、客观地对青少年健康素养做出评估。所以要培养青少年学生的健康素养,必须针对性地开发出一套符合青少年学生特点、适合中国特色的健康素养评估体系。

一、研究目标和总体设计

（一）研究目的

本课题旨在理清健康素养概念的历史、内涵和外延，梳理学生健康素养的主要内容维度，分别设计出适合中国小学生、中学生和大学生群体的健康素养评估指标体系，并在此基础上进一步探讨提升学生健康素养的对策和建议。预期能够完成的目标包括以下。

（1）建立学生健康素养的概念、特点和学生健康素养指标体系理论框架。

（2）构建适用于中国小学生、中学生和大学生的健康素养评估指标体系。

（3）提出有效提升中国学生健康素养的对策和建议。

（二）研究设计

1. 研究程序概述　首先，通过文献评阅了解健康素养的定义和内涵、国内外研究进展和现有的测量工具，以作为学生健康素养评估指标体系建立的思路和主要理论依据。然后，通过对教育卫生等相关领域行政人员、专家及一线教师进行访谈，了解不同学段学生的认知特点和核心健康教育需求，探索评估指标体系建立的内容依据及形式；通过德尔菲专家咨询法等建立评估指标体系并确立各指标权重。最后编制评估问卷，进行问卷调查，评价问卷的信效度。修改相应条目后形成最终版评估问卷，并确立测评方法。

2. 研究样本　本研究根据多阶段分层抽样选取样本，以在校小学生、中学生和大学生的区域分布作为总体样本框进行抽样。小学、中学和大学的抽样设计见各子课题。样本量的计算：由于国内没有学生健康素养的相关研究，因此本次研究考虑分层等因素，计划在小学、中学及大学中各抽取样本至少300例，总样本至少900例。

3. 研究方法

（1）文献分析法：

1）本研究将通过回顾最近10年国内外文献，全面分析现有健康素养理论的相关资料，对于现有健康素养问卷的内容、维度、分类和等级评分等进行整理。通过文献综述的形式对健康素养的理论体系、评估指标进行全面的梳理,形成问卷体系的结构框架。

2）本研究收集目前学生的健康水平、知识、技能、态度和行为危险因素及心理健康等相关文献,分析目前学生健康素养的现况、目前存在的问题等。

（2）访谈法：

1）专家访谈法：通过访谈部分教育专家、教育工作者和青少年健康专业人员等,了解目前我国学生健康素养的现况和主要的内容,对本研究提出的健康素养的各个维度（获取、理解、评价和应用）进行评估,确定学生健康素养需求的核心内容。

2）焦点小组访谈法：通过焦点小组访谈来了解我国不同年龄及教育程度的青少年健康素养的主要内容,拟分成以下几组。

A. 学生及其家长群体：包括小学生及其家长、初中生及其家长、高中生和大学生（包括高职学生）。

B. 教育专家及教育工作者：选择从事青少年教育的工作者,包括任课教师、班主任、辅导员及学校保健老师。

C. 专业人士：对从事青少年健康、青少年心理研究等专业技术人员进行访谈,了解他们对于青少年健康素养的看法。

以上每类人群以 8~10 人为一组,采用结构化的访谈提纲进行焦点小组访谈。初步定为每类人群至少 3 组,共 24~30 人。实际操作时,按照信息饱和原则增加和终止访谈。

访谈内容在不同人群有所侧重。在学生及其家长群体中主要包括：学生目前的健康相关知识和技能、对于健康的态度和理解、做出健康决策及解决问题的能力；学生对于健康相关信息、方法和技能的需求。在教育工作者中,侧重学生目前主要的健康问题（包括生理、心理和社会适应等不同方面）。在专业人士中,则从生命全程与健康的角度分析在青少年阶段的核心健康教育需求。

（3）指标制订步骤：根据上述定性访谈的内容,结合现有的文献,借鉴现有成人健康素养的内容等,同时充分考虑青少年的健康素养特点,应用定性和定量结合的方法,从不同角度设计学生健康素养指标体系。具体步骤如下。

1）形成评估条目池：根据国内外文献评阅和定性访谈结果,形成不同学段学生健康素养评估指标的条目池。

2) 德尔菲专家咨询：采用德尔菲专家咨询法，请专家对每一评估指标条目的合理性、重要性进行评分，并对条目提出修改意见。通过2～3轮的咨询，初步确定评估指标体系的基本条目。

3) 编制评估问卷：根据上述形成的评估指标体系，结合不同学段学生的日常生活实际，分别编制适用于小学生、中学生和大学生的健康素养评估问卷测试版。并在小学、中学和大学中各选择至少30名学生进行预实验，进一步对评估条目进行修改和筛选，形成正式的学生健康素养评估指标体系和问卷。

本研究已向复旦大学公共卫生学院伦理学委员会申请伦理学许可，并在研究中获得所有研究对象的知情同意，为项目开展定性方法和问卷调查提供伦理保证。

4. 技术路线　根据上述研究方法，技术路线图概括如图1-1。

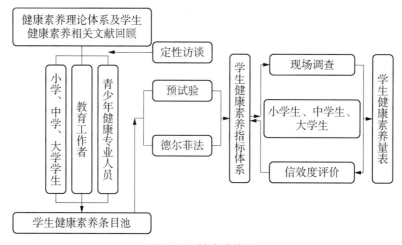

图1-1　技术路线图

本课题在整体研究框架下分为5个子课题，分别为：①国内外学生健康素养理论体系比较研究；②小学生健康素养评估指标体系研究；③中学生健康素养评估指标体系研究；④大学生健康素养评估指标体系研究；⑤提升学生健康素养的对策研究。

二、研究主要发现

(一) 学生健康素养的概念、特点和学生健康素养评估指标体系理论框架

在梳理国内外儿童青少年健康素养研究现状及开展专家访谈咨询的基础上,建立了学生健康素养评估指标的概念、特点,以及学生健康素养评估指标体系理论框架。

1. 学生健康素养的概念　学生健康素养是学生本身在所处的年龄和学习阶段所具备的获取、理解、评价和应用健康信息,以做出合理健康决策的能力总和。

> 注:我国卫生部于2008年提出的健康素养是指人的这样一种能力:它使一个人能够获取和理解基本健康信息和服务,并运用这些信息和服务做出正确的判断和决定,以维持并促进自己的健康。本书所指的学生健康素养的概念与国家卫生部提出的健康素养的一般性概念基本一致。但是,由于健康素养是一个舶来品,根据《维基词典》,素养(literacy)主要指使用语言、数字、图像、计算机和其他基本手段来理解、交流、获取有用知识,解决算术问题和使用文化主导符号系统的能力,与我国传统意义上的素养有一定的区别。根据《百度词典》,我国素养(accomplishment)的概念主要是指由训练和实践而获得的一种道德修养。

2. 中国学生健康素养的特点

(1) 学生健康素养具有发展连续性和阶段性。所以,学生健康素养的提高和评估应该根据学生不同的发展和认知阶段来设计。

(2) 学生健康素养的能力总和既反映学生在健康相关知识、态度和能力等的综合表现,同时也受到家庭、学校、社会和文化等物质及社会环境的影响。

(3) 学生健康素养可以通过接受教育来形成和发展。强调学生健康素养应体现党和国家教育方针政策的精神,与国家相关规范要求及中国学生核心素养相一致,并能继承和弘扬中华文化人文情怀。

(4) 学生健康素养被划分为获取、理解、评价和应用健康信息4个维度,同时也整合功能性、交互性和评判性及媒体素养。这既能汲取国际健

康素养的经验,也能与国际健康素养相比较。

3. 学生健康素养评估指标体系的理论框架　学生健康素养评估指标体系的理论框架将从 3 个维度构建学生健康素养评估的基本内容(图 1-2),用于指导设计三级构架体系的相关评估指标。

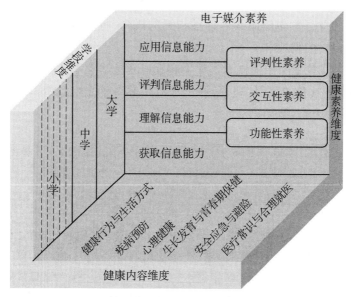

图 1-2　学生健康素养评价指标体系理论框架

(1) 学段维度:不同年龄和不同年级的学生,其认知发展具有明显的阶段性,其获取、理解、评价和应用健康信息的能力也有很大的不同。且年龄越小,这种认知发展和信息处理能力的差别就越大。考虑到学生生长发育的生理差别,同时也考虑实际操作上的可行性,我们把学生分为小学、中学和大学 3 个学段。由于小学生的生理心理发育尚未成熟,处于身心快速生长发育的阶段,每个年级学生的认知差别相对比较大。所以,在小学阶段又进一步按年级细分,即按一～六年级每年级为一个水平设计评估工具。

(2) 健康内容维度:根据教育部 2008 年颁发的《中小学健康教育指导纲要》中的有关学生应掌握的 5 个领域健康知识与技能(健康行为与生活方式、疾病预防、心理健康、生长发育与青春期保健、安全应急与避险)、教育部2012年颁布的《中小学心理健康教育指导纲要》,以及国家卫计委颁布的《中小学健康教育规范》(GB/T 18206-2011)等国内规范性文件(中小学生健康素养评估指标内容均以这些文件为主要依据),结合国际上常用的评估指标进行制订。大学生健康素养评估指标体系则根据《大学生健康教育基本要求》《上海市高校学生健康教育指导纲要》《普通高等学校学生心理健康教育工作基本建设标准》,以及新时代大学生的特点,来确定大学生健康素养评估内容。

因而,本项目综合国家部委等规范文件和专家的咨询意见,并针对当前不同学段学生人群面临的主要健康问题和干预工作领域,来划分健康内容维度,共6个方面:①生长发育与青春期保健;②健康生活方式;③疾病预防和控制;④心理健康;⑤安全应急与避险;⑥医疗常识与合理就医。其中"医疗常识与合理就医"在上述文件中没有提及,但它是健康素养中非常重要的方面。所以,在中学生和大学生中,把"医疗常识与合理就医"作为其中的一个健康内容维度。但由于小学生看病等相关知识和行为主要由家长决定,所以小学生这个学段没有把"医疗常识与合理就医"作为健康内容维度。

(3) 健康素养维度:根据健康素养的核心要义分为获取、理解、评价和应用健康信息4个维度,由健康素养维度和健康内容维度所构成的矩阵及其各维度释义见表1-1。另外,也把健康素养的功能性素养、交互性素养、评判性素养和电子媒介素养整合进来。其中,"功能性素养"意指一个人读写文字、数据运算分析及正确理解信息的基本能力。"交互性素养"意指一个人有效运用功能性素养及社交能力获取与交流信息、参与日常生活活动和人际交流,以及应用健康信息进行行为决策的能力。"评判性素养"意指一个人对获取的信息进行判断的能力,以及针对某个问题将来自多方的信息进行综合分析的能力。"电子媒介素养"是指学生在获取和利用互联网相关资源方面的认知和能力。尽管互联网已成为当今青少年学生日常生活和学习获取知识的重要途径,但由于小学生的自控能力还比较差,很多情况下不能做到合理使用,是否在小学生中倡导使用互联网仍有一定的争论。所以,本次研究没有在小学生中设计电子媒介素养。

表 1-1 学生健康素养评估指标体系理论框架中素养维度和内容维度矩阵内各维度释义

健康素养维度	获取信息	理解信息	评价信息	应用信息
健康行为与生活方式	获取健康生活方式相关信息	理解健康生活方式相关信息的特定含义	有意识地鉴定、分析和评价健康生活方式相关信息	在如何健康生活问题上做出明智的健康决策
疾病预防	获取疾病危险因素相关信息	理解疾病危险因素相关信息的含义	有意识地鉴定、分析和评价疾病危险因素的相关信息	为降低疾病危害因素的损害作用而做出健康决策
心理健康	获取影响心理发育相关信息	理解影响发育相关信息的含义	有意识地鉴定、分析和评价影响心理发育的相关信息	为减少心理伤害做出有益决策
生长发育与青春期保健	获取影响青春期生长发育的相关信息	理解影响青春期生长发育相关信息的含义	有意识地鉴定、分析和评价影响青春期生长发育的相关信息	能够更好地促进青春期健康生长发育
安全应急与避险	获取危险发生原因相关信息	理解危险发生原因相关信息的含义	有意识地鉴定、分析和评价危险发生原因的相关信息	为成功应急避险做好充分准备
医疗常识与合理就医（仅限中学生和大学生）	获取医疗卫生的基本常识和医疗机构的服务信息	理解常见医学词汇和含义和安全用药的说明	对医疗相关信息做出合理的解释和判断	合理就医，并在医疗问题上做出明知的决策

（二）学生健康素养评估指标体系

1. 小学生健康素养评估指标体系

（1）一年级小学生健康素养指标体系见表 1-2。

表 1-2 一年级小学生健康素养指标体系

内容维度	素养维度	评估指标
健康行为与生活方式	获取	从"六步洗手法"示意图中获取信息
	理解	懂得饭前要洗手

(续表)

内容维度	素养维度	评 估 指 标
		懂得饭后要漱口
	评价	判断哪种食物属于营养食物,可以经常食用
	应用	采用正确的方法刷牙
		做到勤剪指甲
		做到早睡
		规律吃早餐
		保持正确的坐姿
疾病预防	获取	知道接种疫苗可以预防一些传染病
	理解	懂得偏食、挑食对健康的影响
	评价	判断哪种行为可以预防龋齿
		知道为什么要经常开窗通气
	应用	口渴时选择喝白开水解渴
心理健康	评价	区分男女厕所标志
生长发育与青春期保健	获取	知道睡眠对健康的影响
安全应急与避险	获取	知道发生火灾打"119"
		知道遇到小偷打"110"
		知道有人生病打"120"
	应用	安全出行

(2) 二年级小学生健康素养指标体系见表1-3。

表1-3 二年级小学生健康素养指标体系

内容维度	素养维度	评 估 指 标
健康行为与生活方式	获取	知道如何保护鼻子、眼睛和耳朵
	理解	认为适量饮水有益健康
		能够判断自身健康
		理解健康的含义

(续表)

内容维度	素养维度	评 估 指 标
	评价	识别垃圾食品
		会判断需不需要开窗通气
		会判断阳光、空气和运动对健康的影响
疾病预防	获取	知道蚊子会传播疾病
		知道苍蝇会传播疾病
		知道老鼠会传播疾病
		知道蟑螂会传播疾病
	理解	明白口渴时多喝白开水
	评价	会判断接种疫苗是否能预防一些传染病
心理健康	评价	会判断身体不舒服时该怎么办
	应用	日常生活中常用"您好"
		日常生活中常用"请"
		日常生活中常用"再见"
安全应急与避险	获取	知道发生火灾打"119"
		知道遇到小偷打"110"
		知道有人生病打"120"

（3）三年级小学生健康素养指标体系见表1-4。

表1-4　三年级小学生健康素养指标体系

内容维度	素养维度	评 价 指 标
健康行为与生活方式	获取	从课堂中提取与健康状况密切相关的知识
		知道电池是有害垃圾
	理解	知道看电视的卫生要求
	评价	懂得要合理安排运动时间
	应用	能够正确辨别健康
		不食用腐败变质的食品

(续表)

内容维度	素养维度	评价指标
疾病预防	理解	知道在行驶的汽车上看书会导致近视
	评价	懂得哪些行为可以预防流感,哪些不可以
		知道哪些行为可以预防冻疮
		知道如何可以预防近视
心理健康	获取	告诉医师疾病症状
		不清楚诊断或治疗方法时能向医师询问
		能利用所学的健康知识帮助身边人
	应用	身体不舒服时会求助于身边人
生长发育与青春期保健	评价	认为体育锻炼有利于促进生长发育和预防疾病
安全应急与避险	理解	懂得地震发生时如何逃生
		懂得洪水来临时如何逃生
	应用	剧烈运动后不直接坐在地上
		剧烈运动后不立即喝冰水
		吃饱饭后不做剧烈运动

(4) 四年级小学生健康素养指标体系见表 1-5。

表 1-5 四年级小学生健康素养指标体系

内容维度	素养维度	评估指标
健康行为与生活方式	获取	从课堂中提取与健康状况密切相关的知识
	理解	知道药物的毒副作用
		懂得儿童用药与成人不同
		知道超过保质期的药品不能销售和服用
	评价	对健康的理解
		正确认识广告宣传作用
	应用	生病后采取正确的处理方法
		采取适当措施避免被动吸烟

(续表)

内容维度	素养维度	评估指标
疾病预防	评价	认识传染病,并正确在日常生活中运用
心理健康	获取	告诉医师疾病症状
		不清楚诊断或治疗方法时能向医师询问
		能利用所学的健康知识帮助身边人
	评价	懂得身体不舒服时是否需要求助他人
	应用	采用积极办法解决烦恼
生长发育与青春期保健	理解	了解肺的功能
		了解肾的功能
	评价	不可盲目相信可以长高的食物
安全应急与避险	获取	知道游泳的安全知识
	理解	懂得火灾发生时如何逃生与求助

（5）五年级小学生健康素养评估指标体系见表1-6。

表1-6 五年级小学生健康素养评估指标体系

内容维度	素养维度	评估指标
健康行为与生活方式	获取	从课堂中提取与健康状况密切相关的知识
		能找到食品生产日期
	理解	知道哪些食物可以补铁
	评价	识别质量安全标志
		会分析哪种方法可以补铁
	应用	多食用新鲜水果
		少吃油炸食品
疾病预防	理解	懂得流行性出血性结膜炎(红眼病)的传播途径
		懂得肠道传染病的预防
心理健康	获取	告诉医师疾病症状
		不清楚诊断或治疗方法时能向医师询问

(续表)

内容维度	素养维度	评估指标
		能利用所学的健康知识帮助身边人
	应用	采用正确途径解决青春期心理问题
生长发育与青春期保健	理解	懂得变声期时如何保护嗓子
		知道青春期的个人卫生知识
		知道体温的测量方法
	评价	不可盲目相信可以长高的食物
安全应急与避险	理解	知道网络成瘾的危害
	评价	知道网络中的不健康因素
	应用	不会与从未见面的网友见面

（6）六年级小学生健康素养评估指标体系见表1-7。

表1-7 六年级小学生健康素养评估指标体系

内容维度	素养维度	评估指标
健康行为与生活方式	获取	从课堂中提取与健康状况密切相关的知识
	理解	知道如何正确矫正近视
		知道不可借用同学眼镜
		知道如何正确佩戴眼镜
	评价	明白吸食毒品的危害及正确的处理方法
疾病预防	评价	能找到疟疾预防的关键措施
		会分析哪项措施不能预防血吸虫病
心理健康	获取	告诉医师疾病症状
		不清楚诊断或治疗方法时能向医师询问
		能利用所学的健康知识帮助身边人
	理解	看不清黑板的字能及时处理
	应用	采用正确途径解决青春期心理问题
		自己的事情自己做

(续表)

内容维度	素养维度	评估指标
生长发育与青春期保健	理解	知道青春期的生长发育特点
		理解材料的能力
	应用	青春期做好个人卫生
		不可盲目相信可以长高的食物
安全应急与避险	评价	提高网络安全防范意识
	应用	预防触电
		正确使用网络

2. 中学生(含初中生和高中生)健康素养评估指标体系 详见表1-8。

表1-8 中学生(含初中生和高中生)健康素养评估指标体系

内容维度	素养维度	评估指标
青春期生长发育与自我保健	获取	能够获取到青春期体格生长和性发育相关保健知识
		能够获取到青春期性心理发育与调适方面的相关信息
	理解	知道青春期体格生长和性发育的表现
		理解月经和遗精的产生原因
		理解"青春痘"的产生原因并懂得适宜的应对方法
		理解生命的起源和基本的生殖避孕知识
		理解性别优势互补的重要意义
		知道青春期性意识发展不同阶段的心理特点
		理解性梦、手淫和自慰的产生原因,懂得适度原则
		能分清友情、爱情和迷恋的区别,理解婚姻责任和道德规范
	评价	能够辨析不良信息,建立健康、负责的性生殖健康观念
		能够分析未成年性行为的发生原因,并认识到其危害

(续表)

内容维度	素养维度	评估指标
青春期生长发育与自我保健	应用	能够采取正确的方法呵护自己的性生殖器官
		能够悦纳自己在青春期的身体形态和功能变化
		能够把握与异性交往的尺度，正确处理异性之间的情感问题
		能够做出正确的行为抉择，避免发生性行为、遭受性侵害
健康相关行为	获取	能够获取到有关如何安排休息和睡眠的相关信息
		能够获取到健康饮食和运动方面的相关信息
		能够获取到有关食品卫生方面的健康信息
		能够获取到成瘾物质危害及如何避免使用的信息
	理解	知道中学生每日需要的睡眠时间
		知道睡眠不足的健康危害
		理解一日三餐定时定量、各类食物和能量摄入比例恰当
		懂得零食的健康分类和选用原则
		知道不同强度身体活动的特点
		知道引发运动伤害的常见原因
		知道食物中毒含义和常见原因
		认识和理解食品标签，懂得食物选购和保存的卫生要领
		能够辨识烟草、酒精、毒品等成瘾特点，并懂得其危害
	评价	能够识别不健康休息与睡眠习惯，并分析产生原因
		能够识别青少年不健康饮食习惯，并分析产生原因
		能够分析青少年日常缺乏身体活动的原因，并思考对策
		能够分析和判断媒体上有关食品安全信息的可靠程度
		能够分析青少年尝试并使用成瘾物质的原因和相关对策

(续表)

内容维度	素养维度	评 估 指 标
	应用	能够根据自己能力与兴趣合理安排生活作息和休闲活动
		能够采取有效措施提高睡眠质量，必要时及时就医诊治
		能够合理设计自己的一日三餐
		能够主动控制零食或食品的摄取
		能够尽量坚持每天至少1小时中、大强度运动，减少静态行为时间
		能够选择安全的体育与健身环境，紧急应对运动伤害
		能够读懂食品标签上的信息
		努力改变不健康的饮食卫生行为
		能够采取措施避免尝试或使用成瘾物质
疾病预防	获取	能够获取传染病预防控制相关知识
		能够获取关于性病、艾滋病预防和控制的相关知识
		能够寻找到青少年常见眼病防治方面的相关信息
		能够寻找到爱牙护齿、口腔疾病防治方面的相关信息
		能够获取到合理控制体重的相关健康信息
	理解	知道传染病的基本概念和传染病流行的三大必要条件
		懂得青少年常见传染病的传播途径
		知道"咳嗽、咳痰2周以上或痰中带血"应怀疑肺结核并及时就医
		知道青少年性病、艾滋病的主要传播途径
		懂得艾滋病病毒感染窗口期、潜伏期和患病期的概念
		知道青少年常见眼病的名称和表现特点
		懂得眼部传染病的预防和控制措施
		懂得高度近视的定义和主要健康危害
		理解户外活动和望远对于阻止近视发生、发展的重要作用

(续表)

内容维度	素养维度	评 估 指 标
		懂得使用框架眼镜矫正视力的基本原理和卫生注意事项
		知道眼药水的使用和保存要点
		知道青少年常见口腔疾病的名称和表现特点
		理解牙菌斑对口腔健康损害的基本作用机制
		懂得有效刷牙、牙线、专业洁牙的作用
		懂得青少年体重异常的正确判断方法
		理解青少年时期发生超重、肥胖的主要原因
		知道各种不健康的减重方法的危害
	评价	能够判断媒体上有关传染病信息的可靠程度
		能够判断日常生活中艾滋病病毒感染相关的行为
		能够分析现实生活场景中的不健康用眼行为习惯
		能够分析现实生活场景中的不健康口腔卫生行为习惯
		建立对自我体型的接受和悦纳态度及想法
		能够分析和判断各种减肥相关宣传信息的可靠程度
	应用	加强个人卫生防护措施,预防传染病
		增强公共卫生意识和行为,减少传染病的散播
		采取措施保护自己不感染艾滋病病毒,也不歧视艾滋病相关人员
		能够做出定期接受视力和屈光检查的行为决策
		具备勇于改变自己不健康用眼卫生习惯的动机
		能够遵照医嘱矫正屈光不正,并能够正确使用框架眼镜
		能够采取正确的方法预防和紧急应对眼部意外伤害
		具有勇于改正自己不健康口腔卫生习惯的动机
		能够正确选用口腔卫生用品
		能够做出定期接受口腔检查和诊疗的行为决策

(续表)

内容维度	素养维度	评 估 指 标
心理健康	应用	能够采取正确的方法预防和紧急应对牙齿意外伤害
		能够选择运用正确的减重策略和方法
	获取	能够获取到如何适应学习环境和各种学习任务的相关信息
		能够获取到有助于维持良好人际关系的相关信息
		能够获取到有效应对各种压力、调节自己情绪的相关信息
	理解	懂得科学的学习策略和学习方法,以提高学习效率
		懂得考试压力的自我调适方法
		正确认识自己的人际圈(包括亲子关系、师生关系、朋辈关系)
		能够认识和理解自己、他人的情绪
		理解压力可以带来积极的和消极的影响
	评价	能够分析学习动机,树立学习热情
		能够分析并确立自己的职业志向
		能够分析影响人际关系的相关因素
		能够分析日常学习生活中的压力来源
	应用	具有适应学习要求的能力,能够主动寻求老师和同学的帮助
		具备学习毅力,能够坚持完成各类学习任务
		具备自主学习能力
		具备正确的人际沟通能力(语言沟通、非语言沟通)
		能够正确处理同伴关系
		能够正确处理师生关系
		能够正确处理亲子关系
		能够准确地辨析并合理表达自己的情绪
		能够合理管理自己的情绪
		能够积极地应对压力,形成良好的意志品质
		能够察觉到需专业帮助的焦虑、抑郁等情绪问题

(续表)

内容维度	素养维度	评估指标
安全应急与避险	获取	能够获取到所处环境或区域中的可能危险因素相关信息
		能够寻找到如何安全使用网络的相关信息
		能够获取到如何应对和避免性侵害的相关信息
	理解	懂得常见的危险标识的含义
		懂得安全使用网络的基本方法
		理解网络交友、网络成瘾的潜在危害性
		懂得各种网络欺负行为的表现形式和危害
		知道性骚扰和性侵害的含义,懂得人与人之间接触的身体界限
	评价	能够分析评价日常游戏与运动中的潜在安全风险因素
		能够分析评价道路交通中的安全风险因素
		能够分析评价人员聚集、拥挤场所的安全风险因素
		能够分析日常学习和生活环境中可能引致性侵害的危险因素
	应用	能够采取措施远离日常生活环境中的危险区域,避免踩踏
		火灾、地震发生时采取正确的逃生措施
		能够对小伤病采取必要的院前处理
		生命危急状态时能够对别人开展紧急援助
		能够采取措施预防和控制网络成瘾
		能够采取措施规避网络诈骗和网络交友陷阱
		能够做到不参与各种网络欺负行为
		能够采取必要的措施避免遭受性骚扰、性侵害
		面对色情媒体资讯时具有适度的自我控制能力
		能够运用得当方法拒绝约会、性侵害

(续表)

内容维度	素养维度	评 估 指 标
医疗常识与合理就医	获取	能够获取到医疗卫生方面的基本常识
		能够获取到医疗机构的服务信息,懂得拨打"12320"热线电话
	理解	能够理解常见的医学词汇和用语的含义,理解慢性病的含义
		懂得人体基本生命指征的测量意义(含正常值范围)
		懂得处方药、非处方药、保健品的差异
		认识和理解药品说明书中有关药品的基本信息
		懂得医疗保险的作用和意义
	评价	能够评价健康生活四大基石对于预防和控制慢性病的作用
		能够理解当前医学所能解决的健康问题是有限的
	应用	掌握人体体温测量的基本方法
		掌握脉搏和呼吸频率测量的基本方法
		掌握血压测量的基本方法
		遵从医嘱用药,不擅自用药
		文明有序地按流程就医,维护良好的就医环境
		出现的发热或腹泻症状时首选专设的发热或肠道门诊就医

3. 大学生健康素养评估指标体系 详见表1-9。

表1-9 大学生健康素养评估指标体系

内容维度	素养维度	评 估 指 标
健康相关行为	获取	能获取健康生活方式的相关信息
		能获取有关改善不良生活方式的信息
		能获取大学生医保相关信息
		能通过新媒体获取健康保健相关信息
		通过新媒体获取健康研究进展的信息

(续表)

内容维度	素养维度	评 估 指 标
	理解	知道营养摄取的相关信息
		理解体质指数(body mass index, BMI)的意义
		看得懂不健康生活方式的健康警示
		看得懂媒体上宣传的保健信息
	评价	知道生活中影响身心健康的因素
		判断健康相关信息的可靠性
		判断生活场所是否有不利于健康的因素
		判断健康服务产品是否可靠
		判断媒体上与健康相关信息的可靠性
	应用	规律日常作息饮食
		注重营养摄入
		能有规律地参加体育健身活动
		有充足睡眠
		有效管理时间,劳逸结合
		避免不良的生活方式
		避免室内污染
		能使用健康相关的产品
		提高自我保健意识
		客观对待医疗卫生的花费
		使用健康管理的相关应用软件或智能穿戴设备
		参与网络中的健康讨论,并发表自己的意见
疾病预防	获取	能够获取常见传染病预防的相关信息
		能够获取防治慢性病的信息
		能够获取日常健康建议
	理解	理解家族疾病史的相关信息
		知道常见传染病的传播方式和预防手段
		能看懂体检报告

(续表)

内容维度	素养维度	评估指标
	评价	知道哪些疾病筛检是有必要的
		知道需要接种哪些疫苗
	应用	能采取正确的防护措施预防常见传染病
		定期体检
心理健康	获取	能获取有益于心理健康的生活方式的信息
		能获取有关解决心理问题的信息
	理解	知道常见心理疾病的症状
	应用	有稳固的社会支持系统
		能自我调节
		有人生规划
		能正确缓解压力
		有正确的职业规划
青春期保健与性健康	获取	能获取青春期性知识
		能获取安全性行为的信息
	理解	知道个人卫生护理方法
		知道意外怀孕的危害
		知道常见的性卫生知识
		知道避孕措施
		知道性传播疾病的传播途径和预防方式
	评价	从正确的渠道获取性知识
	应用	处理意外怀孕
		能正确对待恋爱与分手
安全应急与避险	获取	获取相关环境或区域中的可能危险因素信息
		获取安全使用网络的相关信息
	理解	懂得常见的危险标识的含义
		理解网络行为的潜在危害

(续表)

内容维度	素养维度	评估指标
	评价	能评价日常游戏与运动中的潜在安全风险
		能够评价道路交通中的安全风险因素
	应用	能远离日常生活环境中的危险区域,避免踩踏
		火灾、地震发生时能采取正确的逃生措施
		能对小伤病采取必要的院前处理
		生命危急状态时,能对别人开展紧急援助
		能预防和控制网络成瘾
		能规避网络诈骗和网络交友陷阱
合理就医	获取	能够获取常见疾病的相关信息
		能够通过新媒体媒介获得权威的疾病相关信息
	理解	知道常见外伤的应急处理
		知道常见内科疾病的处理方式
		能够看懂用药指导和药品说明书
		理解医嘱
	评价	知道何时应该就医
	应用	能根据医师提供的信息做出与疾病相关的决定
		能严格根据医师的用药指导或者药品说明书服药
		能遵医嘱

(三) 学生健康素养调查问卷

见附录1~3。

三、提升学生健康素养的建议

(一) 提升学生健康素养的国际经验

1. 在人生的早期建立健康素养培育基础 最近,WHO欧洲区发布了一份政策简报,强调在学校对儿童和青年采取有针对性的健康素养行动对于教育部门的共同好处,特别指出学业上可改善成绩、对教育的积极影响、身心健康的改善,以及在整个生命过程中获得健康以外的全面性效益和儿童成年后的经济效益。另外,Nicholoson 等的研究发现,儿童早期教育是有效促进健康和预防疾病结局的关键干预措施。儿童学习批判性思考是长时间的工作,这就需要学校和家长及其他家庭成员的相互协作。在幼托机构儿童早期教育项目中,儿童-儿童互动项目都可以起到很好的效果。

2. **支持健康促进学校方案**　健康促进学校的宗旨是:在学校社区内,政策和机构为保护与促进学生健康而共同努力。健康促进学校是在全球范围内倡导的一项对儿童青少年健康有深远意义的活动。健康促进学校从生态学模型出发,综合考虑个体和各级系统之间的交互作用、人际间因素、机构因素、社区因素和公众政策因素,重视学校氛围营造、学校健康教育课程和活动、学校设施设备改善及多部门合作。已有不少研究显示,学校在改变青少年健康状态和生活方式上有着不可忽视的作用。在德国的教育机构施行健康项目证明,在儿童成长过程中,学校健康干预可对教育和学习有长时间的促进作用。美国医学研究所也提出,学校对儿童青少年的教育和发展有直接作用,应作为提升学生健康素养水平的重要实施环节。

3. **发展多元的教育方法对提升健康素养的作用**　除传统教学授课的方式外,发展多元教学方法成为提高学生健康素养新途径。通过互联网干预是改善青少年健康素养不足的有效途径。一项实验研究发现,大众传媒工具能够提高 14~16 岁青少年口腔健康素养水平。但也有学者提出,利用互联网来提高健康素养水平既是机遇又是挑战。学校需对应健康素养的 4 个维度(获取、理解、评价和运用),将特定的方法运用到特定的教学中。

(二) 提升学生健康素养的措施

2016 年,WHO 在上海召开"第九届全球健康促进大会",所颁布的《上海宣言》指出:健康素养是范围较广的技能和能力的综合体,人们需要首先通过学校课程,而后在整个生命周期内不断发展这类技能和能力。在提高全民健康素养中,学生健康素养是重中之重。为此,提出如下措施。

1. **营造良好的政策环境**

(1) 建立健全机构、载体、人员和评价"四落实"的学校健康教育工作机制,推进落实学校健康教育。把健康教育纳入学校教育课程体系,运用本研究构建的符合中国特点、内容全面、结构完整的小学生、中学生和大学生健康素养评估指标内容,分阶段、分步骤地具体指导学校开展健康教育。

(2) 以健康学校建设为抓手,提高全体教师的健康素养水平,加强学校健康教育教师与学校卫生保健人员队伍的专业能力建设,形成学科教育与专题教育相结合、课堂教育与课外实践相结合、学校教育与家庭教育有机融合的学校健康教育氛围,充分利用社会资源,多方配合,形成学校健康教育合力,提升学生健康素养水平,塑造学生自主自律的健康行为。

(3) 将提升中小学生健康素养纳入学校发展规划、评估体系和质量改进的重要内容,运用本研究获得的学生健康素养评估指标和问卷,定期开展学生健康素养监测,并把学校健康教育开展过程和教育效果作为各级政府绩效评估的重要内容。

2. 进一步改良学校健康教育的教学内容和教学形式

(1) 根据本研究获得的学生健康素养评估指标内容,设计一系列契合学生实际生活情境的学生健康素养培育案例,注重培育学生获取、理解、评价和运用健康信息的能力,使他们能够通过有效沟通、自主学习、批判性思维和健康行为决策,有效提升健康水平。

(2) 重视有学习障碍学生的健康素养提高。当前,有相当一部分学生阅读和理解健康相关信息的能力有所缺乏,这就导致在实施健康促进项目时,不同学生之间接纳度不同,造成不公平性。学校在实施提高健康素养培育项目时,必须考虑学生的需求,事先了解清楚项目实施过程中可能遇到的问题,包括当地政策是否支持、项目课程和学习环境可行性如何等,避免其在实施过程中成为阻碍。

(3) 运用参与式教学方法强化互动性健康素养和评判性健康素养的能力。在课堂中运用参与式教学方法。例如,让学生及时反馈、学生间相互讨论等,可以帮助学生获取、理解和使用健康信息,强化互动性健康素养和评判性健康素养的能力。同样,在班级中使用参与式教学方法也能促进学生和教师间的交流,并与同伴间形成良好的课堂氛围。这些均有助于健康信息的传递。

(4) 探究促进学生身心健康的新方法。具体包括:①关注儿童的特殊性和多样性;②重视并发挥学生的主观能动性,培养其责任感,去除依赖性;③认识学习不仅仅是认知,而是多维的整体过程;④从标准化教育转移至以儿童为中心的教育;⑤将提高健康素养这一责任,从单纯由一某部门负责变成政府全社会的责任。

(傅 华 史慧静)

参考文献

[1] Kickbusch I, Pelikan J M, Tsouros, et al. Health literacy: the solid facts [M]. Geneva: World Health Organization Regional Office for Europe, 2013.

[2] 国家卫生计生委办公厅. 关于印发《中国公民健康素养——基本知识与技能(2015年版)》的通知[EB/OL]. (2015-12-30)[2016-01-06]. http://www.nhc.gov.cn/xcs/s3581/201601/e02729e6565a47fea0487a212612705b.shtml.

[3] McDaid D. Investing in health literacy: what do we know about the co-benefits to the education sector of actions targeted at children and young people[M]. Copenhagen: World Health Organization Regional Office for Europe, 2016.

[4] Nicholson J M, Lucas N, Berthelsen D, et al. Socioeconomic inequality profilesin physical and developmental health from 0-7 years: Australian national study [J]. JEpidemiol Community Health, 2012, 66(1): 81-87.

[5] Lynagh M, Schofield M J, Sanson-Fisher R. School health promotion programs over the pastdecade: a review of the smoking, alcohol and solar protection literature [J]. Health Promot Int, 1997, 12(1): 43-60.

[6] World Health Organization. Health promoting school: an effective approach to early action on non-communicable disease risk factors[M]. Geneva: World Health Organization, 2017.

[7] Moon A M, Mullee M A, Rogers L, et al. Helping schools to become health-promoting environments-an evaluation of the Wessex Healthy Schools Award [J]. Health Promot Int, 1999, 14(2): 111-122.

[8] Lee A, Tsang C K, Lee S H, et al. A YRBS survey of youth risk behaviors at alternative high schools and mainstream high schools in Hong Kong[J]. J Sch Health, 2001, 71(9): 443-447.

[9] Shingo N, Takeo M. The educational experiments of school health promotion for the youth in Japan: analysis of the 'sport test' over the past 34 years[J]. Health Promot Int, 2002, 17(2): 147-160.

[10] Glanz K, Rimer B K, Lewis F M. Health behavior and health education [M]. San Francisco, CA: Jossey-Bass, 2002.

[11] Gray N J, Klein J D, Noyce P R, et al. The internet: a window on adolescent health literacy [J]. J Adoles Health, 2005, 37(3): 243.

[12] Tse C K, Bridges S M, Srinivasan D P, et al. Social media in adolescent health literacy education: a pilot study [J]. JMIR Res Protoc, 2015, 4(1): e18.

[13] Jain A V, Bickham D. Adolescent health literacy and the internet: challenges and opportunities [J]. Curr Opin Pediatr, 2014, 26(4): 435 – 439.

[14] World Health Organization. Shanghai declaration on promoting health in the 2030 agenda for sustainable development [EB/OL]. (2016 – 11 – 21) http://www.who.int/healthpromotion/conferences/9gchp/shanghai-declaration/en/.

第二章

健康素养概述

一、健康素养理论研究的发展脉络

健康素养于1974年由Simonds在国际健康教育大会上首次提出,以描述健康相关的知识和技能水平,并强调必须把健康教育作为社会政策内容来看待。沉寂一段时期后,1999年,Rudd等在 *Annual Review of Adult Learning and Literacy* 上发表了有关健康与素养的文章,阐述了一个人的算术、阅读和理解能力对于其有效接受卫生服务起着非常重要的作用。同年,美国医学会(American Medical Association,AMA)在 *JAMA* 上发表了有关健康素养的报告,再次引发了全球对健康素养的兴趣。之后美国成立了许多专门研究健康素养的专业机构,开展了形式多样的健康素养促进活动,政府也将提高公民的健康素养水平列为卫生政策白皮书的重要目标之一。

健康素养不仅得到世界各国学者和研究机构的广泛重视,也受到相关国际组织的认可。2009年,WHO第7届全球健康促进大会把健康素养作为健康促进的5条路径之一进行研讨,并在《内罗毕行动号召-弥合健康促进实施鸿沟》中强调,要通过提升个人的健康素养来使个人增权。WHO欧洲区办事处也指出,健康素养能反映一个国家或地区的医疗卫生发展水平、经济社会发展水平和教育水平等。联合国2009年发布的 *ECOSOC Ministerial Declaration* 就强调,健康素养是保证人们健康结局的重要因素,号召采取适当的行动来提升健康素养。欧盟委员会在欧洲8国进行了大规模的调查,发现低健康素养给公众健康状况和国家卫生系统带来负面影响。因此,将健康素养作为"Health 2020"的重要目标。健康素养也是实现联合国2030年可持续性发展目标的重要举措。2016年

11月,第9届全球健康促进大会在上海召开,健康素养成为大会的三大议题之一,"健康素养"被认为是实现可持续发展目标之基石。《2030可持续发展中的健康促进》(简称《上海宣言》)更是强调了提高健康素养对促进健康和保障健康公平性的重要性。

我国的健康素养研究起步较晚,于2005年启动。2008年,卫生部以公告形式发布了世界上第一份界定公民健康素养的政府文件——《中国公民健康素养——基本知识与技能(试行)》。2012年,健康素养水平被纳入《国家基本公共服务体系建设"十二五"规划》和《卫生事业发展"十二五"规划》,成为衡量国家基本公共服务水平和人民群众健康水平的重要指标。2016年,习近平总书记在全国卫生与健康大会上指出:"要把以治病为中心转变为以人民健康为中心,建立健全健康教育体系,提升全民健康素养,推动全民健身和全民健康深度融合。"随后,中共中央、国务院印发的《"健康中国2030"规划纲要》中,明确将"提高全民健康素养"作为"健康中国2030"建设工作的重要举措。

总体而言,全球的健康素养研究可分为3个阶段:1995年以前为萌芽阶段,发文量不足10篇;1995—2004年为逐步上升阶段,发文量显著增加;2004年至今为快速发展阶段,呈现了迅猛的增长态势。目前,健康素养的研究进展表现为:①从健康素养测量工具开发到强调低健康素养的提高(包括教育和人力资源开发);②从个体层面发展到组织层面健康素养研究;③越来越重视电子健康素养;④从分散型小规模努力到伙伴关系共同合作,从地方到全国乃至全球的合作。

2012年,Sorensen等研究发现,全球虽已有17种不同的健康素养定义和12个不同的理论模型,但没有一个能充分、全面体现健康素养的定义和内涵,从而提出了健康素养整合概念模型,对现有模型的所有方面(医疗服务、疾病预防及健康促进)进行了整合。健康素养研究的地区从原来主要集中在美国、澳大利亚、欧洲,逐步扩展到日本、中国等亚非国家。健康素养的研究内容,前期侧重于临床医疗服务领域,主要以美国为代表;后期范围逐渐扩展到公共卫生领域,以澳大利亚和欧洲为代表。

以下就健康素养定义的更新、维度的划分、内涵及理论模型的发展,公民健康素养水平及其影响因素,以及改善健康素养的策略进行论述。

二、国内外健康素养定义的发展

自从 1974 年 Simonds 在国际健康教育大会上首次提出健康素养以来,其内涵和定义得到不断的充实和发展。尤其是从 20 世纪 90 年代以后,有关健康素养的定义,国内外有不同的理解和内容取向。在国外,对健康素养的关注始于临床医疗服务层面,主要围绕医师与患者开展健康素养方面的研究,而后逐步扩展到公共卫生层面,将健康素养置于整个公共卫生和健康保健的背景中。在国内,健康素养这一概念率先由健康教育专业人员引入,目前主要倾向于从公共卫生视角来理解健康素养。

(一) 国外研究者对于健康素养的概念界定

1998 年,Nutbeam 提出健康素养是个体获得、理解并利用信息以保持健康的认知与社会技能。1999 年,美国医学会指出健康素养是一系列的综合能力,主要表现为能在医疗环境下执行基本的阅读、计算及医疗表格填写等任务。2004 年,美国国家图书馆提出的,并在美国《健康公民 2010》中使用的健康素养定义,是指个体具有获取、理解、处理基本的健康信息和服务,并运用这些信息和服务做出正确的判断和决定,提高和维护自身健康的能力。

2005 年,Zarcadoolas 等指出健康素养是人们保持健康的一种能力。2006 年,Zarcadoolas 等进一步指出健康素养是人们为寻求、理解、评价和利用健康信息,做出综合选择以降低健康危害、提升生活质量而培养的一系列技能。同年,Baker 指出健康素养是依据个体的能力和医疗服务系统所提供的资源而达到的知识和熟练水平。2008 年,Ishikawa 和 Yano 指出健康素养是个体在生命全程中获取、理解、评价和沟通信息以促进和改善健康,使其能在医疗服务中参与互动活动的知识和技能。2009 年,Freedman 等指出健康素养是个人和团体通过获得、理解、评价和应用信息,参与有利于社会的公共卫生决策的能力。同年,Parker 指出健康素养是社会和个体共享的功能,随着个人技能和卫生系统需求及复杂性之间的交互作用而产生。

2012 年,健康素养调查欧盟委员会(European Union,EU)的 Sørensen 等学者通过对健康素养定义进行定性分析,总结出健康素养的内涵大多涉及以下 6 个方面内容。

1. 健康意愿　主动采取行动解决健康问题的自主性。

2. 维持健康的能力　包含具备保持健康、遵从医嘱的能力，经过学习掌握的健康技能和本领（如从互联网或媒体获取和理解健康信息的技能）。

3. 对健康相关信息的获取、理解、评价和应用的能力　包括通过书籍、电子媒介、人际资源等途径。

4. 期望　具有对自己健康负责的态度，具有维护和促进自身健康的动机。

5. 情境　人们身处不同的日常生活或寻求卫生服务而进入的特定环境。

6. 时间　包括因病就诊阶段、整个生命过程（从幼年到老年）的各个时期。

基于对健康素养以上要素的理解，Sørensen 提出了一个综合性的健康素养定义，即：健康素养不仅是一种能力，也包含知识、动机，是人们在医疗服务、疾病预防和健康促进的 3 个层面上获取、理解、评价和应用健康信息，以维持或提高生活质量。该定义获得了 EU、WHO 的认可，并且于 2013 年发表报告"Health Literacy：the solid facts"，对 Sørensen 提出的健康素养综合性定义进行了更深入的推广和解读。特别指出，健康素养综合性定义涵盖了医疗服务、疾病预防及健康促进 3 个层面。因此，这是较为全面的。

（二）国内学者对健康素养定义的理解和演绎

在我国，健康素养的首次提出是田甜于 2000 年在《大众科技报》上发表了一篇"文化与健康素养"的科普文章。虽然该文探讨的是文化素养对人类健康的影响，并未直接引入"health literacy"的具体概念。但由此可见，健康素养和文化程度息息相关。我国学术界正式引入"健康素养"的概念是在 2005 年，郭欣和王克安发表综述"健康素养研究进展"，首次对国外"health literacy"的研究进展进行了介绍，并且解释了"health literacy"翻译为"健康素养"的原因，即"health literacy"从字面上也可翻译为"健康文化程度"或"健康识字能力"，因而也有台湾学者将其翻译为"健康识能"。从"literacy"的词源上理解，指的是包含听、说、读、写及计算等一系列能力，是可由后天培养训练和实践而获得的技巧或能力，并强调其对人的整体素质产生影响。同时，参照其他领域对于"literacy"的理解，翻译为"健康素养"最为合适。

2007 年，《国家人口发展战略研究报告》指出，提高人口健康素质，必须从提高出生人口素质、提高全民健康素养、建立以预防为主的公共卫生体系三方面着手。从此,我国对健康素养的研究日益增多。2008年,卫生部发布《中国公民健康素养——基本知识与技能(试行)》,进一步界定了我国公民健康素养的基本内容,主要包括健康生活方式和行为应具备的基本知识和技能,采用的健康素养定义几乎与WHO描述的相同,即"健康素养是指人的这样一种能力:它使一个人能够获取和理解基本健康信息和服务,并运用这些信息和服务做出正确的判断和决定,以维持并促进自己的健康"。在之后的有关研究中,大多采用了在完全相同含义下相对简单的描述,即"健康素养是指人获取和理解基本健康信息和服务,并运用这些信息和服务做出正确决策,以维持和促进自身健康的能力"。但也有个别学者对健康素养进行了重新定义。比如,2009年,孔燕建立了健康素养的操作性内涵模型,将素养和健康的内容构成项组合成包含健康知识、意识和技能的"健康素质矩阵";2011年,江洁和杨金侠指出健康素养是一种有能力维护和促进自己及他人健康的外化表现,这需要具备适宜的健康知识储备、主动获取健康信息的意愿及正确利用信息的能力。其实这与肖砾和陶茂轩的观点不谋而合。

(三) 国内外健康素养定义的发展特点

表2-1罗列了1998—2012年国内外研究者或研究机构提出的各种健康素养定义,通过对这些健康素养定义的总结和梳理,我们认为健康素养的本质就是维持健康或促进健康的一系列能力的总和,它主要包含获取、理解、评价和应用健康信息以做出合理的健康决策。健康素养不仅包含阅读书面材料的能力,也包含听、说、读、写及计算等一系列对维持人体健康所需要的能力。

表2-1 1998—2012年国内外有关健康素养的定义

年份	研究者(机构)	健康素养的定义
1998	Nutbeam (WHO)	The cognitive and social skills which determine the motivation and ability of individuals to gain access to understand and use information in ways which promote and maintain good health 个体获得、理解并利用信息以保持健康的认知与社会技能

(续表)

年份	研究者（机构）	健康素养的定义
1999	AMA	The constellation of skills, including the ability to perform basic reading and numeral tasks required to function in the healthcare environment 个体在医疗环境下执行基本阅读和计算等任务的一系列综合能力
2004	美国医学研究所（Institute of Medicine, IOM）＋美国国家图书馆	… the degree to which individuals have the capacity to obtain, process, and understand basic health information and services needed to make appropriate decisions 个体获得、处理和理解基本的健康信息和需要的服务以做出合适的健康决定的能力
2004	UK National Consumer Coucil	… the capacity of an individual to obtain, interpret and understand basic health information and services in ways that are health-enhancing 个体获得、解释和理解基本的健康信息和服务以促进其健康的能力
2006	Kichbusch and Maag	… will become a central life skill needed in modern health societies and reflects the capacity to make sound health decisions in the context of every life- at home, in the community, at the workplace, in the healthcare system, in the market place and in the political arena. It is a critical empowerment strategy to increase people's control over their health, their ability to seek out information, and their ability to take responsibility 健康素养将成为现代健康社会的核心生活技能，并且反映一个人在其生命的每个情境中——在家里，在社区里，在工作场所，在医疗保健系统中，在市场和政治舞台中，做出合适的健康决定的能力。这是一个关键的增权策略，以提高人们寻求信息、控制健康的能力，并且为自己的健康负责的能力
2006	Za recodoolas, Pleasant, and Greer	… is the wide range of skills, and competencies that people develop to seek out, comprehend, evaluate, and use health information and concepts to make informed choices, reduce health risks, and increase quality of life 人们为寻求、理解、评价和利用健康信息，做出综合选择以降低健康危害，提升生活质量而培养的一系列技能

(续表)

年份	研究者(机构)	健康素养的定义
2006	Baker	...an achieved level of knowledge or proficiency that depends upon an individual's capacity (and motivation to learn) and the resources provided by the health care system 依据个体的能力和医疗服务系统所提供的资源而达到的知识和熟练水平
2008	Mancuso	...a process that evolves over one's lifetime and encompasses the attributes of capacity, comprehension, and communication. The attributes of health literacy are integrated within and proceeded by the skills, strategies, and abilities embedded within the competencies needed to attain health literacy. The outcomes of health literacy are dependent upon whether one has achieved adequate or inadequate health literacy and have the potential to influence individuals and society 健康素养综合了各种促进健康的技能、策略及方法,是一种需要用其一生去培养的能力,包含了理解和沟通等各种能力。健康素养的结果不但取决于一个人的健康知识是否充分获得,而且取决于影响个人和社会的潜在可能
2008	Rootman and Gordon-El-Bihbery	The ability to access, understand, evaluate and communicate information as a way to promote, maintain and improve health in a variety of settings across the life course 个体在生命全程中的不同情境中获取、理解、评价和沟通信息以维持、促进和改善健康的能力
2009	Freedman	The degree to which individuals and groups can obtain process, understand, evaluate, and act upon information needed to make public health decisions that benefit the community 个人和团体通过获得、理解、评价和应用信息,参与有利于社会的公共卫生决策的能力
2009	Adkins and Corus	...the ability to derive meaning from the different forms of communication by using a variety of skills to accomplish health-related goals. Health literacy

(续表)

年份	研究者(机构)	健康素养的定义
		involves a range of practices in the social realm (e. g. language competencies and identity management skills); it is therefore a public act rather than a individual act of decoding forms 促使人们达到与健康相关目标的一系列能力。健康素养涉及在社会领域中的一系列实践能力(例如,语言能力和身份管理技能)。因此是一个公共行为能力而非个人行为能力
2009	Rubinelli, Schulz, and Nakamoto	... reflects the individuals capacity to contextualize health knowledge for his/her own good health, and to decide on a certain action after full appraisal of what that specific action means for them personally 反映个体对维持健康状况的知识和能力,并且能够通过全面评估后决定一个特定行为对其健康的具体影响
2009	Peerson and Saunders	... includes information and decision-making skills according in the workplaces, in the supermarket, in social and recreational settings, within families and neighbourhoods, and in relation to the various information opportunities and decisions that impact upon health every day 健康素养包含信息获取和决策能力,无论是在工作场所、超市、社交和娱乐环境,还是在家庭和社区,每天都能有获取各种信息的机会,并且能够做出有利于健康的决定
2011	Stone-Society for Vascular Surgery	... includes the ability to understand instructions on prescription bottles, medical education brochures, directions given by your doctors, consent forms, and decisions concerning your own healthcare as well as the healthcare of loved ones 包含能够理解药物说明、医学教育手册、医师指导、知情同意书、自己和自己所爱的人医疗保健相关决策的能力

(续表)

年份	研究者(机构)	健康素养的定义
2012	Sørensen(WHO 欧洲区办事处)	Health literacy is linked to literacy and entails people's knowledge, motivation and competences to access, understand, appraise, and apply health information in order to make judgments and take decisions in everyday life concerning healthcare, disease prevention and health promotion to maintain or improve quality of life during the life course 在进行与医疗服务、疾病预防和健康促进有关的日常活动时,获取、理解、评价和应用健康信息来做出健康相关决定以维持或提高生活质量的知识、动机和能力
2008	中国疾病预防控制中心	个体获取和理解基本健康信息和服务,并利用这些信息和服务做出正确决策,以维护和促进自身健康的能力
2009	孔燕	由素养的内容结构和健康的内容构成项组合成的健康素质矩阵,包含健康知识、健康意识和健康技能
2011	江洁	具备适宜的健康知识储备,主动寻求健康知识和信息,并能够正确利用健康知识和信息来维护和促进自己及他人健康的外化表现

在研究早期,健康素养的概念基本上紧扣"literacy"一词的含义,即"读写能力和识字能力",并且常常用一般的文化程度来反映健康素养。然而,随着对健康素养的研究深入,发现一般意义的文化知识素养并不能代表健康素养的全部。普通成人的实际阅读理解能力与健康相关信息交流所要求的标准相差甚远。健康素养不等同于文化程度。正如知识并不一定能转化为信念,信念也不一定能转化为行动一样,一个人的受教育程度并不一定能完全决定其是否具备维持健康的能力。

因此,AMA 将健康素养聚焦于"在医疗环境下执行基本的阅读、计算等相互影响的一系列能力",主要表现在医患沟通、用药管理和知情同意等方面。之后,美国国家医学图书馆(National Library of Medicine)将健康素养定义为"个体获得、处理和理解基本的健康信息和需要的服务以做出合适的健康决定的能力"。这与 WHO 提出的健康素养定义"个体获得、理解并利用信息以保持健康的认知与社会技能"如出一辙。该概念不再仅关注临床医疗环境中人们的素养,而将素养扩展至更为宽泛而全面地关注健康的视角,也是迄今在世界范围内得到最广泛认可的定义。

在我国,"health literacy"从字面上也可以翻译为健康文化程度、健康素质等,但为了体现这是一种后天培养和稳定下来的内在实用技能,并强调其对人的整体素质的影响,同时参照其他领域对于"literacy"的理解,将其翻译为"健康素养"。我国对健康素养的定义与 WHO 所提出的也基本一致。

从健康素养的定义不难看出,健康素养不完全等同于健康促进和健康教育,健康素养是一种可由后天培养、训练和实践而获得的技巧或能力,健康促进和健康教育则是达到该目标的工具。健康教育的目的不仅在于增加人们的健康知识、改变其生活方式或使用健康服务的行为,更在于让人们学会有效地获取、准确地理解、批判性地评价,以及合理地应用健康信息,并做出健康决策,从而维持或提升健康状况的能力。

健康素养之所以重要,是因为它可以作为衡量个体或群体是否有能力保持健康的指标,同时它也是健康促进与健康教育干预效果的评估指标。健康素养不仅关乎个人效益,同样关乎社会效益。健康素养的定义既需要结合以上各个方面,但又需要避免其过于宽泛。健康素养定义的重新构建需要结合其维度进一步探讨。

三、健康素养的内容维度

在健康素养的内容维度划分上,学界开始主要关注于个体层面的文化知识、听、说、读、写及计算能力。2000 年,Nutbeam 将其分为功能性(听、说、读、写及计算能力)、互动性(积极参与健康决策的讨论来改善自身健康的能力)、评判性(分析、评价和判断健康相关信息的能力)素养 3 个方面,并强调其范围应从个体扩展到群体,但不同层次间没有明显的界限。2005 年,Zarcadoolas 等建立的健康素养模型包含基本素养、科学素养、公民素养及文化素养 4 个维度。Speros 增加了理解和应用信息以做出健康决策和合理使用卫生服务的能力。2006 年,Baker 将其分为书面素养和口头素养。2008 年,Manganello 增加了媒介素养(批判性地评价媒介信息的能力）。Mancuso 强调个体在生命全程中用于获取、理解和沟通健康相关信息的能力。2012 年，Sørensen 等将健康素养维度减少至两方面：核心概念（如基本/技能素养、交流/沟通和评判素养）和应用范围（如在医疗环境中的患者或媒介中的受众）。

2013 年，WHO 欧洲区办事处根据健康信息处理过程中所涉及的获取、理解、评价及应用 4 个过程，以及在医疗服务、疾病预防和健康促进 3 个卫生工作层面，对健康素养进行了 12 个内容维度的划分，构成健康素养概念整合模型，并以此研发评估问卷，开展了多国公民健康素养调查（图 2-1）。

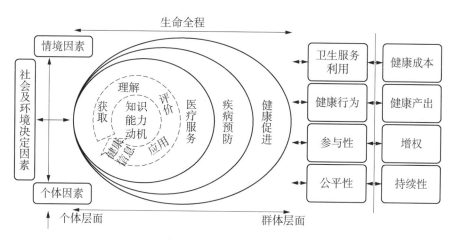

图 2-1　欧洲健康素养调查的概念整合模型

图 2-1 中，同心椭圆形的中心是健康素养的核心要素，即处理健康相关信息的 4 个过程（获取、理解、评价和应用）所涉及的必要知识、能力和动机。其影响因素按由近及远的逻辑顺序排列，健康素养和健康相关产出之间的联系在图形右侧展现出来。在这个模型中，获取、理解、评价和应用这 4 个方面各代表 1 个维度，既需要信息接受者本人特定的认知能力，也取决于所提供信息的特性。个体的理解力，健康信息的可读性、可理解程度、及时性和可信度都会影响健康信息的获取和使用；个体对信息的处理和评价会受到特定专业术语、信息的复杂性等影响；信息应用的有效程度则取决于个体对信息的综合理解力。这些其实也包含了 Nutbeam

所提出的功能性、互动性和批判性素养。

在健康素养整合模型中,健康素养的核心要素贯穿公众在健康领域的三大方面。若为患者,则处在医疗服务系统中;当具有疾病危险因素的状态,则处在疾病预防控制系统中;作为一般健康公民,则与社区、学校及工作等场所中的健康促进有关。人们在这3个层面上,通过所具备的健康素养,能够运用基本的听、说、读、写和计算技能获得并理解必要的信息,也能够对信息进行批判性分析和评价,克服个人、社会和经济上的障碍,自觉采取健康行为,为健康负责。处理健康信息过程中的4个维度具体体现在这3个层面,由此形成了如下的健康素养矩阵模型(表2-2)。

表2-2 健康素养的4个维度在3个卫生工作层面的应用矩阵模型

卫生工作层面	健康相关信息			
	获取	理解	评价	应用
医疗服务	获取医疗或临床相关信息的能力	理解医疗信息的特定意义	解释和评价医疗信息	在医疗问题上做出明智的决策
疾病预防	对健康危险因素的感知能力	理解危险因素相关信息的意义	解释和评价危险因素相关信息	为降低健康风险做出明智的决策
健康促进	更新社会和自然环境中健康决定因素的信息	理解日常的健康信息	判断和评价日常的健康信息	根据日常的健康信息做出健康行为的选择

健康素养被认为是公众在医疗服务、疾病预防和健康促进环境中的一种健康资本。随着时间和情境的变化,健康素养技能的发展贯穿整个生命全程,需要终生学习。该理论框架也展现出健康素养是如何从个体层面到群体层面的,从而整合了健康素养在"临床"与"公共卫生"领域中的内涵,强调了健康素养在三级预防及减轻医疗负担的作用。

该整合模型的右侧显示了健康素养和健康效应的前因后果。在健康素养的影响因素中,社会和环境因素为远端影响因素,个人因素和情境因素为近端影响因素。公民健康素养与其文化程度及整体素养密切相关。根据Mancuso的研究,个人必须具备一定的技能以提升健康素养,并且认为提升健康素养需要有 6 项必要的前提条件,即操作能力、互动性、自主性、信息性、情境性和文化能力。

鉴于健康素养内容维度的发展和更新,我们认为健康素养并不只是健康知识,还包含能力、动机和认知层面。然而,目前我国很多研究和实践中对于健康素养的定义仍然局限在以卫生健康相关的知识为主层面。因此,如何体现公众在不同情境中具备自主地寻求、有效地运用健康信息所要求的知识、动机和能力,是健康素养定义的核心。同时,我们还应该注意到,健康素养不是固定不变的,它随着时间和情境而变化。健康素养技能的发展贯穿生命全程,需要终生学习的过程。这也说明健康素养是可通过教育等方式培养与提升的。因此,国内对健康素养的定义和维度的理解应该紧跟国际研究趋势进行更新或重建,从而在制定提高国民健康素养的政策时能更加有针对性,更为有效。

四、当前公民健康素养的现状水平和健康效应

(一)健康素养的现状及其影响因素

国内外调查显示,目前公民健康素养状况不容乐观。欧洲健康素养调查显示,被调查对象的健康素养较低。近年来,针对我国居民健康素养的监测结果显示,2008 年具备健康素养的人数比例为 6.48%,2012 年为 8.80%,2013 提高至 9.48%,2014 年为 9.79%。大量研究均表明,健康素养水平的高低与健康结局和社会经济状况相关。低健康素养可能导致卫生服务信息缺乏、医患沟通和理解能力差、治疗依从性低下、健康状况不良、住院率较高及卫生服务花费高等现象。

健康素养与社会、经济和环境等因素有着不可分割的联系。在诸多健康素养的影响因素中,国外很多学者都提到了人口学特征、认知、心理和社会文化因素,包括个人受教育程度、年龄、种族、性别、社会技能、感官能力、语言能力、记忆和推理,以及寻医就诊的经历。同伴和父母也会对健康素养产生影响。此外,从社会角度,还需要考虑"社会公平性"及"社会决定因素"对健康素养的影响,从而通过个人和集体行为增强这些因素对健康素养产生的积极影响,缓解消极影响。

在我国,针对群体的健康素养影响因素研究方面,肖砾和陶茂轩发现我国城乡居民人群的健康素养状况差异巨大。其影响因素各有特点,不同性

别、文化程度及年龄组人群的健康素养分指数和综合指数具有显著性差异。

(二) 健康素养对于健康的效应

表2-3总结了不同模型中的健康素养内容维度划分、影响因素及健康结局。具体可以这样来理解。

1. 健康素养对健康结局的影响　WHO研究报告指出,相对于收入、就业状况、教育水平、种族或民族,健康素养水平更能预测个人的健康状况。同时,还有大量研究指出,具备健康素养会改善个体的自评健康状况、降低医疗成本、增加健康知识、缩短住院时间,以及减少使用医疗服务的频率。根据Baker的研究,健康素养的提升可以促进人们更积极地获取新知识,采取更正面的健康态度、更健康的行为,实现更强的自我效能,从而产生更好的健康结局。Paashe-Orlow和Wolf指出健康素养通过以下3点影响健康结局:①影响获取、利用医疗保健的搜索技能、自我效能和自觉障碍;②影响医患沟通的知识、信念和决策参与能力;③影响自我管理的动机、知识和解决问题的技能。

根据以上证据,有研究者分析得出,健康素养与健康结局的关系应该是一个有阈值效应的阶梯函数,而非简单的线性相关。欧洲健康素养调查结果显示,健康素养和健康自评之间呈高度正相关。健康素养低的民众较少参与健康促进和疾病检查活动,健康危险行为较多(如吸烟率更高),工伤事故较多,缺乏慢性病(如糖尿病、HIV感染、哮喘)管理能力,服药遵从性较差,住院率较高,患病率较高和更可能早逝。有研究评估了健康素养和慢性病(高血压、糖尿病)结局之间的关系,发现健康素养和糖尿病结局有关,患者的健康素养评分越低,对糖尿病知识的了解越少,糖化血红蛋白的水平控制越差,糖尿病并发症(糖尿病眼病和脑血管疾病)发生的可能性越大。但并没有发现健康素养和血压控制之间的关联。最新研究提出,尽管个体层面的健康素养研究越来越多,但是健康素养作为系统需求与个体能力是否匹配的交互性概念,系统层面的健康素养对患者健康结局的影响更为重要。在卫生系统内,健康素养支持性环境(health literate friendly organizations)需要在系统层面确保人们可以方便地获得和利用卫生服务信息。这更能促进患者在卫生保健中的参与及医患沟通,以促进患者健康。

2. 健康素养对社会资本的影响　一般人都处于社会关系网络中,健康素养低的慢性病患者通常需要他人的帮助与支持。但是,健康素养和社会支持间的相互作用关系是复杂和微妙的,健康素养对社会效益的具体影响尚不清楚。Ratzan将公众健康素养与社会资本的概念相联系,认为具备健康素养的人对获得新知识及培养新技能有更强烈的动机,能贡献更多的生产力,对医疗服务的需求也少,活得更久。健康素养被认为公众在健康领域的资产,使公众在医疗服务、疾病预防和健康促进环境中有更多的决策权(增权)。在Nutbeam所提到的"资产模式"中,健康素养是健康教育与健康传播的成果,认为拥有健康素养可使人们有能力做出适当的健康相关决策。从社会角度,需要考虑"社会公平性"及"社会决定因素"对健康素养的影响。提升公众健康素养,一方面需要通过改进健康教育及传播的方法和策略,为公众提供方便、可获取及科学的健康信息和资源途径;另一方面,从"临床"到"公共卫生"层面,卫生系统的各方面需考虑低健康素养人群的特殊需要,包括医患沟通避免使用过多医学术语,医疗处方、健康传播信息应更加通俗易懂等。Nutbeam还指出,健康素养是健康教育、社会动员等健康促进行动的一种产出,具体可表现为:个体健康自评状况的改善、医疗成本的降低及医疗服务使用的减少等。健康素养高的公众对社会参与更积极,就业率更高,收入更高,受教育程度更高,见识更广,以及对社区活动贡献更多,拥有更好的健康状态和更高的幸福感。

3. **健康素养对生活质量的影响** 健康素养与生活质量的研究并不多,对健康素养如何影响生活质量的研究更加少。Ownby等在475名不同社会经济地位、不同职业和教育背景的一般人群中发现,健康素养越低的人,其生活质量越差,健康问题更多,就医更频繁。Husson等在一项基于人群的纵向研究中发现,健康素养低的结肠直肠癌症患者体力活动水平较低、吸烟的频率较高、健康相关生活质量(health related quality of life,HRQoL)较差,以及心理上更加痛苦。他们认为健康素养和健康行为对健康相关生活质量和精神痛苦既有独立也有重叠的影响效应。在一项对中国农村妇女的研究中发现,健康素养越低,其HRQoL越差,且这一关联在不同民族中不一样。因此,我们应该关注少数民族的健康素养,以提高其生活质量。

北卡罗来纳大学对前列腺癌患者的研究发现,在控制了患者年龄、婚姻状况、种族、收入和受教育程度等变量后,健康素养与心理健康的相关性仍有显著性意义。该研究认为在新诊断的前列腺癌患者中,低健康素养患者更易产生精神紧张和痛苦。这表明健康素养对癌症患者的生活质量，尤其是在精神健康和治疗效果方面有重要作用。

Hahn 等研究者考虑低健康素养对生活质量评估的影响，即低健康素养患者有时无法理解用于评估生活质量的量表。因此，应用项目反应理论开发了一个多媒体触摸屏生活质量测量程序，以适应低健康素养患者的需要。由此可见，对于生活质量的评估，健康素养也是不可忽视的一方面。

4. 健康素养对健康公平性的影响　健康水平方面的社会梯度意味着卫生不公平现象影响着所有人。健康素养的差距通常是由于这种社会梯度而产生，这样的差距又会反过来加大社会梯度和不公平性。健康素养低的人往往受教育程度低，或是年老者、移民和依赖各种社会救济的人群。欧洲的健康素养调查显示，在所有参与调查的国家中，受教育程度更高的公民所具有的健康素养水平明显更高。虽然各国的程度稍有不同，但这还是证实了教育的社会梯度对健康素养的影响。英国健康行为研究中心在年龄≥50岁的人群中开展大肠癌筛查时发现，低健康素养是人们参与项目的主要障碍。因此提出，健康筛查活动中应注意信息材料设计是否得当，并增加"与医护人员一对一互动环节"等健康素养干预措施。提高筛查率和减少健康不公平性首先要提高目标人群的健康素养。由于健康素养的筛查结果差异与更大层面的社会人口学差异相关，卫生政策制定者要认识到改进健康素养是改善健康公平性的重要方面。

表 2-3 总结了不同学者提出的健康素养维度、影响因素和健康效应。

表 2-3　健康素养的维度划分、影响因素和健康效应

出处	维度	影响因素	健康效应
Nutbeam (2000)	功能性素养、互动性素养、评判性素养	健康促进行动（教育、社会动员和倡导）	① 个体效益：增加对危险因素的了解，增强自我效能、对不良事件的抗压能力；② 群体/社会效益：提高公众参与、社区赋权，增强社会经济中健康决定因素的影响力

(续表)

出处	维度	影响因素	健康效应
Lee 等(2004)	疾病预防、健康危险行为、医疗服务	社会经济、种族、医疗保险覆盖率、疾病严重程度	改善健康状况、减少急救和住院
Institute of Medicine (2004)	文化、知识、听、说、计算能力、写作、阅读	教育、文化和语言，健康交互技能，媒体市场、政府提供健康信息的能力	降低健康成本
Speros(2005)	阅读/计算、使用健康信息、做决策的能力、适应能力	识字能力、健康相关的经验	改善健康自评状况、降低医疗成本、增加健康知识、缩短住院时间和减少使用医疗服务的频率
Baker (2006)	书面层面、口语层面	无障碍阅读材料；熟悉医疗环境中的口语化信息	获取新知识，更积极的态度；在健康行为方面有积极的自我效能感；更好的健康结局
Wolf(2007)	听说能力、记忆广度、熟悉卫生系统	社会经济地位、社会支持、文化、语言和教育，年龄、种族和民族	增强患者获取和使用医疗资源的能力；医患交流（影响患者的知识、信仰和参与性）；自我保健（受患者意愿、自我效能感、知识和技能、大众传媒及健康教育等影响）
Manganello (2008)	功能性、互动性、批判性和媒介素养	个人特征、使用媒体的状况、同伴和父母的影响及大众传媒	健康行为、健康成本、卫生服务使用状况
Freedman 等(2009)	基本概念、关键技能	社会、环境和政治力量	解决某些社会中更紧迫的卫生问题；缓解社会的不公
von Wagner (2009)	运用识字和计算技能解决问题的能力	流行病学、个人及外部影响、阅读和算术技能	查找和使用医疗服务、医患交流、健康和疾病的管理

五、结语

从上面的论述中我们看到,健康素养内涵涉及的领域和知识范围很广泛,目前仍很难明确,健康素养的定义和理论模型仍在发展过程中。健康素养如果只停留在个体文化素养的评估,会使健康素养研究趋于狭隘。但是过于宽泛的内涵又会使研究变得复杂而缺乏实际的应用性。如何准确定位健康素养的内涵、建立合适的理论模型是有效评估和干预的重要前提。WHO欧洲区办事处所提出的健康素养综合性定义和整合模型值得我们借鉴。因为其定义和整合模型是基于对已有健康素养的定义和理论的系统回顾,对影响因素进行了逻辑归类,阐明了健康素养和健康产出之间的关系,为在医疗保健、疾病预防和健康促进领域加强健康素养的干预提供了理论支持。此外,它可以作为发展量表的理论基础。但是健康素养整合模型还有很多方面有待研究,尤其是在不同的情境下,干预措施的有效性和效率。

总而言之,提升健康素养的目的是为了更健康,而应对低健康素养的有效方法之一即是健康教育。健康教育是提高健康素养的主要手段,不仅在于它能增加人们的健康知识,更在于它能让人们学会相应的技能和树立自信心,通过获取、理解、评价和应用健康信息做出合理的健康决策(即增权),从而维持和提升健康。其中,学校健康教育由于教育对象可塑性好、资源丰富,对成年后健康素养的提高和健康状况的改善均有影响,是最具成本效益的方式。儿童青少年时期是生理、心理和社会适应发展的重要时期。在这一时期培养良好的健康素养,养成健康的行为习惯,对于促进儿童青少年的身心健康,预防和控制急、慢性疾病,甚至保障成年期的健康和生活质量都有重要意义。学校基础教育阶段更是中小学生健康素养培育的关键时期。

2016年10月,中共中央、国务院印发《"健康中国2030"规划纲要》,指出提升全民健康素养是"健康中国2030"的重要工作目标之一。同时也强调要从小抓起,普及健康科学知识;要加大学校健康教育力度,将健康教育纳入国民教育体系,把健康教育作为所有教育阶段素质教育的重要内容;以中小学为重点,建立学校健康教育推进机制。因此,研究学生健康素养评估指标体系,并采取有效措施提高学生健康素养,对整个国民的健康都将起到极其重要的作用。

(唐 增 傅 华)

参考文献

[1] 卫生部.卫生部发布《中国公民健康素养——基本知识与技能(试行)》[J].上海预防医学,2008(3):4.

[2] 庄润森,向月应.健康素养快速评估研究进展[J].中华健康管理学杂志,2014,8(3):201-203.

[3] 江洁,杨金侠.健康素养内涵模型探讨[J].中国卫生事业管理,2011,28(09):646-648.

[4] 李守义,蔡慈仪,蔡忆文,等."中文健康识能评估量表"简式量表的发展与效度检测[J].台湾公共卫生杂志,2012,31(2):184-194.

[5] 邱艳,王兵,任文,等.健康素养的研究进展[J].中华健康管理学杂志,2014,8(2):137-139.

[6] 张岚,戴世英,张丽,等.我国居民健康素养状况研究进展[J].护理管理杂志,2015,15(10):717-718.

[7] 卓晟珺,付伟.国内健康素养研究进展[J].中国预防医学杂志,2013,14(08):628-631.

[8] 聂雪琼,李英华,李莉.2012年中国居民健康素养监测数据统计分析方法[J].中国健康教育,2014,30(02):178-181.

[9] 常春.中外健康素养研究比较[J].中华预防医学杂志,2014,48(7):549-551.

[10] 韩铁光,龚言红,卢祖洵,等.健康素养评估与监测研究进展[J].中国社会医学杂志,2012(03):206-208.

[11] 蔡慈仪,李守义,蔡忆文,等.中文健康识能评估表的发展与测试[J].医学教育,2010,14(2):122-136.

[12] Adkins N R, Corus C. Health literacy for improved health outcomes: effective capital in the marketplace [J]. J Consum Aff, 2009,43(2):199-222.

[13] Al S F, Majumdar S R, Williams B, et al. Health literacy and health outcomes in diabetes: a systematic review [J]. J Gen Intern Med, 2013, 28 (3): 444-452.

[14] Al S F, Williams B, Johnson J A. Measuring health literacy in individuals with diabetes: a systematic review and evaluation of available measures [J]. Health Educ Behav, 2013,40(1):42-55.

[15] Berkman N D, Sheridan S L, Donahue K E, et al. Low health literacy and health outcomes: an updated systematic review [J]. Ann Inter Med, 2011,155(2):97.

[16] Brach C, Keller D, Hernandez L M, et al. Ten attributes of health literate health care organizations: roundtable on health literacy[C]. Washington DC: Institute of Medicine, 2012.

[17] Ferguson L A, Pawlak R. Health literacy: The road to improved health outcomes [J]. J Nurse Pract, 2011,7(2): 123-129.

[18] Hahn E A, Du H Y, Garcia S F, et al. Literacy-fair measurement of health-related quality of life will facilitate comparative effectiveness research in Spanish-speaking cancer outpatients [J]. Medical Care, 2010,481(6): S75-S82.

[19] Husson O, Mols F, Fransen M P, et al. Low subjective health literacy is associated with adverse health behaviors and worse health-related quality of life among colorectal cancer survivors: results from the profiles registry [J]. Psychooncology, 2015,24(4):478-486.

[20] Kaphingst K A, Weaver N L, Wray R J, et al. Effects of patient health literacy, patient engagement and a system-level health literacy attribute on patient-reported outcomes: a representative statewide survey [J]. Bmc Health Serv Res, 2014,14(1): 475.

[21] Kickbusch I, Pelikan J M, Fsouros, et al. Health literacy: the solid facts [M]. Geneva: World Health Organization Regional Office for Europe, 2013.

[22] Kindig D A, Panzer A M, Nielsen-Bohlman L. Health literacy: a prescription to end confusion [M]. Washington DC: National Academies Press, 2004.

[23] Kobayashi L C, Wardle J, von Wagner C. Limited health literacy is a barrier to colorectal cancer screening in England: evidence from the English longitudinal study of ageing [J]. Prev Med, 2014,61(100): 100-105.

[24] Loke Y K, Hinz I, Wang X, et al. Systematic review of consistency between adherence to cardiovascular or diabetes medication and health literacy in older adults [J]. Ann Pharmacother, 2012,46(6): 863-872.

[25] Mancuso L. Overcoming health literacy barriers: a model for action [J]. J Cult Divers, 2011,18(2): 60-65.

[26] Ownby R L, Acevedo A, Jacobs R J, et al. Quality of life, health status, and health service utilization related to a new measure of health literacy: Flight/Vidas [J]. Patient Educ Couns, 2014,96(3): 404-410.

[27] Parker R. Measuring health literacy: what? so what? now what? [M]. Washington DC: National Academies Press, 2009.

[28] Schulz P J, Nakamoto K. Health literacy and patient empowerment in health communication: the importance of separating conjoined twins [J]. Patient Education and Counseling, 2013,90(1): 4-11.

[29] Song L, Mishel M, Bensen J T, et al. How does health literacy affect quality of life among men with newly diagnosed clinically localized prostate cancer?

Findings from the north Carolina-Louisiana prostate cancer project (PCaP) [J]. Cancer, 2012, 118(15): 3842-3851.

[30] Sorensen K, Pelikan J M, Rothlin F, et al. Health literacy in Europe: comparative results of the European health literacy survey (HLS-EU)[J]. Eur J Public Health, 2015, 25(6): 1053-1058.

[31] Sørensen K, Van den Broucke S, Fullam J, et al. Health literacy and public health: a systematic review and integration of definitions and models [J]. BMC Public Health, 2012, 12(1): 1-13.

[32] World Health Organization. Background note: regional preparatory meeting on promoting health literacy [C]. UN ECOSOC, 2009.

[33] Wang C L, Li H, Li L G, et al. Health literacy and ethnic disparities in health-related quality of life among rural women: results from a Chinese poor minority area [J]. Health and Quality of Life Outcomes, 2013, 11(1): 153.

[34] World Health Organization. UNDP: 9th global conference on health promotion policy brief 4: health literacy[EB/OL]. (2016-11-21) http://www.who.int/healthpromotion/conferences/9gchp/health-literacy-moving-forward/en/.

[35] World Health Organization. Shanghai declaration on promoting health in the 2030 agenda for sustainable development[EB/OL]. (2016-11-21) http://www.who.int/healthpromotion/conferences/9gchp/shanghai-declaration/en/.

[36] World Health Organization. Track 2: health literacy and health behaviour[EB/OL]. (2019-10-26) http://www.who.int/healthpromotion/conferences/7gchp/track2/en/.

[37] Zarcadoolas C, Pleasant A, Greer D S. Advancing health literacy: a framework for understanding and action [M]. San Francisco, CA: Jossey Bass, 2006.

第三章

健康素养评估问卷研究进展

自从健康素养的概念提出之后,各国学者对健康素养的测量和评估问卷不断展开研究。20世纪90年代,发达国家在健康素养研究方法学上取得突破,尤其是以英语和西班牙语为对象的快速健康素养评估工具的开发和使用,极大地促进了健康素养研究的发展。随后,美国、澳大利亚、加拿大等国都根据本国语言、文化、医疗体系等特点制定各自的健康素养监测工具,并进行了全国范围的调查。

一、成人健康素养评估问卷

按照健康素养的定义和维度层次发展过程,以下着重介绍几种不同时期常用的成人健康素养评估工具。

(一) 成人医学素养快速评估

成人医学素养快速评估(rapid estimate of adult aiteracy in medicine, REALM)是 Davis 等于1991年最先提出的,是一种依据患者对常见医疗术语的发音、识别准确程度等来评估患者的健康素养的。REALM 是125个单词识别测试,测试时患者被要求大声地读出这些单词,然后根据患者对常见医疗术语的阅读和发音来评估。根据受试者发音正确与否,给出一定分数并转换成相应的等级。该评估方法把健康素养水平分为4个等级。基于REALM,研究者开发了不同版本的健康素养评估工具,有成人医学素养快速评估短版(REALM-R)、西班牙语人群健康素养快速测评量表(short assessment of health literacy for Spanish-speaking adults, SAHLSA)、成人医学素养快速评估简表(REALM-SF)和青少年医学素养快速评估(REALM-Teen)等相关评估量表。常用的 REALM-SF 通常需要花费2~3分钟。

REALM 可以帮助医护人员估计患者的文化知识水平,并据此为其提供合适的教育材料或指导。REALM 的优点在于操作简单、节省时间,通常花费 2～3 分钟,而且所测试的内容是在现实中确实给低健康素养患者带来困难的词汇,目前已在国外公共卫生领域和临床研究中广泛应用。REALM 的缺点在于不能测定患者的理解能力,而只是简单测定其识字能力。

(二)成年人功能性健康素养测试

成年人功能性健康素养测试(test of functional health literacy in adults,TOFHLA)是 Parker 等于 1995 开发的,是采用卫生服务环境中真实的材料来测试患者对包含数字的文章或段落的阅读能力。TOFHLA 有英语和西班牙语版本。该工具主要是通过测量患者在医疗环境中的计算和阅读能力来评估其健康素养的。其测试内容包括 17 项计算测试、50 项完型填空和阅读能力测试。50 项阅读题所使用的是医疗环境中的阅读材料,如医疗方案中患者的权利和义务、上消化道手术准备指令、标准的医院知情同意书和药瓶上的标签等。17 项计算能力测试是评估患者使用数字的应用能力。比如,药瓶上的说明、血糖测量值和医疗预约时间,以及财政救助补贴等数字能力。

完成 TOFHLA 需要花费大约 22 分钟,根据测试结果可以把患者分为 3 个等级。研究人员在 1999 年开发了简化版(S－TOFHLA),只需要不超过 7 分钟就可以达到相同的目的。随着 TOFHLA 的广泛使用,有一部分研究者把 TOFHLA 作为健康素养测量的金标准,也有研究尝试应用此测试评估青少年功能性健康素养。

总的来讲,国外用得最多的 REALM、TOFHLA 这些成人测量工具,主要是通过一些词汇识别、填空、选择等形式对被测者进行测验,从而判断其健康素养水平。然而这两种形式的 REALM 都只是测量患者对词汇的识别和阅读,而不能测量患者对词汇的理解能力,更不能从健康素养的各种能力和认知等内涵进行测量。

正是由于健康素养量表的测量属性存在不完善性,许多研究者也试图以较少的问题来筛选出健康素养低下的患者。Williams 等于 1995 年通过 3 个问题来判断患者的健康素养水平:①你是否能阅读报纸;②你是否能阅读医院的医疗表格及书面材料;③你是否经常让别人帮助你阅读医院的医学材料。他们筛查了 2 659 名慢性病患者。结果证明这些筛查量表的特异性较高,但是敏感性较差。

通过与 TOFHLA 的结果比较得出结论：患者自报的阅读能力在反映个体的功能性健康素养时是不充分的，可能的原因是患者高估自己的能力。Chew 等在 2004 年通过 16 个问题调查了 332 名患者来筛查慢性病患者的健康素养，然后用 S-TOFHLA 来验证，结果发现只有 3 个问题在发现健康素养方面是有效的，这 3 个问题是：①你在多大程度上需要别人帮助你阅读医院的书面材料；②你在多大程度上有信心独自填写医疗表格；③你在多大程度上因为理解书面材料的困难而不能理解疾病状况。然而，由于研究样本量较小，并不能代表一般患者的状况。

（三）健康素养管理量表

健康素养管理量表（health literacy management scale，HeLMS）是 Jordan 等在 2010 年开发的一个从患者的角度来理解的健康素养量表。其目的是评估个体获取、理解和使用医疗环境下健康信息的能力，尤其是那些潜在的可以改变的能力或因素。量表中的条目是通过概念分析及对接受过长时间卫生服务的慢性病患者的深度访谈开发的，通过定性访谈发现以下 7 种能力是患者获取、理解和使用医疗环境下健康信息的关键：①知道去哪里寻找健康信息；②知道什么时候需要健康信息；③口头交流能力；④积极主动；⑤技能素养；⑥健康信息的加工和保留；⑦应用技能。然后通过因子分析来决定保留哪些条目，最后调查了 700 名慢性病患者进行验证性分析来分析拟合效果。分析结果为：近似误差均方根（root-mean-square error of approximation，RMSEA）＝0.07，标准化残差均方根（standard root mean-square residual，SRMR）＝0.051，相对拟合指数（comparative fit index，CFI）＝0.967，说明量表具备较好的结构效度。量表也具备较好的重测信度，两次重测的相关系数＞0.7。

最终形成的 HeLMS 量表包括 8 个维度，其中 5 个维度强调个体寻求、理解和利用健康信息和健康服务的能力，另外 3 个强调影响这些能力的更广泛因素，共计 29 个条目。这 8 个维度的含义分别是：①人对健康的态度，这与患者进行健康管理的动机相关联，测试的是个体关注他们的健康需求和改变生活方式的意愿的能力；②理解能力，这个维度强调个体阅读和理解不同形式的健康信息的能力；③社会支持，家庭、朋友有助于个体提高他们寻找、理解和使用健康信息的社区网络；④社会经济因素，这个维度强调更广泛的个体获取卫生服务和健康信息的社会经济条件；

⑤获取全科卫生服务,这个维度与个体获取卫生服务的能力相关;⑥与卫生服务专业人员交流,这个维度测试了个体通过与卫生服务专业人员的交流来获得自己想要的信息的能力;⑦积极主动,涉及个体在寻求和理解医务人员告知的健康信息的态度;⑧利用健康信息,涉及个体理解和利用信息来做出合理的健康决策,从而维持自身健康的能力。

HeLMS 的计分是采用李克特的 5 个等级计分法,让患者根据过去的经验回答一系列问题。所有条目接受口头和书面两种填写形式,要求患者理解条目后快速选择。如果每个维度的平均分≤3,说明个体缺乏相应的能力。

(四) 健康素养量表-欧盟版

健康素养量表-欧盟版(European health literacy survey questionnaire, HLS-EU-Q)是欧盟委员会在欧洲八国进行大规模调查所使用的健康素养评估量表。HLS-EU-Q 是根据 Sørensen 提出的健康素养定义(即健康素养不仅是一种能力,也包含知识、动机,是指人们在医疗服务、疾病预防和健康促进 3 个层面上获取、理解、评价和应用健康信息,以维持或提高生活质量),以及基于第一章图 1-1 概念模型发展而来的,包含 3 个层面和 4 个维度,即在医疗服务、疾病预防和健康促进 3 个层面中获取、理解、评价和运用健康信息,以促进健康的知识、动机和能力。

基于上述定义和理论模型,健康素养欧盟委员会采用矩阵的方法开发问卷——HLS-EU-Q47,用以指导学者调查欧洲各国居民健康素养水平。从表 3-1 可以看出,矩阵的每个格子含 3~5 个条目。

表 3-1 欧洲区健康素养调查条目编号矩阵

	1. 寻求健康信息 (FHI)	2. 理解健康信息 (UHI)	3. 评价健康信息 (JHI)	4. 运用健康信息 (AHI)
1. 健康促进 (HC)	HC-FHI 1.1.1(Q1.1) 1.1.2(Q1.2) 1.1.3(Q1.3) 1.1.4(Q1.4)	HC-UHI 1.2.1(Q1.5) 1.2.2(Q1.6) 1.2.3(Q1.7) 1.2.4(Q1.8)	HC-JHI 1.3.1(Q1.9) 1.3.2(Q1.10) 1.3.3(Q1.11) 1.3.4(Q1.12)	HC-AHI 1.4.1(Q1.13) 1.4.2(Q1.14) 1.4.3(Q1.15) 1.4.4(Q1.16)
2. 疾病预防 (DP)	DP-FHI 2.1.1(Q1.17) 2.1.2(Q1.18) 2.1.3(Q1.19) 2.1.4(Q1.20)	DP-UHI 2.2.1(Q1.21) 2.2.2(Q1.22) 2.2.3(Q1.23)	DP-JHI 2.3.1(Q1.24) 2.3.2(Q1.25) 2.3.3(Q1.26) 2.3.4(Q1.27) 2.3.5(Q1.28)	DP-AHI 2.4.1(Q1.29) 2.4.2(Q1.30) 2.4.3(Q1.31)

(续表)

	1. 寻求健康信息（FHI）	2. 理解健康信息（UHI）	3. 评价健康信息（JHI）	4. 运用健康信息（AHI）
3. 医疗服务（HP）	HP-FHI 3.1.1(Q1.32) 3.1.2(Q1.33) 3.1.3(Q1.34) 3.1.4(Q1.35) 3.1.5(Q1.36)	HP-UHI 3.2.1(Q1.37) 3.2.2(Q1.38) 3.2.3(Q1.39) 3.2.4(Q1.40)	HP-JHI 3.3.1(Q1.41) 3.3.2(Q1.42) 3.3.3(Q1.43)	HP-AHI 3.4.1(Q1.44) 3.4.2(Q1.45) 3.4.3(Q1.46) 3.4.4(Q1.47)

欧洲健康素养调查工具有3个版本，核心问卷便是上述介绍的HLS-EU-Q47，该问卷包含了模型里介绍的与HL有关的决定因素和健康结局。此外还有两个版本的问卷，一个是HLS-EU-Q86，此版本纳入最新生命体征量表（newest vital sign，NVS）有关条目来测量功能性健康素养；另一个是HLS-EU-Q16，它包含了16个条目，涵盖了HLS-EU矩阵中12个格子里的11个，这个缩减版同样也被用来测量健康素养水平。

（五）我国成人健康素养评估工具

2007年开始，国内学者开始努力构建一套符合我国国情的健康素养测量体系，如肖砾等人在研究国内外大量文献的基础上，利用Delphi法初步筛选中国公众健康素养评估指标，为开发相关的测量工具和评估标准打下基础。在他们的研究中，初步确定了健康素养评估体系的指标框架，包含了健康知识、健康行为、健康信念和健康技能4个方面，包括个人卫生、疾病防治、营养膳食、体力活动、烟酒与健康、伤害与急救及其他健康技能等内容，共60项指标，形成了全国公众健康素养调查问卷。

2008年1月，卫生部第3号公告向社会发布了《中国公民健康素养——基本知识与技能（试行）》，并在全国范围内开展以"健康素养、和谐中国"为主题的中国公民健康素养促进行动（简称"健康素养促进行动"）。同年，卫生部针对全国31个省（自治区、直辖市）及新疆生产建设兵团的15~69岁的常住人口（共计79 542人）开展了健康素养调查。

2009年12月18日，卫生部公布《首次中国居民健康素养调查报告》。调查结果显示，中国居民具备健康素养的总体水平为6.48%。从健康素养的3个方面上看，具备基本知识和理念素养、健康生活方式与行为素养、基本技能素养的人口比例分别是14.97%、6.93%和20.39%。2012年,我国启动了连续性健康素养监测工作。2012年,全国居民健康素养监测结果显示,我国城乡居民健康素养水平为8.80%,具备基本知识和理念素养、健康生活方式与行为素养、基本技能素养的人口比例分别是18.96%、11.22%和12.29%。2013年,全国居民健康素养检测报告显示,城乡居民健康素养水平提高至9.48%,健康素养3个方面的人口比例依次为18.86%、11.22%和12.29%。3次调查均提示我们居民健康素养在城乡、受教育水平及年龄等方面存在以下特点:城乡居民健康素养水平存在差异;健康素养水平与文化程度密切相关;低龄和高龄人群健康素养水平较低。这些特点与国外学者的研究成果是相一致的。

经过连续几年的全国性监测,2016年1月6日,国家卫计委官网发布《中国公民健康素养——基本知识与技能(2015年版)》,即2015版《健康素养66条》,重点增加了近几年凸显出来的健康问题,如精神卫生问题、慢性病防治问题、安全与急救问题、科学就医和合理用药问题等。此外,还增加了关爱妇女生殖健康,健康信息的获取、甄别与利用等知识。《健康素养66条》(2015年版)从基本知识和理念、健康生活方式与行为、基本健康技能3个方面界定了我国公民健康素养的基本内容,是评估我国公民健康素养水平的重要依据。

综上所述,各种成人健康素养评估工具的测量重点有所不同,有的重在评估医疗环境中患者的阅读和理解能力,有的针对全人群的疾病预防和健康促进能力。但绝大多数工具主要测量功能性健康素养,对交互性健康素养和评判性健康素养的评估涉及很少;或缺乏对于健康信息获取、理解、评价和应用方面的客观评估,受被测者主观判断的影响较大;也没有从语言、环境、文化等社会大环境方面去反映健康素养的内涵。但不管如何,成人健康素养测评量表的发展时间较长,随着这些量表的修改、使用和普及,成人健康素养测量的指标会越来越统一。

二、儿童青少年健康素养评估工具研究进展

当前,针对儿童青少年的健康素养研究越来越多。然而与成人相比,国内外对儿童青少年的健康素养研究仍较少,对该人群健康素养的概念框架尚不明确,也未建立起专门用于学生人群的健康素养测评工具。

(一) 儿童青少年健康素养评估的内容依据

目前,各国针对儿童青少年健康素养测评内容的研发,大部分基于本国、本地区的学校健康教育指导纲要或课程框架。1995 年,美国健康标准联合委员会颁布《国家健康教育标准》,并于 2005 年颁布《国家健康教育标准(修订稿)》,其中设定的健康教育课程目标和内容要求包括:①学生能理解健康促进和疾病预防相关概念以促进健康;②学生能分析家庭、同伴、文化、媒体、技术和其他因素对健康行为的影响;③学生有获取有效信息、产品和服务来促进健康的能力;④学生有使用人际交流技巧来促进健康、避免或减少健康风险的能力;⑤学生有使用决策技巧促进健康的能力;⑥学生能够设定适宜健康目标的能力;⑦学生有实践健康促进行为来避免或减少健康风险的能力;⑧学生有维护个人、家庭和社区健康的能力。这些目标和内容为学校健康教育的实施提供了依据,同时也为学生健康素养测评提供了内容维度的参考。

教育部于 2008 年更新颁布《中小学健康教育指导纲要》,主要是依据《中国公民健康素养——基本知识与技能(试行)》及学校健康教育的相关要求而制定。2010 年发布的《国家中长期教育改革和发展规划纲要(2010—2020 年)》,将"学生思想道德素质、科学文化素质和健康素质明显提高"作为 2020 年教育发展的目标之一,足以显示政府对于学生健康素养的高度关注。2011 年,我国更新发布国家标准《中小学健康教育规范(GB/T 18206-2011)》,以进一步推进学校健康教育工作的规范开展。这些规范性文件都为我国学校健康教育课提供了有力支撑,同时也为在我国国情下进行学生健康素养测评工具的研发提供了依据。

(二) 成人健康素养评估量表在儿童少年人群中的应用

从目前所收集到的国内外文献看,在儿童青少年人群中进行健康素养测量时,所使用的工具有的直接使用成人量表,如 NVS 和 TOFHLA。但由于研究样本量较少,并未得到广泛认可。还有很大一部分是根据成人量表改编,如青少年医学素养快速评估量表(rapid estimate of adolescent literacy in medicine,REALM-TEEN)及青少年功能性健康素养测试短版汉化版(Chinese version of short-form test of functional health literacy in adolescents,c-sTOFHLAd)。

1. REALM-TEEN　REALM-TEEN 是 Davis 于 2006 年在

REALM 的基础上又开发的一种量表,形式与前述 REALM 相同,按照难度系数从低到高排序。结果显示,REALM-TEEN 在初中生及以上(即六至十二年级)的儿童青少年中应用的信效度良好。迄今,尚未见到 REALM-TEEN 被中国学者汉化用于中国儿童青少年文字识别能力的健康素养评估。

2. c-sTOFHLAd　c-sTOFHLAd 是 Chang 等于 2012 年对 sTOFHLAd 进行汉化和修订,形成的专门针对使用汉语的青少年的功能性健康素养测试。初步的 c-sTOFHLAd 的测试人群主要是 17~18 岁的高中生,结果显示 c-sTOFHLAd 有较好的信效度。但有学者认为,sTOFHLAd 主要采用完形填空的形式,在不同国家翻译时可能容易存在语言表达的多样性。因此,需要更多研究来探索 sTOFHLAd 应用于中国青少年的可行性。

3. NVS 问卷　NVS 问卷是美国 Weiss 等于 2005 年开发的,主要是利用一个冰淇淋上的营养成分标签,让受试者按照要求回答 6 个问题。主试者根据受试者解释和利用标签上信息的回答进行评分。评分范围为 0~6 分,其中 0~1 分为很可能缺乏健康素养,2~3 分为可能缺乏健康素养,4 分及以上为可能有足够的健康素养。NVS 主要评估阅读和理解文本的能力(prose literacy)、计算能力(numeracy literacy)、定位和使用文件中信息的能力(documents literacy)。Driessnack 尝试将 NVS 应用于测量 7~12 岁儿童的健康素养,结果显示最小的 7 岁儿童仍可以在 3 分钟内完成。因而,NVS 可以作为快速监测青少年健康素养水平的工具。另一学者 Warsh 为了评估 NVS 测量儿童健康素养的有效性,对一批儿童(7~17 岁)进行 NVS 测试,同时用其他专门方法评估其阅读理解能力。结果显示 NVS 得分与阅读理解能力得分相关,且年龄越大,相关性越好。因此,作者认为 NVS 可测量 7~17 岁这一年龄段人群的健康素养。一般情况下,NVS 平均每人测评时间不超过 3 分钟,这一点很适合应用于对儿童的问卷调查。但是,NVS 是否能有效地应用于不同学段学生的健康素养评估还有待研究。

由上述可见,利用经典成人量表发展而成的儿童青少年测量量表,一般具有较高认可度和较高的信效度,但同时具有量表内容较单一、以功能性健康素养为主的缺点。汉化后的量表还有语义表达、社会文化背景差异等问题。

(三) 国内学者对儿童青少年健康素养内涵与评估内容结构的探索

近年来,随着对青少年学生健康素养的关注程度越来越高,国内学者也开始对青少年健康素养内涵和评估内容及结构进行深入的探索。

2013年,王璐等和余小鸣等依据Nutbeam等国内外学者提出的健康素养理论模型和评估文献,特别是教育部2008年颁布的《中小学健康教育指导纲要》、卫生部颁布的《中国公民健康素养——基本知识与技能(试行)》等我国健康素养、健康教育的相关政策要求,构建了中小学生健康素养内涵与结构图,包含4个维度:健康知识、健康理念、健康技能和健康行为。健康知识维度包括个人卫生、健康生活方式、疾病预防、安全应急与避险、心理健康、生长发育与青春期、基本医疗卫生保健及卫生服务利用8个要素。其中健康生活方式在高中、初中及小学3个学段权重均较大(6.42%、6.60%及7.53%),小学阶段个人卫生占权重最高,为8.01%。健康理念维度包括健康相关概念理解/科学健康观、对待健康/疾病相关问题的态度2个要素,高中阶段对待健康/疾病相关问题态度权重较大,占7.39%;初中和小学的健康相关概念理解/科学健康观比重较大,分别占7.30%和6.49%。健康技能维度分为主观评定技能和客观评定技能两个要素,客观评定技能在3个学段权重分别为11.33%、9.57%及8.45%。健康行为维度分为8个要素,分别为:个人卫生、饮食相关、体力活动、伤害相关、心理健康、成瘾/物质滥用、环境健康相关、生殖健康/青春期卫生及医疗保健相关行为,高中学段成瘾/物质滥用权重为4.75%,初中、小学学段则是饮食相关行为比重较大,分别为3.81%和5.09%。余小鸣等还构建了高中生健康素养评价三级指标体系(表3-2),并开发了高中生健康素养评价问卷。在高一、高二的1516名高中生中开展问卷调查,显示该问卷的Cronbach's α系数、Spearman-Brown分半信度和重测信度系数分别为0.739、0.764和0.716。效度分析显示,问卷各维度得分与总体问卷得分之间的相关系数在0.511~0.800,均具有统计学意义(P值均<0.01)。验证性因子分析验证结构效度,对健康技能维度7个测评题目进行验证分析,用主成分分析提取2个特征根>1的公因子(日常保健基本技能、急救与应急技能),累计可以解释总体变异的37.38%。

表 3-2　高中生健康素养评价框架

一级维度指标	二级维度指标	三级维度指标
健康知识	健康生活方式、疾病预防、心理健康、生长发育与青春期保健、安全应急与避险、医疗保健和卫生系统导航	睡眠卫生、环境与健康、合理营养、体育锻炼、预防物质滥用、传染病预防、慢性病预防、人际关系、异性交往、压力应对、情绪调节、职业规划、高中阶段生长发育、生殖健康、食品安全、院前急救、灾害应对、重要生理指标正常值、安全献血、安全注射、合理用药、认识卫生资源、正确就医、患者权利与义务及医疗保险与卫生政策
健康理念	健康相关概念理解、健康相关态度	科学健康观、疾病观、艾滋病相关态度、生殖健康相关态度及其他健康问题相关态度
健康技能	主观评定、客观评定	获取健康信息、理解健康信息、应用健康信息、急救与应急技能及其他日常保健基本技能
健康行为	个人卫生行为、饮食相关行为、体力活动行为、伤害相关行为、成瘾行为、环境健康相关行为、生殖健康行为和医疗保健相关行为	睡眠卫生、用眼卫生、饮食习惯、食品选购、体育锻炼、久坐/静态生活方式、易导致非故意伤害行为、易导致故意伤害行为、心理健康相关行为、吸烟、饮酒、毒品/精神成瘾药物使用、网络/游戏成瘾、学习环境健康相关行为、居住环境健康相关行为、公共场所健康相关行为、边缘性行为、婚前性行为、生殖健康卫生保健、自我保健及求医行为

张诗晨等以 Nutbeam 互动性健康素养为主体引入跨理论模型(transtheoretical model and stages of change，TTM)，将 TTM 引入健康素养问卷的项目评分设计之中，编制一套中国儿童青少年互动性健康素养自行问卷，主要针对中学生，并通过整群抽样选取 3 426 名初一至高三学生进行问卷调查。该问卷包含 6 个维度 31 个项目，6 个维度分别为体力活动、饮食营养、健康意识、压力管理、人际关系和精神成长。其中，体力活动主要评估运动行为和习惯；人际关系主要评估个人在生活活动过程中所建立的一种社会关系，是人与人在交往中建立的直接的心理上的联系，包括亲属、朋友(同学)及师生关系等；压力管理主要评估个人处理和缓解压力的能力；精神成长指个人灵魂的健全及人格的形成，是对生命自由实现的自觉意识的形成；健康意识主要评估维护自身健康而预先必

须注意的保健知识和理念；饮食营养主要评估合理的饮食习惯和平衡膳食结构。共 40 题，每个条目得分 1～5 分，根据各条目的平均分计算总得分和各维度得分，分数越高表示运用知识改变健康状况的素养越高。在对初一到高三 6 个学段人群的 1 643 份有效问卷分析后发现，各项目与总分的 Pearson 相关系数为 0.432～0.673，与所属维度的 Pearson 相关系数为 0.597～0.877，均有统计学意义，表明各项目具有良好的鉴别力；总问卷的 Cronbach's α 系数为 0.937，各维度的 Cronbach's α 系数为 0.752～0.898；总问卷的分半系数为 0.899，各维度的分半系数为 0.612～0.898。对 1 644 份有效问卷进行验证性因子分析，结果显示，各指标拟合优度良好。问卷设计涉及的范围较全面，能较好地反映青少年互动性健康素养的水平。但研究者同时提出，由于选取中学和学生数较少，信度和结构效度等不能代表更广泛的青少年人群，也不能建立青少年健康素养水平的划界值。因此，需要在多地区、多个青少年人群中应用，并评价其信度和效度。

（四）进一步加强学生健康素养评估理论与实践研究的意义

当前国内外对于青少年健康素养的研究才刚起步，针对儿童青少年人群健康素养评估体系仍处在探索阶段，处于百家争鸣之势，缺乏统一理论指引下的儿童青少年健康素养评估指标体系、评估工具和技术手段。因此，有必要从以下几个方面开展工作。

1. 加强学生健康素养评估相关理论和概念内涵研究　建立基本的评估逻辑框架，根据健康素养定义（即健康信息的获取、理解、评价和应用能力）发展青少年健康素养评估指标内容，并使内涵维度具有可操作性。

2. 重视儿童青少年身心发育特点　充分了解不同年龄段儿童青少年的语言、认识、阅历和心理等发展特点，考虑不同社会文化背景因素，发展适合不同年龄段学生的健康素养评估工具。

3. 从健康促进、疾病预防和卫生保健服务利用 3 个方面设计具体的评估内容　这是因为，对于广大的儿童青少年学生来说，能够获取、评价及有效利用健康信息资源，建立健康的生活习惯，掌握必要的疾病预防和自我保健技能，将会受益终身。

（王亚宁　曲爽笑　孙浩林　史慧静）

参考文献

[1] 李守义,蔡兹仪、蔡忆文,等."中文健康识能评估量表"简式量表的发展与效度检测[J].台湾公共卫生杂志,2012,31(2):184-194.

[2] 王璐,余小鸣,郭帅军,等.中小学生健康素养内涵与结构的认知分析[J].中国学校卫生,2015,36(2):170-173.

[3] 中华人民共和国卫生部,中国国家标准化管理委员会.中小学健康教育规范 GB/T 18206-2011[S].2011-12-30.

[4] 中华人民共和国卫生部.中国公民健康素养:基本知识与技能(试行)[R].北京,2008.

[5] 中华人民共和国教育部.中小学健康教育指导纲要[EB/OL].[2016-9-27].http://www.gov.cn/gzdt/2008-12/27/content_1189107.htm.

[6] 曲爽笑,王书梅,郑文娟,等.儿童青少年健康素养评估体系的研究进展[J].中国学校卫生,2014,35(10):1594-1597.

[7] 江洁,杨金侠.健康素养内涵模型探讨[J].中国卫生事业管理,2011,28(9):646-648.

[8] 李英华,毛群安,石琦,等.2012年中国居民健康素养监测结果[J].中国健康教育,2015,31(2),99-103.

[9] 肖砾,程玉兰,马皇,等.Delphi法在筛选中国公众健康素养评价指标中的应用研究[J].中国健康教育,2008,24(2):81-84.

[10] 吴瑞龙,史慧静.国内外有关健康素养的研究进展[J].健康教育与健康促进,2014,9(2):119-123.

[11] 余小鸣,郭帅军,王璐,等.高中生健康素养评价问卷的结构框架及信效度分析[J].中国学校卫生,2014,35(5):672-674.

[12] 张诗晨,万宇辉,陶舒曼,等.中国青少年互动性健康素养问卷的信度和结构效度评价[J].中国学校卫生,2014,35(3):332-336.

[13] 国家卫生计生委宣传司.2013年我国居民健康素养水平提高至9.48%[EB/OL].[2016-10-08]http://www.moh.gov.cn/xcs/s3582/201412/971753f8b9504caba6e081cb88cf6a58.shtml.

[14] 常春.中外健康素养研究比较[J].中华预防医学杂志,2014,48(7):549-551.

[15] 尉敏琦.职业人群健康素养量表开发与初步应用[D].复旦大学,2014.

[16] Australian Bureau of Statistics. Health literacy [R]. Australia: Australian Bureau of Statistics, 2006.

[17] Canadian Council on Learning. Health literacy in Canada: a healthy understanding [R]. Ottawa: Canadian Council on Learning, 2008.

[18] Chang L C, Hsieh P L, Liu C H. Psychometric evaluation of the Chinese version of short-form test of functional health literacy in adolescents [J]. J Clin

Nurs,2012,21(17-18):2429-2437.
[19] Committee on Health Literacy. Health literacy: a prescription to end confusion [M]. London: National Academies Press,2004.
[20] Davis T C, Wolf M S, Arnold C L, et al. Development and validation of the rapid estimate of adolescent literacy in medicine (REALM-Teen): a tool to screen adolescents for below-grade reading in health care settings [J]. Pediatrics,2006,118(6):e1707-e1714.
[21] Driessnack M, Chung S, Perkhounkova E, et al. Using the "Newest Vital Sign" to assess health leteracy in children [J]. J Pediatri Health Care,2014,28(2):165-171.
[22] Ilona K, Jürgen M P, Franklin A, et al. Health literacy: the solid facts [G]. World Health Organization Regional Office for Europe,2013.
[23] Parker R. Measures of health literacy: workshop summary, roundtable on health literacy [M]. Washington DC. 2009.
[24] Warsh J, Chari R, Badaczewski A, et al. Can the newest vital sign be used to assess health literacy in children and adolescents [J]. Clin Pediatr (Phila),2014,53(2):141-144.

第四章

小学生健康素养评估指标体系研究

一、研究目的与意义

本子课题的目的为开发一套多维度的适用于小学生的健康素养评估指标体系,包括评估问卷和测评方法。

具体目标为:①确定小学生健康素养评估指标体系建立的依据;②构建小学生健康素养评估指标体系;③编制一套信效度良好的评估问卷,包括测评方法。

二、研究设计与方法

(一) 技术路线图

详见图4-1。

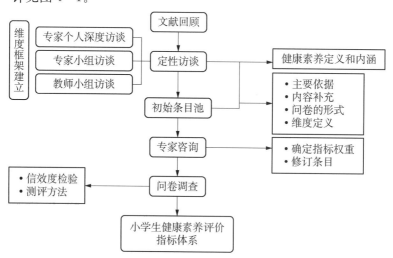

图4-1 小学生健康素养评估研究技术路线图

(二) 研究对象与方法

1. 个人深入访谈和焦点组访谈　本研究采用目的抽样法选择访谈对象,进行专家个人深入访谈 4 次、专家小组访谈 1 次和教师小组访谈 1 次。个人深入访谈包括 2 位教育卫生行政管理人员、2 位教育卫生研究人员(其中 1 位为美国专家);专家小组访谈有 6 位人员,包括 1 位教育卫生行政管理人员、5 位教育卫生技术人员;教师小组访谈有 8 位人员,包括 4 位班主任、2 位语文教师、1 位卫生教师和 1 位德育教师。

访谈内容主要包括:①小学生健康素养评估指标体系的功能;②小学生健康素养评估指标体系的内容和对问卷呈现形式的建议;③开展学生健康素养评估的注意事项;④如何把握不同年级小学生的认知特点;⑤小学阶段学生的核心健康教育需求。每位专家个人深度访谈的时间为 1 小时,每组焦点组访谈时间为 1.5 小时。

访谈主持人和记录员经过统一培训,掌握访谈技巧。在访谈过程中,主持人不做诱导性提问和暗示,并根据获取的信息调整访谈内容,直到信息饱和为止。在征得受访者的同意后,对访谈过程录音,同时记录员做要点记录。

访谈结束后,将访谈录音转录成文字材料,采用主题框架法,确定分析主题。借助 Nvivo 7.0 软件,对资料进行分析。个人深入访谈编码为 IDI,专家小组访谈编码为 FGI1,教师小组访谈编码为 FGI2。

2. 德尔菲专家咨询　本研究采用改良的专家咨询方法,建立小学生健康素养评估指标体系,请专家对各年级评估问卷提出意见和建议。

本研究专家的选择标准包括:①从事儿童及青少年卫生、学校卫生、预防医学(除儿少卫生)和教育学等相关领域的专家;②在相关领域工作 10 年以上;③具有中、高级技术职称。

在文献回顾、定性访谈和课题组讨论的基础上,自行设计专家咨询问卷。内容包括:①专家信息表,包括职称和(或)职务、工作年限、专业等;②研究介绍,包括课题目的、研究依据和机构、重要名词概念等;③咨询内容,包括专家对 5 个素养内容和 4 个素养能力等项目的熟悉程度,以及对 6 个年级各项目的重要程度和判断依据打分,重要性赋值为 1＝不重要,2＝不太重要,3＝一般重要,4＝比较重要,5＝很重要;④对素养维度题目的建议;⑤对 6 个年级评估问卷各条目的意见和建议。

通过电子邮件的形式进行专家咨询。采用 Excel 2010 计算专家权威程度,层次分析采用 yaahpV 10.1.5633 软件进行。汇总专家对各年级评估问卷的意见和建议,当 2 位及以上专家对某条目提出修改或增删意见时,予以采纳。

3. 小学生健康素养评估问卷的试用调查　采用方便抽样法抽取上海市中心城区 4 所小学、郊区 2 所小学,对抽取学校一至六年级的所有小学生进行问卷调查。

进行因子分析时样本量为条目数的 10 倍左右时,分析结果较稳定。本研究中各年级初始评估问卷的条目均在 40 条以内,确定各年级样本量至少为 400。在此基础上尽量增加样本量,以提高因子分析结果的稳定性。

本次调查各年级评估问卷回收率为 94.9%～98.7%,发放及回收具体情况见表 4-1,调查对象年龄范围为 5～15 岁,各年级小学生性别和地区构成比情况见表 4-2。

表 4-1　各年级健康素养评估问卷回收情况

年级	发放问卷	回收问卷	有效问卷	有效回收率(%)
一年级	938	927	901	96.06
二年级	969	947	920	94.94
三年级	899	887	880	97.89
四年级	860	853	849	98.72
五年级	740	727	717	96.89
六年级	813	793	783	96.31

表 4-2　调查对象基本情况 [n(%)]

年级	性别		地区		总计
	男	女	市区	郊区	
一年级	454(50.4)	447(49.6)	342(38.0)	559(62.0)	901
二年级	429(54.8)	354(45.2)	336(36.5)	584(63.5)	783
三年级	472(53.6)	408(46.4)	548(62.3)	332(37.7)	880

(续表)

年级	性别		地区		总计
	男	女	市区	郊区	
四年级	469(55.2)	380(44.8)	306(36.0)	543(64.0)	849
五年级	412(57.5)	305(42.5)	250(34.9)	467(65.1)	717
六年级	429(54.8)	354(45.2)	364(46.5)	419(53.5)	783

各年级健康素养评估问卷共分两大部分,第一部分为学生基本情况,第二部分为健康素养评估问卷。题目形式主要以单选题为主,多选题为辅,五、六年级增加情境题。

所抽取学校各选取一名负责人,以每个班级的班主任作为调查员。对负责人和调查员进行培训,告知填写问卷的要求,统一指导语,可视情况帮助其理解题目和选项的含义,但不能透露出倾向性。请学生按要求自行填写完成,并交由调查员统一收回。由负责人进行第一次质控,课题组成员进行二次质控。

调查采用 Epidata 3.0 建立数据库,用 SPSS 17.0 软件进行统计分析。各年级健康素养测评题目完整率高于90%。未对缺失值进行填补。对于健康素养评估题目,计分方法为回答正确计1分,错误计0分;情境题判分标准与单选题一致;多选题与正确答案完全一致计1分,错选、漏选计0分;未做出回答的题目,一律计0分。调查对条目进行项目分析,计算难度、区分度和删除某条目后评估问卷的 Cronbach's α 系数。调查采用内部一致性信度和分半信度进行来衡量信度,效度采用内容效度和结构效度来衡量。

三、研究结果

(一)小学生健康素养评估的核心内容

根据文献回顾和定性访谈结果,小学生健康素养评估指标体系的建立以《中小学健康教育指导纲要》为主要依据,参考《中国公民健康素养调查问卷》,借鉴国内外其他已形成的量表,如 HLS-EU-Q、HLC、NVS、REALM-TEEN 和 c-sTOFHLAd 等。

2008年,教育部颁布《中小学健康教育指导纲要》(以下简称《纲要》),其依据《中国公民健康素养——基本知识与技能(试行)》及新时期学校健康教育的需求而制定,将基本内容分为5个领域:健康行为与生活方式、疾病预防、心理健康、生长发育与青春期保健,以及安全应急与避险。依照小学低年级、中年级和高年级将小学6个年级分为水平一(小学一至二年级)、水平二(小学三至四年级)、水平三(小学五至六年级),每个水平的五大领域中均有明确清晰的具体内容。

专家建议,小学生健康素养评估指标体系的建立应以政府相关指导要求为依据。我国受访者也一致建议以《纲要》为主要依据,并从健康素养内涵和小学生阶段的核心健康教育需求两个角度进行补充。由于小学生的身心发展尚未成熟,评估内容主要为基本的知识、技能即可;且五大内容领域的比重在各年级应有所不同。以下是一些专家的观点。

"在美国,至少有50种健康素养评估指标体系。这是因为小学健康教育及健康素养评估是根据各个州的健康教育文件制定的,不同的州有不同的评估内容"(IDI-4)。

"我们的《纲要》对小学生应该掌握的核心知识、技能,包括他应该养成什么样的行为,有一些非常清楚的(指导),所以我觉得要围绕那个(《纲要》)来"(IDI-1)。

"《纲要》的所有要点应该全覆盖"(FGI1-4)。

受访者也提出,小学阶段是个人身心发展最快的阶段,每个年级的学生对健康教育的需求不同,建议将每个年级作为一个水平进行评估。访谈对象根据《纲要》的内容要点和个人工作经验提出了小学生健康教育的核心点(表4-3)。其中某些核心点贯穿整个小学阶段,在不同年级可重复出现。心理问题被给予了极高关注。

表4-3 访谈对象对小学阶段健康教育核心点的建议

提及的健康教育内容核心点	被提及人次
心理健康	10
心理问题如躁狂、自闭、暴力倾向和自私等	8
与同学、父母及老师的人际交往能力	4
正确对待老师的批评	2

(续表)

提及的健康教育内容核心点	被提及人次
健康生活方式	6
体育锻炼	3
营养与食品安全	2
疾病预防	2
应急避险	1
知识来源类型题目	1

"还有就是心理问题,因为都是独生子女,往往不会分享"。(FGI2-2)

"狂躁症,动不动发脾气;自闭症,什么都不跟你讲;还有暴力倾向的、打人的"(FGI2-7)。

"小学生现在心理问题很多,以前一个班级最多一两个,现在最少三四个"(FGI2-8)。

(二) 构建完成的小学生健康素养评估指标体系

1. 指标体系框架 确立小学生健康素养评估指标体系的维度框架为学段维度-素养内容维度-素养能力维度。学段维度为以每个年级为一个水平建立二级指标体系;一级指标为素养内容维度,包括健康行为与生活方式、疾病预防、心理健康、生长发育与青春期保健,以及安全应急与避险;二级指标为素养能力维度,包括获取、理解、评价及应用健康相关信息能力;每个一级指标下的二级指标相同。各维度的内涵释义见表4-4。

表4-4 小学生健康素养评估指标体系各维度释义

健康素养维度	获取信息	理解信息	评价信息	应用信息
健康行为与生活方式	获取健康生活方式相关信息	理解健康生活方式相关信息的特定含义	有意识地鉴定、分析和评价健康生活方式相关信息	在如何健康生活问题上做出明智的健康决策
疾病预防	获取疾病危险因素相关信息	理解疾病危险因素相关信息的含义	有意识地鉴定、分析和评价疾病危险因素的相关信息	为降低疾病危害因素的损害作用而做出健康决策

(续表)

健康素养维度	获取信息	理解信息	评价信息	应用信息
心理健康	获取影响心理发育相关信息	理解影响心理发育相关信息的含义	有意识地鉴定、分析和评价影响心理发育的相关信息	为减少心理伤害做出有益决策
生长发育与青春期保健	获取影响青春期生长发育的相关信息	理解影响青春期生长发育相关信息的含义	有意识地鉴定、分析和评价影响青春期生长发育的相关信息	能够更好地促进青春期健康生长发育
安全应急与避险	获取危险发生原因相关信息	理解危险发生原因相关信息的含义	有意识地鉴定、分析和评价危险发生原因的相关信息	为成功应急避险做好充分准备

2. 德尔菲专家咨询结果

（1）专家基本情况：本次咨询发放咨询表数量为21份，咨询专家来自北京、上海、广州、黑龙江、天津、湖北和安徽7个省（市）的医学院系、教育卫生机构。回收有效咨询表20份，回收率为95.2%，相对较高，表明专家积极系数较高。专家的基本情况见表4-5。

表4-5 专家基本情况

项 目	分 组	人 数	百分比（%）
性别	男	8	40.0
	女	12	60.0
年龄（岁）	30～39	3	15.0
	40～49	7	35.0
	50～59	10	50.0
学历	本科及以下	7	35.0
	硕士	7	35.0
	博士	6	30.0

(续表)

项目	分组	人数	百分比(%)
所在领域	儿少卫生	9	45.0
	预防医学(除儿少卫生)	4	20.0
	行政管理	4	20.0
	运动人体科学	2	10.0
	教育(生物)	1	5.0
职称	正高	12	60.0
	副高	4	20.0
	中级	4	20.0
从事工作年限	10~19	4	20.0
	20~29	9	45.0
	30~39	5	25.0
	40~49	2	10.0

（2）专家权威程度（Cr）：Cr 一般由两个因素决定：一个是专家对评估项目做出判断的依据（Ca），另一个是专家对评估项目的熟悉程度系数（Cs）。Cr＝(Ca＋Cs)/2。若 Cr＞0.7，表示专家权威性较高。本研究采用的判断依据和熟悉程度量化值见表 4-6 和表 4-7。

表 4-6　专家对问题熟悉程度系数

熟悉程度	Cs
非常熟悉	1.0
较熟悉	0.8
一般熟悉	0.6
不太熟悉	0.4
不了解	0.2

表 4-7 判断依据及其影响程度量化

判断依据	对专家判断的影响		
	大	中	小
理论分析	0.3	0.2	0.1
实践经验	0.5	0.4	0.3
参考国内外资料	0.1	0.1	0.1
直觉	0.1	0.1	0.1

专家对评估项目的平均熟悉程度均在 0.8 以上，见表 4-8。经计算，本次专家咨询的 Cs 为 0.87，Ca 为 0.89，专家平均 Cr 为 0.88。

表 4-8 专家对各维度评估项目熟悉程度均数

项 目	熟悉程度均数
健康行为与生活方式	0.96
疾病预防	0.90
心理健康	0.93
生长发育与青春期保健	0.81
安全应急与避险	0.88
获取信息	0.89
理解信息	0.88
评价信息	0.87
应用信息	0.84

（3）权重计算：

A. 层次分析法：层次分析法是由美国匹兹堡大学的 Saaty 等提出的一种定性和定量相结合、系统化、层次化的分析方法。其计算权重步骤如下。

a. 建立目标树图：见图 4-2。

b. 构建判断矩阵：根据 20 位专家对评估项目的重要性赋值计算出算术均数，利用均数间的两两比较确定 Saaty 标度。假设 Z_{ij}、Z_{ik} 为某一

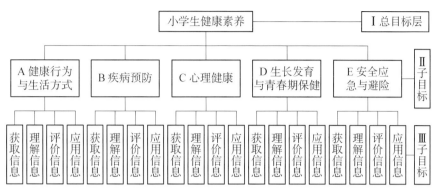

图 4-2 小学生健康素养评估指标体系目标树图

评估方面中任意两个指标的重要性分值,具体 Saaty 标度说明见表 4-9。以一年级健康素养一级指标为例构建判断矩阵 A。

表 4-9 Saaty 标度说明

差 值	Saaty 标度	相对重要程度
$Z_{ij} - Z_{ik} = 0$	1	两者同等重要
$0.25 < Z_{ij} - Z_{ik} \leqslant 0.5$	3	Z_{ij} 比 Z_{ik} 稍微重要
$0.75 < Z_{ij} - Z_{ik} \leqslant 1.0$	5	Z_{ij} 比 Z_{ik} 相当重要
$1.25 < Z_{ij} - Z_{ik} \leqslant 1.5$	7	Z_{ij} 比 Z_{ik} 强烈重要
$1.75 < Z_{ij} - Z_{ik}$	9	Z_{ij} 比 Z_{ik} 极端重要
差值在两个尺度之间	分别取 2、4、6、8	相邻程度的中间值

注:因素 i 与 j 比较的判断为 a_{ij},则因素 j 与 i 比较的判断为 $a_{ji} = 1/a_{ij}$

$$A = \begin{pmatrix} 1 & 5 & 6 & 9 & 2 \\ 1/5 & 1 & 2 & 7 & 1/5 \\ 1/6 & 1/2 & 1 & 6 & 1/5 \\ 1/9 & 1/7 & 1/6 & 1 & 1/9 \\ 1/2 & 5 & 5 & 9 & 1 \end{pmatrix}$$

c. 层次单排序及其一致性检验:本研究采用一种简单的计算矩阵最大特征值及相应特征向量的方法。

首先计算初始权重系数 W_i'，W_i' 计算公式如下。

$$W_i' = \sqrt[m]{\prod_{i=1}^{m} a_{ij}} \quad i,j=1,2,\ldots,m$$

其次进行归一化处理。

$$W_i = \frac{W_i'}{\sum_{i=1}^{m} W_i'} \quad i,j=1,2,\ldots,m$$

所求特征向量为

$$W = [W_1, W_2, \ldots, W_n]^T。$$

计算特征根 λ_i 以及最大特征根 $\lambda_{\max}$。

$$\lambda_i = \sum_{i=1}^{m} \frac{a_{ij} w_j}{w_i}, \lambda_{\max} = \sum_{i=1}^{m} \frac{\lambda_i}{m} \quad i,j=1,2,\ldots,m$$

计算判断矩阵一致性指标 CI。

$$CI = \frac{\lambda_{\max} - m}{m - 1}$$

为度量不同阶判断矩阵是否具有满意的一致性，判断矩阵的一致性指标 CI 与判断矩阵的平均随机一致性指标 RI 之比称为随机一致性比率 CR，即 $CR=CI/RI$。当 $CR<0.10$ 时，表示判断矩阵具有满意的一致性，否则就需要请专家重新评价，以达到要求。1~9 阶判断矩阵的 RI 取值见表 4-10。

表 4-10　1~9 阶平均随机一致性指标 RI 取值

阶数	1	2	3	4	5	6	7	8	9
RI	0.00	0.00	0.58	0.90	1.12	1.24	1.32	1.41	1.45

d. 层次总排序及其一致性检验：将各层指标的权重值与上层相对应的指标逐项相乘计算组合权重。采用加权法计算层次总排序随机一致性比率 CR 值。在层次分析法中一般不必检验层次总排序的一致性。由于本研究目的和设计的特殊性，未计算层次总排序及其一致性

检验。

B. 各指标权重及一致性检验：6个年级的小学生健康素养各评估项目权重系数见表4-11和表4-12。经计算，各评估项目的判断矩阵CI、CR值均<0.10(表4-13)，可认为各项目层次单排序结果具有满意的一致性。

表4-11 小学生健康素养五大素养内容维度各项目权重

年级	健康行为与生活方式	疾病预防	心理健康	生长发育与青春期保健	安全应急与避险
一年级	0.447 5	0.115 0	0.081 5	0.026 5	0.329 6
二年级	0.444 3	0.122 3	0.086 6	0.026 9	0.319 8
三年级	0.468 8	0.135 4	0.103 0	0.033 6	0.259 3
四年级	0.470 7	0.107 8	0.107 8	0.068 8	0.244 9
五年级	0.368 8	0.067 6	0.186 3	0.130 8	0.246 5
六年级	0.372 9	0.068 4	0.213 0	0.132 8	0.213 0

表4-12 小学生健康素养四大素养能力维度各指标权重

年级	获取信息	理解信息	评价信息	应用信息
一年级	0.655 6	0.231 1	0.045 2	0.068 0
二年级	0.610 9	0.255 8	0.055 4	0.077 8
三年级	0.507 8	0.324 1	0.065 6	0.102 5
四年级	0.483 2	0.325 7	0.076 3	0.114 9
五年级	0.439 3	0.310 7	0.103 6	0.146 4
六年级	0.418 2	0.270 7	0.190 6	0.120 5

表4-13 小学生健康素养评估项目层次单排序检验结果

年级	五大内容维度			四大素养维度		
	CI	RI	CR	CI	RI	CR
一年级	0.085 8	1.12	0.076 61	0.080 1	0.9	0.089 0
二年级	0.075 2	1.12	0.067 14	0.075 5	0.9	0.083 9

(续表)

年 级	五大内容维度			四大素养维度		
	CI	RI	CR	CI	RI	CR
三年级	0.059 5	1.12	0.053 13	0.022 7	0.9	0.025 2
四年级	0.027 7	1.12	0.024 73	0.033 1	0.9	0.036 8
五年级	0.032 1	1.12	0.028 66	0.045 4	0.9	0.050 4
六年级	0.019 2	1.12	0.017 14	0.026 6	0.9	0.029 6

结果显示,"健康行为与生活方式"在各年级的权重系数均最大,为0.368 8～0.470 7;"安全应急与避险"的权重系数仅次于"健康行为和生活方式",排第二位,为0.244 9～0.329 6。剩余3个项目的权重排位变化较明显。"疾病预防"在一至三年级的权重排序为第三位,四年级为并列第三位,到五、六年级下降为最后一位。"心理健康"的权重位次变化则与"疾病预防"相反,从一至四年级的第四位,上升到六年级的并列第二位。"生长发育与青春期保健"从一至四年级的最后一位,上升到五、六年级的第五位。

4个素养能力项目在各年级的权重排位基本一致。"获取信息"在各年级的权重系数均最大,为0.439 3～0.655 6,随着年级增加,其所占比重逐渐减小。在一至五年级中,"理解信息"权重系数排第二位,随着年级增加,权重系数先增加后减少;"应用信息"和"评价信息"权重系数分别排第三位和第四位,即最后一位,且随着年级增加,权重系数也增加。在六年级中,"评价信息"权重系数增加幅度较大,相应的"理解信息"和"应用信息"的权重系数有所减少。

(4) 研究形成的小学生健康素养评估三级指标体系:

1) 一年级小学生健康素养评估三级指标体系:见表1-2。
2) 二年级小学生健康素养评估三级指标体系:见表1-3。
3) 三年级小学生健康素养评估三级指标体系:见表1-4。
4) 四年级小学生健康素养评估三级指标体系:见表1-5。
5) 五年级小学生健康素养评估三级指标体系:见表1-6。
6) 六年级小学生健康素养评估三级指标体系:见表1-7。

(三) 小学生健康素养评估问卷的形式建议

1. 题目形式　定性访谈中,受访者一致认为一、二年级小学生做问卷存在很大难度,且一年级和二年级间差异较大,对于一年级小学生的调查难度最大,建议将一年级和二年级划分为两个水平。主要给出了3种调查表的呈现形式建议：图画、录音或调查员读题并解释。由于录音缺乏视觉刺激,小学生很难集中注意力、无法控制突发情况等；调查员读题可能存在诱导作答的问题；图画得到了受访者的一致认可。尤其在教师小组访谈中,受访者建议图画应具有游戏的娱乐性质,如连环画、电脑闯关等形式。对于三年级及以上小学生,由于已掌握3 500个常用字,采用文字形式的调查表即可。

所有受访者均建议以简洁的选择题为主,尽量避免填空题和开放性问题。另有5位专家建议也可采用判断题的形式。由于一、二年级小学生注意力有限,题目或选项设置应尽量简化,选择题选项以2个为主,不需要考虑所有可能存在的错误情况,只要给出一个正确答案和一个最常见的错误答案即可；若有多个选项,则以短句为主。选项尽量不要采用程度分类法,如果必须采用,则尽量采用三分类。

"现在一、二年级做的选择题选项一般是2个"(FGI2-3)。

"如果理论题选项太多的话到后面就忘记了,所以不要太多或太复杂的选项"(FGI1-1)。

为了解一、二年级小学生的认知特点,增加评估问卷的科学性和适宜性,2014年10月,采用方便抽样法随机抽取某小学一、二年级小学生各10名进行预测试。结果显示,一年级评估问卷需调查员朗读全部题目,但相应需要控制课堂氛围,使小学生独自答题,不要大声回答问题,直接将答案书写于问卷上；二年级学生可自行看懂评估问卷,无需调查员朗读全部题目,对多数学生难以理解的题目进行说明即可。由此根据测试结果,调整一、二年级题目难度,修改小学生难以理解的词汇和语句,调整文字表达使之更清晰易懂。同时,在此基础上,调整三至六年级的评估问卷。最终确定一年级评估问卷采用连环画的形式,即以图片为主,辅以文字。请相关专业人士根据项目需求和一年级评估问卷文字稿进行图片绘制,与项目组讨论后反复修改,最终形成图文结合的一年级健康素养评估问卷。

2. 题目设置　由于小学生的认知水平较低,题目设置是对其进行健康素养评估的难点之一。总结受访者的建议如下:①小学生逻辑性和自我判断能力较低,使得调查结果存在一定偏倚,可以采用先问"知不知道""见没见过",再问"会不会做"的形式;②尽量用科学、客观的指标,语言通俗易懂;③选项不能有负面影响,如"男厕所最好不用烟斗的标志,这样传达给学生会让他们误以为男生都是抽烟的,与控烟教育相冲突"(FGI1-6)。

3. 调查形式　在小学中开展调查研究,一定要与小学教师,特别是班主任、德育老师建立合作关系。他们是与小学生接触最密切的人群,可以帮助做好沟通和质量控制。特别是做大范围调查时,不同区域及城乡地区的小学生语言都有各自的特色,对于同一个词汇,不同地区的小学生可能有不同的理解状况。班主任既可帮助将该词汇转化为当地语言,又能将医学术语转化为小学生易于理解的语言。

(四) 小学生健康素养评估问卷编写和信效度检验

1. 编制评估问卷　以每个年级为一个水平设计评估问卷。五大内容维度主要依据《纲要》、专家咨询确定的权重系数,以及人民教育出版社组织全国各高校健康教育专家和优秀健康教育教师编写的《系列中小学健康教育教师教学指导用书》(以下简称《指导用书》)。其按年级编写,每个年级都有不同的教学内容和教学目标,依据《纲要》规定的五大内容下的基本内容和知识点编写。形成评估问卷初稿,涵盖《纲要》中的所有知识点,并补充小学生健康教育需求的核心点。

请咨询专家对如何将素养内涵转化为具体可操作的题目给出建议。回收的 20 份咨询表中,有 14 份对健康素养内涵给出了实例指导,多数专家意见基本一致。以"评估信息能力"为例,其可操作化题目为"小明放学后,爸爸开车接小明回家。小明坐在副驾驶座位上,想起来老师讲的要系安全带,但是爸爸说'不用系,咱们家这么近,一会就到家了'。小明应该怎么做? ①听老师的话,系上安全带;②听爸爸的话,不系安全带。"

请咨询专家对课题组设计的 5 个年级的评估问卷初稿中各条目适宜性、词语表达等提出意见和建议。咨询专家对一年级小学生健康素养评估问卷初稿提出了 68 条意见和建议,对二年级评估问卷提出了 47 条意见和建议,对三年级评估问卷提出了 39 条意见和建议,对四年级评估问卷提出了 41 条意见和建议,对五年级评估问卷提出了 19 条意见和建议,对六年级评估问卷提出了 13 条意见和建议。各年级有 2 名及以上专家提出修改或删除意见的条目见表 4-14。经过反复修改条目内容和问卷形式而形成的各年级健康素养评估条目见表 4-15~表 4-20。

表 4-14 小学生各年级健康素养评估问卷需修改或删除的条目情况

年 级	修改意见	条 目
一年级	表达不准确	勤换衣 主动与老师打招呼 经常开窗通气 知识来源型题目 喝白开水解渴
	修改选项	食用营养早餐 区分男女厕所标志 勤洗澡 勤洗头 勤剪指甲
	删除题目	对健康的理解
二年级	表达不准确	龋齿的预防 知识来源型题目 经常开窗通气
	修改选项	垃圾食品 打疫苗可预防相关疾病
三年级	修改选项	流感的预防 认识腐败变质食物 遇到不开心事情的处理方法
	删除题目	呼吸道传染病的种类 每天的睡眠时间 化学物品溅入眼睛中的处理 运动伤害

(续表)

年　级	修改意见	条　目
四年级	表达不准确	游泳常识 滑冰常识 保持正确站姿和坐姿
	删除题目	伪劣药品的识别 平衡膳食宝塔 大理石中氡的辐射与肺癌发生有关 卫生习惯 礼貌词语的使用
五年级	表达不准确	近视眼的处理
	修改选项	轻度烧伤的处理
	删除题目	使用网络的时间 欺负
六年级	修改选项	佩戴眼镜的方式

表4-15　一年级小学生健康素养评估条目

维　度	编　号	条　目
健康行为与生活方式	A01	勤换衣
	A03	正确刷牙
	A05	如何预防龋齿
	A08	知道洗手的重要性
	A09	正确洗手
	A10	规律吃早餐
	A11	食用营养食物
	A16	保持正确的坐姿
	A17	知道预防脊柱弯曲异常的方法
	A18	讲卫生
	A20	饭前洗手
	A21	饭后漱口
	A22	经常开窗通气

(续表)

维　度	编　号	条　目
	A23	偏食、挑食对健康的影响
	A26	正确做眼保健操
	A27	合理用眼
	A33	勤洗澡
	A34	勤洗头
	A35	勤剪指甲
疾病预防	A02	不共用毛巾和牙刷等洗漱用品
	A04	预防龋齿
	A06	喝白开水解渴
	A07	知道洗手法
	A32	接种疫苗可以预防一些传染病
心理健康	A13	主动与老师打招呼
	A14	会自理大小便，会向他人求助
	A15	区分男女厕所标志
生长发育与青春期保健	A24	睡眠对健康的影响
	A25	做到早睡
安全应急与避险	A12	安全出行
	A19	不玩危险游戏，注意游戏安全
	A28	避免被陌生人欺骗
	A29	发生火灾打"119"
	A30	遇到小偷打"110"
	A31	有人生病打"120"

表 4-16　二年级小学生健康素养评估条目

维　度	编号	条　目
健康行为与生活方式	B02	正确的刷牙方法
	B04	每天早晚刷牙
	B05	适量饮水有益健康
	B07	偏食、挑食对健康的影响
	B13	保护鼻子、眼睛和耳朵
	B20	识别垃圾食品
	B22	睡眠对健康的影响
	B23	做到早睡
	B24	爱护眼睛,合理用眼
	B25	做眼保健操
	B35	经常开窗通气有利健康
	B36	知道阳光、空气和运动对健康的作用
	B37	认识到健康的重要性
	B38	能够正确辨别健康
	B40	对健康的理解
疾病预防	B01	不共用毛巾和牙刷等洗漱用品
	B03	预防龋齿的方法
	B06	口渴时多喝白开水
	B30	蚊子会传播疾病
	B31	苍蝇会传播疾病
	B32	老鼠会传播疾病
	B33	蟑螂会传播疾病
	B34	接种疫苗可以预防一些传染病
心理健康	B08	文明用语"您好"
	B09	文明用语"谢谢"
	B10	文明用语"请"

(续表)

维　度	编　号	条　目
	B11	文明用语"对不起"
	B12	文明用语"再见"
	B39	身体不舒服时能求助于身边人
	B41	能利用所学健康知识帮助身边人
生长发育与青春期保健	B21	知道"我从哪里来"等生命孕育知识
	B14	不玩火
	B15	遵守的基本交通规则
	B16	使用文具、玩具要注意卫生安全
	B17	燃放鞭炮要注意安全
	B18	不玩危险游戏
安全应急与避险	B19	注意游戏安全
	B26	避免被陌生人欺骗
	B27	发生火灾打"119"
	B28	遇到小偷打"110"
	B29	有人生病打"120"

表4-17　三年级小学生健康素养评估条目

维　度	编　号	条　目
	C01	认识到健康的重要性
	C03	能够正确辨别健康
	C05	不吃腐败变质的食品
	C06	会辨别能否食用腐败变质的食品
健康行为与生活方式	C07	买食品时看保质期
	C09	小学生适宜的睡眠时间
	C10	睡眠卫生要求
	C11	看电视的卫生要求
	C16	合理安排运动时间

(续表)

维　度	编　号	条　目
	C24	电池是有害垃圾
	C25	玻璃瓶是可回收垃圾
	C26	果皮是厨余垃圾
	C27	塑料是可回收垃圾
	C30	生吃蔬菜水果要洗净
	C35	从课堂中提取与健康状况密切相关的知识
疾病预防	C04	流感的预防
	C08	冻疮的预防
	C12	保护眼睛，预防近视
	C13	在行驶的汽车上看书会导致近视
	C32	寄生虫病的预防
心理健康	C02	身体不舒服时能求助于身边人
	C31	采用积极办法解决烦恼
	C33	告诉医师疾病症状
	C34	不清楚诊断或治疗方法时能向医师询问
	C36	能利用所学健康知识帮助身边人
生长发育与青春期保健	C15	体育锻炼有利于促进生长发育和预防疾病
	C37	不可盲目相信可以长高的食物
安全应急与避险	C14	眼睛有异物进入时的处理办法
	C17	运动时穿宽松的衣裤和运动鞋
	C18	运动前做好准备活动
	C19	运动时取下发卡胸章、口袋不放尖硬物品
	C20	剧烈运动后不能直接坐在地上
	C21	剧烈运动后不能立即喝冰水
	C22	吃饱饭后不做剧烈运动
	C23	运动前检查器械的安全性
	C28	地震发生时的逃生
	C29	洪水来临时的逃生

表 4-18 四年级小学生健康素养评估条目

维　度	编　号	条　目
健康行为与生活方式	D01	认识到健康的重要性
	D03	对健康的理解
	D12	生病后采取正确处理方法
	D13	药物的毒副作用
	D14	儿童用药
	D15	正确认识广告宣传作用
	D16	不使用超过保质期的药品
	D17	正确使用护肤品
	D18	采取适当措施避免被动吸烟
	D20	预防脊柱弯曲异常
	D31	从课堂中提取与健康状况密切相关的知识
疾病预防	D26	肥胖对健康的危害
	D19	认识传染病，并正确在日常生活中运用
	D04	接种疫苗可以预防一些传染病
	D05	注射卡介苗可预防结核
心理健康	D02	身体不舒服时能求助于身边人
	D23	不给同学取伤害其自尊心的绰号
	D24	采用积极办法解决烦恼
	D29	告诉医师疾病症状
	D30	不清楚诊断或治疗方法时能向医师询问
	D32	能利用所学健康知识帮助身边人
生长发育与青春期保健	D21	了解肺的功能
	D22	了解肾的功能
	D25	人体所需的主要营养素
	D33	不可盲目相信可以长高的食物

(续表)

维 度	编 号	条 目
安全应急与避险	D06	鼻出血的简单处理
	D07	动物咬伤或抓伤后的处理
	D08	游泳的安全知识
	D09	滑冰的安全知识
	D10	火灾发生时的逃生与求助
	D11	遇到火灾,会拨打求助电话
	D27	煤气泄露可导致一氧化碳中毒
	D28	居室甲醛中毒表现

表4-19 五年级小学生健康素养评估条目

维 度	编 号	条 目
健康行为与生活方式	E01	认识到健康的重要性
	E03	对健康的理解
	E07	喝白开水,少喝饮料,不喝生水
	E26	从课堂中提取与健康状况密切相关的知识
	E29	能找到食品生产日期
	E30	简单计算能力,判断保质期
	E31	识别质量安全标志
	E32	正确补铁
	E33	补铁食物
	E34	多食用新鲜水果
	E35	少吃油炸食品
疾病预防	E04	流感的预防
	E05	流行性出血性结膜炎(红眼病)的预防
	E06	肠道传染病的预防
	E16	肥胖的预防

(续表)

维度	编号	条目
心理健康	E02	身体不舒服时能求助于身边人
	E13	采用正确途径解决青春期心理问题
	E20	保持自信
	E24	告诉医师疾病症状
	E25	不清楚诊断或治疗方法时能向医师询问
	E27	能利用所学健康知识帮助身边人
生长发育与青春期保健	E09	变声期的保健知识
	E10	女生青春期的生长发育特点
	E11	青春期的个人卫生知识
	E12	女生月经周期的计算
	E14	体温的测量方法
	E15	脉搏的测量方法
	E28	不可盲目相信可以长高的食物
安全应急与避险	E08	骑自行车安全常识
	E17	网络使用
	E18	知道网络中的不健康因素
	E19	网络成瘾的危害
	E21	提高网络安全防范意识
	E22	常见的危险标识
	E23	轻微烫、烧伤的自我处理

表 4-20 六年级小学生健康素养评估指标条目

维度	编号	条目
健康行为与生活方式	F01	认识到健康的重要性
	F02	对健康的理解
	F05	容易引起食物中毒的常见食品
	F06	拒绝别人的劝酒

(续表)

维　度	编　号	条　目
	F07	毒品对个人和家庭的危害,能够远离毒品
	F08	体育锻炼时自我监护的主要内容
	F24	不吸烟
	F25	不饮酒
	F28	从课堂中提取与健康状况密切相关的知识
	F32	正确矫正近视
	F33	不可借用同学眼镜
	F34	正确佩戴眼镜
疾病预防	F10	疟疾的预防
	F11	血吸虫病的预防
	F12	消除碘缺乏病要长期食用合格碘盐
心理健康	F18	采用正确途径解决青春期心理问题
	F19	自己的事情自己做
	F20	理解与尊重长辈
	F26	告诉医师疾病症状
	F27	不清楚诊断或治疗方法时能向医师询问
	F29	能利用所学健康知识帮助身边人
	F31	看不清黑板的字能及时处理
生长发育与青春期保健	F15	青春期的个人卫生知识
	F16	变声期的保健知识
	F17	青春期的生长发育特点
	F30	不可盲目相信可以长高的食物
	F35	获取信息和计算能力
安全应急与避险	F03	触电的预防
	F04	雷击的预防
	F09	中暑的处理

(续表)

维　度	编　号	条　目
	F13	煤气中毒的发生原因
	F14	煤气中毒的预防
	F21	网络使用
	F22	了解网络中的不健康因素
	F23	提高网络安全防范意识

2. 信效度分析结果

(1) 项目分析：信度和效度主要是从整体上对一个测量工具进行检验和评估，而项目分析则是细化的、对测验中每个项目或题目的具体分析。在项目分析的基础上，通过对项目的筛选和修订，以改进测验的信度和效度，使测验变得更加简洁、实用、有效和可靠。评价项目质量的主要指标是难度和区分度。

难度是指项目的难易程度。难度通常是以题目（被试样组）的通过率、得分率或答对率（一般用符号 P 来表示）来表示大小的。理论上，题目的难度接近或等于 0.50 比较理想，此时项目具有最大的鉴别力。但在实际操作中，让所有项目难度都为 0.50，困难很大，而且也不必要。一般只需使题目的平均难度接近 0.50，而各个项目的难度在 0.50 ± 0.20 之间变化即可。在多项选择题中，由于有猜测的成分，被试的得分可能被夸大，不能真正反映测验的难度，采用吉尔福特提出的难度的校对公式计算难度。公式如下：

$$CP = \frac{KP-1}{K-1}$$

CP 为矫正后的通过率，P 为实际得到的题目通过率，K 为选项的数目。

区分度又称鉴别力，具有良好区分度的测验，实际水平高的被试应得高分，水平低的被试应得低分。采用项目鉴别指数法计算区分度，从分数分布的两端各取 27% 的被试，分别计算每道题目的通过率，两者之间的差别就是项目鉴别指数（D）。公式如下：

$$D = p_H - p_L$$

p_H 和 p_L 分别代表高分组和低分组的通过率。

考虑到本研究目的和现有的调查结果,以及提高评估问卷的信效度,制订剔除条目标准为:区分度<0.10。一年级问卷剔除 6 个条目,剩余 27 个条目;二年级问卷剔除 10 个条目,剩余 30 个条目;三年级问卷剔除 1 个条目,剩余 36 个条目;四年级问卷剔除 2 个条目,剩余 31 个条目;五年级问卷剔除 4 个条目,剩余 31 个条目;六年级问卷剔除 5 个条目,剩余 30 个条目。各年级项目分析结果见表 4-21~表 4-26。

表 4-21 一年级评估问卷项目分析结果

条 目	通过率	选项数	难度（矫正通过率）	p_L	p_H	区分度
A01[#]	0.957	2	0.91	0.918	0.996	0.08
A02	0.888	2	0.78	0.786	0.974	0.19
A03	0.525	3	0.29	0.300	0.810	0.51
A04[#]	0.939	2	0.88	0.889	0.970	0.08
A05	0.818	2	0.64	0.683	0.978	0.30
A06	0.902	3	0.85	0.778	0.991	0.21
A07	0.937	2	0.87	0.852	1.000	0.15
A08[#]	0.977	2	0.95	0.951	0.996	0.05
A09	0.665	2	0.33	0.453	0.935	0.48
A10	0.946	2	0.89	0.877	0.987	0.11
A11	0.912	3	0.87	0.840	0.987	0.15
A12	0.961	3	0.94	0.893	1.000	0.11
A13	0.948	2	0.90	0.885	0.991	0.11
A14	0.926	3	0.89	0.802	0.991	0.19
A15	0.942	4	0.92	0.852	0.991	0.14
A16	0.896	3	0.84	0.786	0.983	0.20
A17	0.775	3	0.66	0.560	0.950	0.39

(续表)

条 目	通过率	选项数	难度（矫正通过率）	p_L	p_H	区分度
A18#	0.981	3	0.97	0.934	1.000	0.07
A19#	0.97	3	0.96	0.905	1.000	0.10
A20	0.931	4	0.91	0.856	0.974	0.12
A21	0.741	4	0.65	0.531	0.922	0.39
A22	0.770	3	0.66	0.593	0.944	0.35
A23	0.921	2	0.84	0.835	0.978	0.14
A24	0.751	2	0.50	0.576	0.918	0.34
A25	0.686	2	0.37	0.523	0.897	0.37
A26#	0.917	3	0.88	0.877	0.940	0.06
A27	0.779	4	0.71	0.572	0.948	0.38
A28	0.896	2	0.79	0.745	0.983	0.24
A29	0.948	3	0.92	0.868	1.000	0.13
A30	0.954	3	0.93	0.860	1.000	0.14
A31	0.952	3	0.93	0.885	0.996	0.11
A32	0.947	2	0.89	0.852	0.996	0.14
A33	0.861	3	0.79	0.732	0.991	0.26
A34	0.776	3	0.66	0.572	0.953	0.38
A35	0.834	2	0.67	0.630	0.970	0.34

注：#表示该条目予以删除

表4-22 二年级评估问卷项目分析结果

条 目	通过率	选项数	难度（矫正通过率）	p_L	p_H	区分度
B01#	0.982	2	0.96	0.957	0.996	0.04
B02	0.635	3	0.45	0.336	0.907	0.57
B03	0.932	2	0.86	0.834	0.973	0.14
B04	0.817	2	0.63	0.664	0.973	0.31

(续表)

条　目	通过率	选项数	难度 (矫正通过率)	p_L	p_H	区分度
B05	0.871	2	0.74	0.689	0.978	0.29
B06	0.964	3	0.95	0.885	1.000	0.12
B07	0.924	4	0.90	0.830	0.991	0.16
B08	0.533	3	0.30	0.285	0.809	0.52
B09#	0.975	3	0.96	0.932	1.000	0.07
B10	0.885	3	0.83	0.745	0.991	0.25
B11#	0.964	3	0.95	0.919	1.000	0.08
B12	0.823	3	0.73	0.655	0.964	0.31
B13	0.553	4	0.40	0.332	0.760	0.43
B14#	0.998	3	0.99	0.966	1.000	0.03
B15	0.958	3	0.94	0.860	1.000	0.14
B16#	0.988	3	0.98	0.957	1.000	0.04
B17#	0.986	3	0.98	0.953	0.996	0.04
B18#	0.990	3	0.99	0.962	1.000	0.04
B19#	0.992	3	0.99	0.970	1.000	0.03
B20	0.935	6	0.92	0.838	0.991	0.15
B21#	0.982	3	0.97	0.974	0.996	0.02
B22	0.825	2	0.65	0.638	0.960	0.32
B23	0.689	2	0.38	0.485	0.916	0.43
B24	0.890	5	0.86	0.779	0.982	0.20
B25	0.702	3	0.55	0.417	0.964	0.55
B26	0.913	5	0.89	0.809	0.987	0.18
B27	0.913	3	0.87	0.779	0.996	0.22
B28	0.946	3	0.92	0.843	1.000	0.16
B29	0.902	3	0.85	0.753	1.000	0.25

(续表)

条目	通过率	选项数	难度（矫正通过率）	p_L	p_H	区分度
B30	0.672	3	0.51	0.357	0.978	0.62
B31	0.670	3	0.51	0.319	0.987	0.67
B32	0.821	3	0.73	0.528	1.000	0.47
B33	0.748	3	0.62	0.430	0.987	0.56
B34	0.836	3	0.75	0.630	0.996	0.37
B35	0.787	4	0.72	0.553	0.978	0.43
B36	0.738	4	0.65	0.536	0.964	0.43
B37#	0.980	3	0.97	0.940	0.996	0.06
B38	0.928	3	0.89	0.847	0.987	0.14
B39	0.793	3	0.69	0.557	0.947	0.39
B40	0.940	2	0.88	0.860	0.991	0.13

注：#表示该条目予以删除

表4-23 三年级评估问卷项目分析结果

条目	通过率	选项数	难度（矫正通过率）	p_L	p_H	区分度
C01#	0.990	3	0.99	0.967	0.996	0.03
C02	0.910	3	0.87	0.793	0.979	0.19
C03	0.820	3	0.73	0.606	0.971	0.37
C04	0.500	6	0.40	0.232	0.871	0.64
C05	0.928	5	0.91	0.821	0.979	0.16
C06	0.913	3	0.87	0.772	0.996	0.22
C07	0.718	3	0.58	0.435	0.942	0.51
C08	0.775	4	0.70	0.598	0.958	0.36
C09	0.747	3	0.62	0.504	0.933	0.43
C10	0.619	4	0.49	0.431	0.767	0.34
C11	0.914	4	0.89	0.776	1.000	0.22

(续表)

条　目	通过率	选项数	难度 (矫正通过率)	p_L	p_H	区分度
C12	0.920	4	0.89	0.793	0.992	0.20
C13	0.942	3	0.91	0.837	0.996	0.16
C14	0.911	4	0.88	0.764	0.996	0.23
C15	0.873	3	0.81	0.683	0.983	0.30
C16	0.885	3	0.83	0.703	0.996	0.29
C17	0.316	5	0.15	0.150	0.588	0.44
C18	0.519	5	0.40	0.329	0.771	0.44
C19	0.643	5	0.55	0.411	0.833	0.42
C20	0.567	5	0.46	0.374	0.779	0.41
C21	0.623	5	0.53	0.398	0.854	0.46
C22	0.847	5	0.81	0.703	0.929	0.23
C23	0.333	5	0.17	0.114	0.617	0.50
C24	0.892	4	0.86	0.776	0.988	0.21
C25	0.765	4	0.69	0.614	0.917	0.30
C26	0.791	4	0.72	0.622	0.917	0.30
C27	0.742	4	0.66	0.642	0.871	0.23
C28	0.376	4	0.17	0.329	0.496	0.17
C29	0.801	5	0.75	0.618	0.938	0.32
C30	0.705	4	0.61	0.199	0.371	0.17
C31	0.733	7	0.69	0.610	0.838	0.23
C32	0.866	5	0.83	0.724	0.975	0.25
C33	0.625	5	0.53	0.451	0.767	0.32
C34	0.331	5	0.16	0.126	0.558	0.43
C35	0.206	5	0.01	0.102	0.304	0.20
C36	0.383	5	0.23	0.211	0.575	0.36
C37	0.670	5	0.59	0.431	0.879	0.45

注：♯表示该条目予以删除

表 4-24 四年级评估问卷项目分析结果

条目	通过率	选项数	难度（矫正通过率）	p_L	p_H	区分度
D01#	0.985	3	0.98	0.948	1.000	0.05
D02	0.915	3	0.87	0.791	0.996	0.21
D03	0.802	3	0.70	0.604	0.942	0.34
D04	0.324	3	−0.01	0.278	0.398	0.12
D05	0.090	4	−0.21	0.350	0.154	−0.20
D06#	0.326	3	−0.01	0.335	0.299	−0.04
D07	0.623	4	0.50	0.491	0.784	0.29
D08	0.505	5	0.38	0.287	0.722	0.44
D09	0.918	4	0.89	0.843	0.975	0.13
D10	0.830	4	0.77	0.713	0.959	0.25
D11	0.903	4	0.87	0.804	0.979	0.18
D12	0.780	3	0.67	0.604	0.909	0.31
D13	0.653	3	0.48	0.483	0.846	0.36
D14	0.816	3	0.72	0.609	0.959	0.35
D15	0.854	3	0.78	0.665	0.975	0.31
D16	0.892	3	0.84	0.704	0.975	0.27
D17	0.873	3	0.81	0.648	0.979	0.33
D18	0.869	3	0.80	0.757	0.938	0.18
D19	0.920	3	0.88	0.770	0.983	0.21
D20	0.923	4	0.90	0.857	0.971	0.11
D21	0.794	3	0.69	0.522	0.975	0.45
D22	0.609	3	0.41	0.330	0.896	0.57
D23	0.867	2	0.73	0.817	0.950	0.13
D24	0.807	7	0.77	0.704	0.913	0.21
D25	0.251	5	0.06	0.157	0.419	0.26
D26	0.410	4	0.21	0.304	0.531	0.23

(续表)

条目	通过率	选项数	难度（矫正通过率）	p_L	p_H	区分度
D27	0.843	3	0.76	0.696	0.942	0.25
D28	0.709	3	0.56	0.439	0.905	0.47
D29	0.664	5	0.58	0.439	0.892	0.45
D30	0.436	5	0.30	0.243	0.668	0.43
D31	0.284	5	0.11	0.130	0.515	0.39
D32	0.424	5	0.28	0.274	0.589	0.32
D33	0.722	5	0.65	0.517	0.863	0.35

注：♯表示该条目予以删除

表4-25　五年级评估问卷项目分析结果

条目	通过率	选项数	难度（矫正通过率）	p_L	p_H	区分度
E01♯	0.990	3	0.99	0.970	0.995	0.03
E02	0.870	3	0.81	0.727	0.961	0.23
E03	0.501	4	0.33	0.328	0.741	0.41
E04	0.464	7	0.37	0.298	0.654	0.36
E05	0.667	4	0.56	0.439	0.893	0.45
E06	0.823	4	0.76	0.631	0.946	0.32
E07	0.932	3	0.90	0.833	0.990	0.16
E08	0.933	4	0.91	0.843	0.976	0.13
E09	0.944	4	0.93	0.869	0.985	0.12
E10	0.537	4	0.38	0.384	0.712	0.33
E11	0.635	4	0.51	0.455	0.829	0.37
E12	0.324	4	0.10	0.182	0.483	0.30
E13	0.936	6	0.92	0.879	0.985	0.11
E14	0.940	2	0.88	0.848	0.985	0.14
E15	0.813	2	0.63	0.646	0.956	0.31

(续表)

条　目	通过率	选项数	难度（矫正通过率）	p_L	p_H	区分度
E16#	0.964	3	0.95	0.919	1.000	0.08
E17	0.791	7	0.76	0.621	0.912	0.29
E18	0.897	3	0.85	0.813	0.956	0.14
E19	0.887	2	0.77	0.717	0.995	0.28
E20#	0.960	2	0.92	0.904	0.985	0.08
E21	0.879	4	0.84	0.672	0.985	0.31
E22#	0.912	4	0.88	0.874	0.961	0.09
E23	0.382	3	0.07	0.227	0.571	0.34
E24	0.568	5	0.46	0.424	0.712	0.29
E25	0.377	5	0.22	0.222	0.546	0.32
E26	0.269	5	0.09	0.121	0.463	0.34
E27	0.381	5	0.23	0.222	0.571	0.35
E28	0.692	5	0.62	0.475	0.839	0.36
E29	0.933	4	0.91	0.798	0.995	0.20
E30	0.579	3	0.37	0.429	0.688	0.26
E31	0.541	3	0.31	0.384	0.698	0.31
E32	0.855	4	0.81	0.601	0.971	0.37
E33	0.367	3	0.05	0.172	0.556	0.38
E34	0.621	3	0.43	0.414	0.815	0.40
E35	0.865	3	0.80	0.646	0.966	0.32

注：#表示该条目予以删除

表4-26　六年级调查问卷项目分析结果

条　目	通过率	选项数	难度（矫正通过率）	p_L	p_H	区分度
F1#	0.980	3	0.97	0.941	1.000	0.06
F2	0.893	3	0.84	0.788	0.953	0.17

(续表)

条　目	通过率	选项数	难度 (矫正通过率)	p_L	p_H	区分度
F3	0.927	4	0.90	0.856	0.991	0.14
F4	0.255	4	0.01	0.144	0.392	0.25
F5	0.355	4	0.14	0.252	0.534	0.28
F6	0.931	3	0.90	0.833	0.991	0.16
F7[#]	0.977	4	0.97	0.923	0.996	0.07
F8	0.731	4	0.64	0.536	0.849	0.31
F9[#]	0.109	4	−0.19	0.077	0.172	0.10
F10	0.241	4	−0.01	0.113	0.431	0.32
F11	0.294	4	0.06	0.153	0.457	0.30
F12	0.591	4	0.45	0.374	0.772	0.40
F13	0.436	4	0.25	0.279	0.642	0.36
F14	0.648	3	0.47	0.450	0.836	0.39
F15	0.752	4	0.67	0.536	0.905	0.37
F16	0.897	4	0.86	0.775	0.966	0.19
F17	0.757	4	0.68	0.545	0.914	0.37
F18	0.920	6	0.90	0.815	0.983	0.17
F19	0.402	5	0.25	0.284	0.478	0.19
F20[#]	0.180	5	−0.03	0.158	0.228	0.07
F21	0.766	7	0.73	0.518	0.940	0.42
F22	0.802	3	0.70	0.698	0.862	0.16
F23	0.950	2	0.90	0.874	1.000	0.13
F24[#]	0.977	3	0.97	0.941	0.996	0.06
F25	0.709	2	0.42	0.568	0.862	0.29
F26	0.648	5	0.56	0.432	0.776	0.34
F27	0.418	5	0.27	0.261	0.651	0.39
F28	0.246	5	0.06	0.144	0.405	0.26
F29	0.391	5	0.24	0.252	0.578	0.33
F30	0.655	5	0.57	0.455	0.828	0.37
F31	0.923	2	0.85	0.793	1.000	0.21
F32	0.885	3	0.83	0.707	0.970	0.26

(续表)

条　目	通过率	选项数	难度（矫正通过率）	p_L	p_H	区分度
F33	0.907	2	0.81	0.797	0.970	0.17
F34	0.927	3	0.89	0.851	0.996	0.15
F35	0.857	3	0.79	0.694	0.983	0.29

注：♯表示该条目予以删除

(2) Cronbach's α 系数：计算删除某条目后评估问卷的 Cronbach's α 系数，若 α 系数值相对增大，则删除该条目。根据上述标准，一年级问卷 α 系数为 0.661，据此标准无剔除条目；二年级问卷 α 系数为 0.781，据此标准无剔除条目；三年级问卷 α 系数为 0.809，剔除 4 个条目，剩余 32 个条目；四年级问卷 α 系数为 0.713，剔除 6 个条目，剩余 25 个条目；五年级问卷 α 系数为 0.705，剔除 1 个条目，剩余 30 个条目；六年级问卷 α 系数为 0.674，剔除 5 个条目，剩余 25 个条目。详见表 4-27～表 4-32。

表 4-27　一年级问卷各条目得分与总分相关系数及去条目 α 系数

条　目	去条目 α 系数	条　目	去条目 α 系数	条　目	去条目 α 系数
A02	0.660	A14	0.650	A27	0.649
A03	0.649	A15	0.655	A28	0.652
A05	0.655	A16	0.656	A29	0.653
A06	0.655	A17	0.645	A30	0.649
A07	0.654	A20	0.658	A31	0.654
A09	0.651	A21	0.651	A32	0.652
A10	0.656	A22	0.655	A33	0.640
A11	0.657	A23	0.655	A34	0.657
A12	0.655	A24	0.656	A35	0.647
A13	0.658	A25	0.658		

表 4-28 二年级问卷各条目得分与总分相关系数及去条目 α 系数

条 目	去条目 α 系数	条 目	去条目 α 系数	条 目	去条目 α 系数
B02	0.773	B15	0.778	B30	0.767
B03	0.779	B20	0.779	B31	0.764
B04	0.780	B22	0.778	B32	0.766
B05	0.776	B23	0.779	B33	0.766
B06	0.777	B24	0.778	B34	0.772
B07	0.779	B25	0.771	B35	0.774
B08	0.775	B26	0.778	B36	0.775
B10	0.774	B27	0.777	B38	0.779
B12	0.776	B28	0.776	B39	0.775
B13	0.779	B29	0.776	B40	0.779

表 4-29 三年级问卷各条目得分与总分相关系数及去条目 α 系数

条 目	去条目 α 系数	条 目	去条目 α 系数	条 目	去条目 α 系数
C02	0.807	C14	0.804	C26	0.808
C03	0.803	C15	0.804	C27#	0.812
C04	0.801	C16	0.801	C28	0.807
C05	0.806	C17	0.806	C29	0.805
C06	0.804	C18	0.803	C30#	0.810
C07	0.802	C19	0.803	C31#	0.811
C08	0.804	C20	0.805	C32	0.807
C09	0.802	C21	0.803	C33	0.805
C10#	0.810	C22	0.806	C34	0.803
C11	0.803	C23	0.799	C35	0.804
C12	0.804	C24	0.808	C36	0.803
C13	0.805	C25	0.808	C37	0.807

注：♯表示该条目予以删除

表 4-30　四年级问卷各条目得分与总分相关系数及去条目 α 系数

条　目	去条目 α 系数	条　目	去条目 α 系数	条　目	去条目 α 系数
D02	0.706	D14	0.701	D25#	0.716
D03	0.702	D15	0.700	D26#	0.720
D04#	0.726	D16	0.701	D27	0.707
D05#	0.714	D17	0.698	D28	0.699
D07#	0.714	D18	0.711	D29	0.697
D08	0.707	D19	0.703	D30	0.699
D09	0.709	D20	0.711	D31	0.695
D10	0.707	D21	0.698	D32	0.698
D11	0.708	D22	0.701	D33	0.704
D12	0.706	D23#	0.715		
D13	0.708	D24	0.712		

注：#表示该条目予以删除

表 4-31　五年级问卷各条目得分与总分相关系数及去条目 α 系数

条　目	去条目 α 系数	条　目	去条目 α 系数	条　目	去条目 α 系数
E02	0.698	E13	0.705	E27	0.695
E03	0.699	E14	0.700	E28	0.698
E04	0.702	E15	0.698	E29	0.695
E05	0.693	E17	0.699	E30#	0.707
E06	0.691	E18	0.703	E31	0.688
E07	0.700	E19	0.691	E32	0.685
E08	0.698	E21	0.690	E33	0.699
E09	0.701	E23	0.705	E34	0.695
E10	0.705	E24	0.696	E35	0.692
E11	0.700	E25	0.690		
E12	0.705	E26	0.689		

注：#表示该条目予以删除

表4-32　六年级问卷各条目得分与总分相关系数及去条目α系数

条 目	去条目 α系数	条 目	去条目 α系数	条 目	去条目 α系数
F2	0.667	F14	0.667	F26	0.661
F3	0.668	F15	0.662	F27	0.660
F4#	0.675	F16	0.665	F28	0.660
F5#	0.676	F17	0.661	F29	0.663
F6	0.666	F18	0.666	F30	0.669
F8#	0.677	F19	0.661	F31	0.659
F10	0.669	F21	0.658	F32	0.657
F11	0.674	F22#	0.675	F33	0.666
F12	0.668	F23	0.663	F34	0.666
F13#	0.676	F25	0.672	F35	0.657

注：#表示该条目予以删除

(3) 探索性因子分析：

1) 一年级评估问卷探索性因子分析：通过检验公因子结构，逐条排除某一公因子中分属两个不同预期构面的载荷量最大的条目，进行多次探索性因子分析，排除条目A02、A07、A13、A14、A17、A27、A28、A33和A34，剩余20个条目构建的探索性因子分析结果被证实具有较好的结构。

进行因子分析的适宜性检验，结果显示，KMO(Kaiser-Meyer-Olkin)统计量为0.677，表明变量间的共同因素较多；Bartlett检验值为1 840.151，显著性检验$P<0.001$，拒绝各变量独立的假设，适合做因子分析。

采用主成分分析法抽取共同因子，选用最大方差法(varimax)进行正交旋转，使用回归法计算因子分数，同时做碎石检验。生成特征根>1的因子7个，累计方差贡献率为51.87%。分析结果见图4-3和表4-33。旋转后的因子载荷矩阵见表4-34。

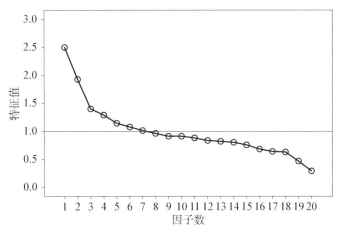

图4-3 一年级评估问卷20个条目因子分析碎石图

表4-33 一年级评估问卷因子分析各成分的特征根及方差贡献率

元件	初始特征值			提取后方差载荷			旋转后方差载荷		
	总计	变异(%)	累加(%)	总计	变异(%)	累加(%)	总计	变异(%)	累加(%)
1	2.506	12.531	12.531	2.506	12.531	12.531	2.238	11.190	11.190
2	1.933	9.663	22.195	1.933	9.663	22.195	1.510	7.551	18.741
3	1.401	7.007	29.201	1.401	7.007	29.201	1.412	7.062	25.803
4	1.293	6.463	35.664	1.293	6.463	35.664	1.405	7.024	32.827
5	1.143	5.714	41.379	1.143	5.714	41.379	1.348	6.740	39.567
6	1.080	5.401	46.779	1.080	5.401	46.779	1.304	6.520	46.087
7	1.018	5.091	51.870	1.018	5.091	51.870	1.157	5.784	51.870
8	0.964	4.822	56.692						
9	0.916	4.581	61.273						
10	0.914	4.568	65.841						
11	0.883	4.415	70.256						
12	0.838	4.188	74.444						
13	0.823	4.113	78.558						

(续表)

元件	初始特征值			提取后方差载荷			旋转后方差载荷		
	总计	变异(%)	累加(%)	总计	变异(%)	累加(%)	总计	变异(%)	累加(%)
14	0.804	4.022	82.580						
15	0.760	3.802	86.382						
16	0.683	3.417	89.799						
17	0.641	3.206	93.005						
18	0.634	3.169	96.174						
19	0.473	2.363	98.538						
20	0.292	1.462	100.00						

表4-34 一年级评估问卷因子分析旋转后的因子载荷矩阵

	元 件						
	1	2	3	4	5	6	7
A29	0.884						
A31	0.849						
A30	0.797						
A35		0.614					
A25		0.575					0.348
A09		0.571	0.455				
A03		0.521					
A20			0.727				
A21			0.713				
A24				0.657			
A05				0.555			
A15			0.401	0.472			
A23					0.654		
A22					0.647		

(续表)

	元件						
	1	2	3	4	5	6	7
A32					0.507		
A12						0.679	
A06						0.623	
A16						0.505	
A10							0.751
A11							0.533

注：萃取方法，主成分分析；旋转方法，方差最大化正交旋转。仅显示因子载荷 >0.3 的值

由表 4-34 旋转后的因子载荷中可见：第一公因子在 A29、A31、A30 条目中有较大载荷，主要为知道何种情况下该拨打哪个急救电话，将其命名为"安全应急与避险"；第二公因子在 A35、A25、A09 及 A03 条目中有较大载荷，主要为养成良好的卫生习惯，如早睡、正确刷牙和洗手、勤剪指甲等，将其命名为"健康行为与生活方式"；第三公因子在 A20、A21 条目中有较大载荷，主要为能够理解饭前洗手，饭后要漱口，将其命名为"理解健康相关信息的能力"；第四公因子在 A24、A05、A15 条目中有较大载荷，主要为遇到健康相关问题时，能进行简单分析，将其命名为"分析健康相关信息能力"；第五公因子在 A23、A22、A32 条目中有较大载荷，主要为该龄段常见疾病如营养不良、传染病等的预防方法，将其命名为"疾病预防"；第六公因子在 A12、A06、A16 条目中有较大载荷，主要为能将健康相关知识应用到日常生活中，将其命名为"应用健康相关信息能力"；第七公因子在 A10、A11 条目中有较大载荷，主要为饮食卫生相关知识和行为，将其命名为"健康饮食"。

各因子名称及其所包含的条目内容见表 4-35。至此，一年级小学生健康素养评估问卷形成了含 20 个条目，包含五大健康内容和 4 个素养水平的 7 个维度，以描述小学生的健康素养情况。

表 4-35　一年级评估问卷各因子名称及其所包含的条目内容

因子	维度		条目内容
1	安全应急与避险	A29	发生火灾打"119"
		A30	遇到小偷打"110"
		A31	有人生病打"120"
2	健康行为与生活方式	A03	正确刷牙
		A09	正确洗手
		A25	做到早睡
		A35	勤剪指甲
3	理解健康相关信息能力	A20	饭前洗手
		A21	饭后漱口
4	分析健康相关信息能力	A05	如何预防龋齿
		A15	区分男女厕所标志
		A24	睡眠对健康的影响
5	疾病预防	A22	经常开窗通气
		A23	偏食、挑食对健康的影响
		A32	接种疫苗可以预防一些传染病
6	应用健康相关信息能力	A06	口渴时选择喝白开水
		A12	安全出行
		A16	保持正确的坐姿
7	健康饮食	A10	规律吃早餐
		A11	食用营养食物

2) 二年级评估问卷探索性因子分析：通过检验公因子结构，逐条排除某一公因子中分属两个不同预期构面的载荷量最大的条目，进行多次探索性因子分析，排除条目 B2、B3、B4、B7、B15、B22、B23、B24、B25 及 B26，剩余 20 个条目构建的探索性因子分析结果被证实具有较好的结构。

进行因子分析的适宜性检验，结果显示，KMO 统计量为 0.750，表明变量间的共同因素较多；Bartlett 球形检验值为 4 638.136，显著性检验

$P<0.001$，拒绝各变量独立的假设，适合做因子分析。

采用主成分分析法抽取共同因子，选用最大方差法进行正交旋转，使用回归法计算因子分数，同时做碎石检验。生成特征根>1的因子6个，累计方差贡献率为57.00%。分析结果见图4-4和表4-36。旋转后的因子载荷矩阵见表4-37和表4-38。

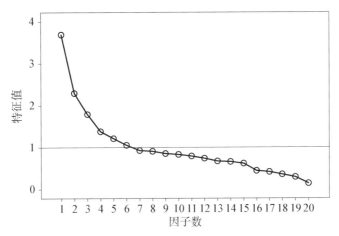

图4-4 二年级评估问卷20个条目因子分析碎石图

表4-36 二年级评估问卷因子分析各成分的特征根及方差贡献率

元件	初始特征值			提取后方差载荷			旋转后方差载荷		
	总计	变异(%)	累加(%)	总计	变异(%)	累加(%)	总计	变异(%)	累加(%)
1	3.693	18.464	18.464	3.693	18.464	18.464	2.725	13.624	13.624
2	2.287	11.434	29.898	2.287	11.434	29.898	2.432	12.161	25.785
3	1.786	8.928	38.826	1.786	8.928	38.826	1.905	9.523	35.308
4	1.377	6.887	45.712	1.377	6.887	45.712	1.562	7.812	43.119
5	1.207	6.036	51.748	1.207	6.036	51.748	1.392	6.959	50.079
6	1.050	5.248	56.996	1.050	5.248	56.996	1.383	6.917	56.996
7	0.921	4.606	61.603						
8	0.903	4.513	66.116						

(续表)

元件	初始特征值			提取后方差载荷			旋转后方差载荷		
	总计	变异(%)	累加(%)	总计	变异(%)	累加(%)	总计	变异(%)	累加(%)
9	0.852	4.260	70.375						
10	0.830	4.151	74.526						
11	0.786	3.930	78.456						
12	0.739	3.696	82.152						
13	0.666	3.332	85.483						
14	0.657	3.283	88.766						
15	0.614	3.072	91.839						
16	0.440	2.198	94.036						
17	0.411	2.057	96.093						
18	0.352	1.760	97.853						
19	0.292	1.461	99.314						
20	0.137	0.686	100.00						

表4-37 二年级评估问卷因子分析旋转后的因子载荷矩阵

	元件					
	1	2	3	4	5	6
B31	0.836					
B33	0.828					
B30	0.804					
B32	0.744					
B29		0.935				
B27		0.907				
B28		0.819				
B08			0.826			
B10			0.806			

(续表)

	元件					
	1	2	3	4	5	6
B12			0.677			
B39				0.646		
B35				0.623		
B36				0.548		
B34				0.465		
B20					0.600	
B13					0.598	
B05					0.519	
B06						0.648
B38						0.638
B40						0.576

注：萃取方法，主成分分析；旋转方法，方差最大化正交旋转。仅显示因子载荷>0.3的值

由表4-37旋转后的因子载荷中可见：第一公因子在B31、B33、B30及B32条目中有较大载荷，主要为能认识到苍蝇、老鼠、蟑螂和蚊子能传播疾病，将其命名为"健康行为与生活方式"；第二公因子在B29、B27、B28条目中有较大载荷，主要为知道何种情况下该拨打哪个急救电话，将其命名为"安全应急与避险"；第三公因子在B08、B10、B12条目中有较大载荷，主要为在日常生活中多使用文明礼貌用语，属于交互性素养，将其命名为"心理健康"；第四公因子在B39、B35、B36及B34条目中有较大载荷，主要为遇到健康相关问题时，能批判性地分析健康相关信息，将其命名为"分析健康相关信息能力"；第五公因子在B20、B13、B05条目中有较大载荷，主要为在日常生活中养成良好的健康习惯，如知道垃圾食品、爱护身体器官、适量饮水等，将其命名为"健康行为与生活方式"；第六公因子在B06、B38、B40条目中有较大载荷，主要为理解和辨别健康相关问题能力，将其命名为"理解应用健康相关信息能力"。

各因子名称及其所包含的条目内容见表 4-38。至此,二年级小学生健康素养评估问卷形成了含 20 个条目,包含五大健康内容和 4 个素养水平的 6 个维度,以描述小学生的健康素养情况。

表 4-38 二年级评估问卷各因子名称及其所包含的条目内容

因子	维度		条目内容
1	疾病预防	B30	蚊子会传播疾病
		B31	苍蝇会传播疾病
		B32	老鼠会传播疾病
		B33	蟑螂会传播疾病
2	安全应急与避险	B27	发生火灾打"119"
		B28	遇到小偷打"110"
		B29	有人生病打"120"
3	心理健康	B08	日常生活中使用"您好"
		B10	日常生活中使用"请"
		B12	日常生活中使用"再见"
4	分析健康相关信息能力	B34	接种疫苗可以预防一些传染病
		B35	经常开窗通气有利健康
		B36	知道阳光、空气和运动对健康的作用
		B39	身体不舒服时能求助于身边人
5	健康行为与生活方式	B05	适量饮水有益健康
		B13	保护鼻子、眼睛和耳朵
		B20	识别垃圾食品
6	理解应用健康相关信息能力	B06	口渴时多喝白开水
		B38	能够正确辨别健康
		B40	对健康的理解

3) 三年级评估问卷探索性因子分析:通过检验公因子结构,逐条排除某一公因子中分属两个不同预期构面的载荷量最大的条目,进行多次探索性因子分析,排除条目 C5、C7、C9、C14、C17、C19、C25、C26 及

C32，剩余20个条目构建的探索性因子分析结果被证实具有较好的结构。

进行因子分析的适宜性检验，结果显示，KMO统计量为0.815，表明变量间的共同因素较多；Bartlett球形检验值为2 184.282，显著性检验$P<0.001$，拒绝各变量独立的假设，适合做因子分析。

采用主成分分析法抽取共同因子，选用最大方差法进行正交旋转，使用回归法计算因子分数，同时做碎石检验。生成特征根>1的因子6个，累计方差贡献率为49.76%，接近最低要求50%。分析结果见图4-5和表4-39。旋转后的因子载荷矩阵见表4-40。

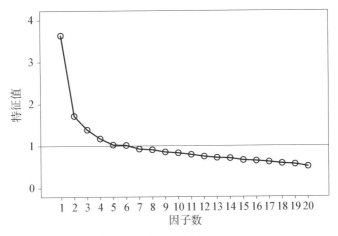

图4-5 三年级评估问卷20个条目因子分析碎石图

表4-39 三年级评估问卷因子分析各成分的特征根及方差贡献率

元件	初始特征值			提取后方差载荷			旋转后方差载荷		
	总计	变异(%)	累加(%)	总计	变异(%)	累加(%)	总计	变异(%)	累加(%)
1	3.638	18.188	18.188	3.638	18.188	18.188	2.082	10.409	10.409
2	1.719	8.597	26.785	1.719	8.597	26.785	2.072	10.359	20.768
3	1.379	6.897	33.682	1.379	6.897	33.682	1.657	8.283	29.051
4	1.173	5.867	39.549	1.173	5.867	39.549	1.443	7.213	36.264
5	1.025	5.127	44.676	1.025	5.127	44.676	1.395	6.974	43.238

(续表)

元件	初始特征值			提取后方差载荷			旋转后方差载荷		
	总计	变异(%)	累加(%)	总计	变异(%)	累加(%)	总计	变异(%)	累加(%)
6	1.017	5.083	49.759	1.017	5.083	49.759	1.304	6.521	49.759
7	0.926	4.631	54.390						
8	0.903	4.516	58.905						
9	0.859	4.297	63.202						
10	0.824	4.122	67.324						
11	0.789	3.944	71.286						
12	0.755	3.773	75.041						
13	0.715	3.573	78.615						
14	0.708	3.541	82.156						
15	0.657	3.283	85.439						
16	0.642	3.210	88.649						
17	0.619	3.095	91.744						
18	0.584	2.919	94.663						
19	0.559	2.796	97.459						
20	0.508	2.541	100.00						

表4-40 三年级评估问卷因子分析旋转后的因子载荷矩阵

	元件					
	1	2	3	4	5	6
C11	0.688					
C12	0.633					
C16	0.594					
C13	0.559					
C15	0.526					
C34		0.762				

(续表)

	元件					
	1	2	3	4	5	6
C35		0.717				
C33		0.709				
C36		0.604				0.313
C21			0.746			
C20			0.744			
C22			0.584			
C02				0.699		
C06				0.549		
C03				0.547		
C29					0.678	
C24					0.590	
C28					0.589	
C04						0.710
C08						0.710

注：萃取方法，主成分分析；旋转方法，方差最大化正交旋转。仅显示因子载荷>0.3的值

由表4-40旋转后的因子载荷中可见：第一公因子在C11、C12、C16、C13及C15条目中有较大载荷，主要为用眼卫生、合理锻炼等养成良好的卫生习惯，将其命名为"健康行为与生活方式"；第二公因子在C34、C35、C33及C36条目中有较大载荷，主要为在临床、学校和日常生活中与他人交流健康相关知识的能力，属于"交互性素养"维度，将其命名为"交流获取健康相关信息能力"；第三公因子在C21、C20、C22条目中有较大载荷，主要为运动前后的注意事项，将其命名为"运动安全"；第四公因子在C02、C06、C03条目中有较大载荷，主要为能够应用健康相关信息处理日常生活中遇到的如疾病、健康生活等问题，将其命名为"应用健康相关信息的能力"；第五公因子在C29、C24、C28条目中有较大载荷，主要为洪

水、地震等灾害的逃生和电池等有害垃圾的处理,将其命名为"安全应急与避险";第六公因子在 C04、C08 条目中有较大载荷,主要为流感、冻疮等疾病的预防,将其命名为"疾病预防"。

各因子名称及其所包含的条目内容见表 4-41。至此,三年级小学生健康素养评估问卷形成了含 20 个条目,包含五大健康内容和 4 个素养水平的 6 个维度,以描述小学生的健康素养情况。

表 4-41　三年级评估问卷各因子名称及其所包含的条目内容

因子	维度		条目内容
1	健康行为与生活方式	C11	看电视的卫生要求
		C12	保护眼睛,预防近视
		C13	在行驶的汽车上看书会导致近视
		C15	体育锻炼有利于促进生长发育和预防疾病
		C16	合理安排运动时间
2	交流获取健康相关信息能力	C33	告诉医师疾病症状
		C34	不清楚诊断或治疗方法时能向医师询问
		C35	从课堂中提取与健康状况密切相关的知识
		C36	能利用所学健康知识帮助身边人
3	运动安全	C20	剧烈运动后不能直接坐在地上
		C21	剧烈运动后不能立即喝冰水
		C22	吃饱饭后不做剧烈运动
4	应用健康相关信息的能力	C02	身体不舒服时能求助于身边人
		C03	能够正确辨别健康
		C06	会辨别能否食用腐败变质的食品
5	安全应急与避险	C24	电池是有害垃圾
		C28	地震发生时的逃生
		C29	洪水来临时的逃生
6	疾病预防	C04	流感的预防
		C08	冻疮的预防

4) 四年级评估问卷探索性因子分析：通过检验公因子结构，逐条排除某一公因子中分属两个不同预期构面的载荷量最大的条目，进行多次探索性因子分析，排除条目 D09、D11、D17、D20、D27 及 D28，剩余 19 个条目构建的探索性因子分析结果被证实具有较好的结构。

进行因子分析的适宜性检验，结果显示，KMO 统计量为 0.803，表明变量间的共同因素较多；Bartlett 球形检验值为 1 962.749，显著性检验 $P<0.001$，拒绝各变量独立的假设，适合做因子分析。

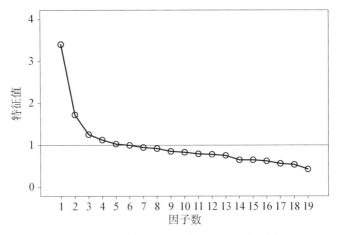

图 4-6　四年级评估问卷 19 个条目因子分析碎石图

采用主成分分析法抽取共同因子，选用最大方差法进行正交旋转，使用回归法计算因子分数，同时做碎石检验。生成特征根>1 的因子 6 个，累计方差贡献率为 50.41%。分析结果见图 4-6 和表 4-42，旋转后的因子载荷矩阵见表 4-43。

表 4-42　四年级评估问卷因子分析各成分的特征根及方差贡献率

元件	初始特征值			提取后方差载荷			旋转后方差载荷		
	总计	变异(%)	累加(%)	总计	变异(%)	累加(%)	总计	变异(%)	累加(%)
1	3.408	17.939	17.939	3.408	17.939	17.939	2.522	13.271	13.271
2	1.739	9.150	27.089	1.739	9.150	27.089	1.863	9.803	23.074
3	1.264	6.651	33.740	1.264	6.651	33.740	1.449	7.625	30.700

(续表)

元件	初始特征值			提取后方差载荷			旋转后方差载荷		
	总计	变异(%)	累加(%)	总计	变异(%)	累加(%)	总计	变异(%)	累加(%)
4	1.129	5.940	39.680	1.129	5.940	39.680	1.418	7.462	38.161
5	1.035	5.449	45.129	1.035	5.449	45.129	1.168	6.149	44.311
6	1.003	5.279	50.408	1.003	5.279	50.408	1.158	6.097	50.408
7	0.954	5.021	55.429						
8	0.928	4.885	60.314						
9	0.863	4.542	64.856						
10	0.839	4.417	69.274						
11	0.814	4.283	73.557						
12	0.785	4.132	77.688						
13	0.769	4.046	81.734						
14	0.659	3.467	85.201						
15	0.657	3.457	88.658						
16	0.626	3.297	91.955						
17	0.564	2.970	94.925						
18	0.539	2.839	97.763						
19	0.425	2.237	100.00						

表4-43 四年级评估问卷因子分析旋转后的因子载荷矩阵

	元件					
	1	2	3	4	5	6
D29	0.785					
D30	0.749					
D31	0.732					
D32	0.681					
D12		0.659				

(续表)

	元件					
	1	2	3	4	5	6
D13		0.594				
D14		0.578				
D15		0.528				
D16		0.437	0.403			
D21			0.738			
D22			0.691			
D02				0.717		
D03		0.309		0.526		
D19	0.324			0.498		
D33				0.394		
D08					0.783	
D10					0.667	
D18						0.780
D24						0.537

注：萃取方法，主成分分析；旋转方法，方差最大化正交旋转。仅显示因子载荷>0.3的值

由表4-43旋转后的因子载荷中可见：第一公因子在D29、D30、D31及D32条目中有较大载荷，主要为在临床、学校和日常生活中与他人交流健康相关知识的能力，属于"交互性素养"维度，将其命名为"交流获取健康相关信息能力"；第二公因子在D12、D13、D14、D15及D16条目中有较大载荷，主要为儿童生病的处理、用药和使用化妆品的基本知识，将其命名为"安全用药和化妆品"；第三公因子在D21、D22条目中有较大载荷，主要为认识身体器官的功能，将其命名为"生长发育"；第四公因子在D02、D03、D19及D33条目中有较大载荷，主要为日常生活中遇到疾病、健康相关信息时能够运用批判性思维进行分析和处理，将其命名为"分析健康相关信息能力"；第五公因子在D08、D10条目中有较大载荷，

主要为游泳安全和火灾逃生技能,将其命名为"安全应急与避险";第六公因子在 D18、D24 条目中有较大载荷,主要为应对健康相关问题如被动吸烟、心理问题时,能采取适当措施处理,将其命名为"应用处理健康相关信息能力"。

各因子名称及其所包含的条目内容见表 4-44。至此,四年级小学生健康素养评估问卷形成了含 19 个条目,包含五大健康内容和 4 个素养水平的 6 个维度,以描述小学生的健康素养情况。

表 4-44 四年级评估问卷各因子名称及其所包含的条目内容

因子	维度		条目内容
1	交流获取健康相关信息能力	D29	告诉医师疾病症状
		D30	不清楚诊断或治疗方法时能向医师询问
		D31	从课堂中提取与健康状况密切相关的知识
		D32	能利用所学健康知识帮助身边人
2	安全用药和化妆品	D12	生病后采取正确处理方法
		D13	药物的毒副作用
		D14	儿童用药
		D15	正确认识广告宣传作用
		D16	不使用超过保质期的药品
3	生长发育	D21	了解肺的功能
		D22	了解肾的功能
4	分析健康相关信息能力	D02	身体不舒服时能求助于身边人
		D03	对健康的理解
		D19	认识传染病,并正确在日常生活中运用
		D33	不可盲目相信可以长高的食物
5	安全应急与避险	D08	游泳的安全知识
		D10	火灾发生时的逃生与求助
6	应用处理健康相关信息能力	D18	采取适当措施避免被动吸烟
		D24	采用积极办法解决烦恼

5) 五年级评估问卷探索性因子分析：通过检验公因子结构，逐条排除某一公因子中分属两个不同预期构面的载荷量最大的条目，进行多次探索性因子分析，排除条目 E2、E3、E4、E7、E8、E10、E12、E15、E17 及 E23，剩余 20 个条目构建的探索性因子分析结果被证实具有较好的结构。

进行因子分析的适宜性检验，结果显示，KMO 统计量为 0.763，表明变量间的共同因素较多；Bartlett 球形检验值为 1 538.688，显著性检验 $P<0.001$，拒绝各变量独立的假设，适合做因子分析。

采用主成分分析法抽取共同因子，选用最大方差法进行正交旋转，使用回归法计算因子分数，同时做碎石检验。生成特征根＞1 的因子 6 个，累计方差贡献率为 47.72%，接近 50% 的最低要求。分析结果见图 4-7 和表 4-45，旋转后的因子载荷矩阵见表 4-46。

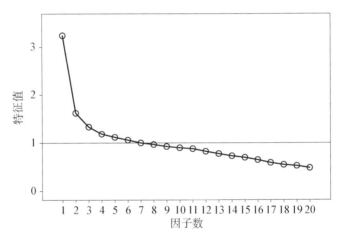

图 4-7　五年级评估问卷 20 个条目因子分析碎石图

表 4-45　五年级评估问卷因子分析各成分的特征根及方差贡献率

元件	初始特征值			提取后方差载荷			旋转后方差载荷		
	总计	变异(%)	累加(%)	总计	变异(%)	累加(%)	总计	变异(%)	累加(%)
1	3.241	16.199	16.199	3.240	16.199	16.199	2.133	10.663	10.663
2	1.625	8.124	24.323	1.625	8.124	24.323	1.902	9.510	20.173
3	1.328	6.642	30.965	1.328	6.642	30.965	1.480	7.398	27.571

(续表)

元件	初始特征值			提取后方差载荷			旋转后方差载荷		
	总计	变异(%)	累加(%)	总计	变异(%)	累加(%)	总计	变异(%)	累加(%)
4	1.182	5.911	36.876	1.182	5.911	36.876	1.405	7.026	34.597
5	1.116	5.580	42.456	1.116	5.580	42.456	1.331	6.653	41.250
6	1.053	5.263	47.719	1.053	5.263	47.719	1.294	6.469	47.719
7	0.992	4.962	52.681						
8	0.962	4.811	57.492						
9	0.922	4.608	62.100						
10	0.897	4.485	66.585						
11	0.874	4.369	70.954						
12	0.820	4.102	75.056						
13	0.770	3.851	78.907						
14	0.727	3.637	82.544						
15	0.696	3.479	86.023						
16	0.650	3.252	89.275						
17	0.588	2.941	92.215						
18	0.555	2.773	94.988						
19	0.520	2.598	97.587						
20	0.483	2.413	100.00						

表 4-46 五年级评估问卷因子分析旋转后的因子载荷矩阵

	元件					
	1	2	3	4	5	6
E25	0.703					
E26	0.690					
E27	0.676					
E24	0.634					

(续表)

	元 件					
	1	2	3	4	5	6
E35		0.762				
E29		0.744				
E34		0.661				
E33			0.633			
E05			0.612			
E06			0.499			
E11			0.417			0.314
E18				0.660		
E19				0.639		
E21				0.482		0.418
E28					0.827	
E32		0.443			0.559	
E31					0.418	0.400
E14						0.515
E13						0.473
E09						0.472

注：萃取方法，主成分分析；旋转方法，方差最大化正交旋转。仅显示因子载荷 >0.3 的值

由表4-46旋转后的因子载荷中可见：第一公因子在E24、E25、E26及E27条目中有较大载荷，主要为在临床、学校和日常生活中与他人交流健康相关知识的能力，属于"交互性素养"维度，将其命名为"交流获取健康相关信息能力"；第二公因子在E29、E34、E35条目中有较大载荷，主要为会看食品生产日期、多吃新鲜水果、少吃油炸食品等健康饮食习惯，将其命名为"食品健康"；第三公因子在E05、E06、E11及E33条目中有较大载荷，主要为传染病、青春期生殖器官疾病及缺铁性贫血的预防相关知识，将其命名为"疾病预防"；第四公因子在E18、E19、E21条目中有较

大载荷,主要为使用网络过程中的健康相关问题,将其命名为"网络安全";第五公因子在 E28、E31、E32 条目中有较大载荷,主要为在日常生活中能批判性处理健康相关问题,将其命名为"分析健康相关信息能力";第六公因子在 E09、E13、E14 条目中有较大载荷,主要为青春期和生长发育相关知识,将其命名为"生长发育与青春期保健"。

各因子名称及其所包含的条目内容见表 4-47。至此,五年级小学生健康素养评估问卷形成了含 20 个条目,包含五大健康内容和 4 个素养水平的 6 个维度,以描述小学生的健康素养情况。

表 4-47 五年级评估问卷各因子名称及其所包含的条目内容

因 子	维 度		条目内容
1	交流获取健康相关信息能力	E24	告诉医师疾病症状
		E25	不清楚诊断或治疗方法时能向医师询问
		E26	从课堂中提取与健康状况密切相关的知识
		E27	能利用所学健康知识帮助身边人
2	食品健康	E29	能找到食品生产日期
		E34	多食用新鲜水果
		E35	少吃油炸食品
3	疾病预防	E05	流行性出血性结膜炎(红眼病)的预防
		E06	肠道传染病的预防
		E11	青春期的个人卫生知识
		E33	预防缺铁性贫血的补血食物
4	网络安全	E18	知道网络中的不健康因素
		E19	网络成瘾的危害
		E21	提高网络安全防范意识
5	分析健康相关信息能力	E28	不可盲目相信可以长高的食物
		E31	识别质量安全标志
		E32	合理补铁

(续表)

因子	维度		条目内容
6	生长发育与青春期保健	E09	变声期的保健知识
		E13	采用正确途径解决青春期心理问题
		E14	体温的测量方法

6) 六年级调查问卷探索性因子分析：通过检验公因子结构，逐条排除某一公因子中分属两个不同预期构面的载荷量最大的条目，进行多次探索性因子分析，排除条目F02、F12、F14、F16和F25，剩余20个条目构建的探索性因子分析结果被证实具有较好的结构。

进行因子分析的适宜性检验，结果显示，KMO统计量为0.758，表明变量间的共同因素较多；Bartlett球形检验值为2 059.137，显著性检验$P<0.001$，拒绝各变量独立的假设，适合做因子分析。

采用主成分分析法抽取共同因子，选用方差最大正交旋转法进行正交旋转，使用回归法计算因子分数，同时做碎石检验。生成特征根>1的因子7个，累计方差贡献率为55.63%。分析结果见图4-8和表4-48。旋转后的因子载荷矩阵见表4-49。

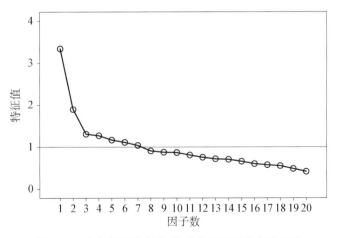

图4-8 六年级评估问卷20个条目因子分析碎石图

表 4-48　六年级评估问卷因子分析各成分的特征根及方差贡献率

元件	初始特征值			提取后方差载荷			旋转后方差载荷		
	总计	变异(%)	累加(%)	总计	变异(%)	累加(%)	总计	变异(%)	累加(%)
1	3.350	16.750	16.750	3.350	16.750	16.750	2.459	12.293	12.293
2	1.894	9.468	26.218	1.894	9.468	26.218	2.144	10.718	23.011
3	1.305	6.523	32.740	1.305	6.523	32.740	1.521	7.605	30.617
4	1.267	6.333	39.074	1.267	6.333	39.074	1.349	6.744	37.360
5	1.168	5.839	44.912	1.168	5.839	44.912	1.340	6.700	44.060
6	1.106	5.528	50.440	1.106	5.528	50.440	1.170	5.848	49.908
7	1.038	5.189	55.630	1.038	5.189	55.630	1.144	5.721	55.630
8	0.908	4.542	60.172						
9	0.876	4.382	64.554						
10	0.861	4.304	68.857						
11	0.810	4.048	72.906						
12	0.759	3.794	76.700						
13	0.710	3.550	80.250						
14	0.695	3.474	83.724						
15	0.643	3.215	86.939						
16	0.596	2.982	89.921						
17	0.566	2.830	92.751						
18	0.551	2.756	95.506						
19	0.484	2.419	97.926						
20	0.415	2.074	100.00						

表 4-49 六年级评估问卷因子分析旋转后的因子载荷矩阵

	元件						
	1	2	3	4	5	6	7
F34	0.724						
F31	0.718						
F32	0.677						
F35	0.672						
F33	0.608						
F27		0.778					
F28		0.725					
F26		0.680					
F29		0.657					
F07			0.695				
F03			0.676				0.333
F23			0.673				
F15				0.753			
F17				0.569		0.315	
F19				0.518		−0.438	
F18					0.740		
F21					0.549		0.373
F10						0.742	
F11					0.307	0.516	
F30							0.788

注：萃取方法，主成分分析；旋转方法，方差最大化正交旋转。仅显示因子载荷 >0.3 的值

由表 4-49 旋转后的因子载荷中可见：第一公因子在 F31、F32、F33、F34 及 F35 条目中有较大载荷，主要为根据材料获取近视相关知识，属于"健康行为与生活方式"内容领域，将其命名为"阅读理解健康相关材

料能力";第二公因子在 F26、F27、F28 及 F29 条目中有较大载荷,主要为在临床、学校和日常生活中与他人交流健康相关知识的能力,属于"交互性素养"维度,将其命名为"交流获取健康相关信息能力";第三公因子在 F03、F07、F23 条目中有较大载荷,主要为用电、吸毒和使用网络等安全方面,将其命名为"安全应急与避险";第四公因子在 F15、F17、F19 条目中有较大载荷,主要为青春期卫生和身心发育特点,将其命名为"生长发育与青春期保健";第五公因子在 F18、F21 条目中有较大载荷,包含使用网络的用途,和遇到心理问题时的处理能力,因此将其命名为"利用心理健康相关信息能力";第六公因子在 F10、F11 条目中有较大载荷,为疟疾和血吸虫病的预防,将其命名为"疾病预防";第七公因子在 F30 条目中有较大载荷,为在网络媒体发达的时代中,如何批判性地看待健康相关问题,将其命名为"分析健康相关信息能力"。

各因子名称及其所包含的条目内容见表 4-50。至此,六年级小学生健康素养调查问卷形成了含 20 个条目,包含五大健康内容和 4 个素养水平的 7 个维度,以描述小学生的健康素养情况。

表 4-50　六年级调查问卷各因子名称及其所包含的条目内容

因子	维度		条目内容
1	阅读理解健康相关材料能力	F31	看不清黑板的字能及时处理
		F32	正确矫正近视
		F33	不可借用同学眼镜
		F34	正确佩戴眼镜
		F35	获取信息和计算能力
2	交流获取健康相关信息能力	F26	告诉医师疾病症状
		F27	不清楚诊断或治疗方法时能向医师询问
		F28	从课堂中提取与健康状况密切相关的知识
		F29	能利用所学健康知识帮助身边人
3	安全应急与避险	F3	触电的预防
		F7	毒品对个人和家庭的危害,能够远离毒品
		F23	提高网络安全防范意识

(续表)

因子	维度		条目内容
4	生长发育与青春期保健	F15	青春期的个人卫生知识
		F17	青春期的生长发育特点
		F19	自己的事情自己做
5	利用心理健康相关信息能力	F18	采用正确途径解决青春期心理问题
		F21	网络使用
6	疾病预防	F10	疟疾的预防
		F11	血吸虫病的预防
7	分析健康相关信息能力	F30	不可盲目相信可以长高的食物

（4）信度检验：信度主要评价问卷的稳定性和一致性，本研究采用内部一致性信度Cronbach's α系数和分半信度Guttman分半系数考查问卷的信度。一年级评估问卷的Cronbach's α系数为0.617，分半系数为0.533，7个因子的α系数为0.335～0.813，分半系数为0.347～0.718；二年级评估问卷的Cronbach's α系数为0.751，分半系数为0.552，6个因子的α系数为0.389～0.877，分半系数为0.348～0.884；三年级评估问卷的Cronbach's α系数为0.749，分半系数为0.583，6个因子的α系数为0.354～0.682，分半系数为0.336～0.672；四年级评估问卷的Cronbach's α系数为0.706，分半系数为0.614，6个因子的α系数为0.269～0.762，分半系数为0.269～0.732；五年级评估问卷的Cronbach's α系数为0.674，分半系数为0.608，6个因子的α系数为0.361～0.669，分半系数为0.372～0.657；六年级调查问卷的Cronbach's α系数为0.670，分半系数为0.541，7个因子的α系数为0.205～0.724，分半系数为0.205～0.673。可以认为该评估问卷具有较好的信度。具体内容见表4-51～表4-56。

表 4-51　一年级评估问卷信度检验结果

问卷维度		Cronbach's α 系数	Guttman 分半系数
因子 1	安全应急与避险	0.813	0.718
因子 2	健康行为与生活方式	0.445	0.455
因子 3	理解健康相关信息能力	0.379	0.379
因子 4	分析健康相关信息能力	0.377	0.381
因子 5	疾病预防	0.335	0.398
因子 6	应用健康相关信息能力	0.391	0.348
因子 7	健康饮食	0.347	0.347
总问卷		0.617	0.533

表 4-52　二年级评估问卷信度检验结果

问卷维度		Cronbach's α 系数	Guttman 分半系数
因子 1	疾病预防	0.836	0.766
因子 2	安全应急与避险	0.877	0.884
因子 3	心理健康	0.684	0.449
因子 4	分析健康相关信息能力	0.475	0.492
因子 5	健康行为与生活方式	0.389	0.379
因子 6	理解应用健康相关信息能力	0.393	0.348
总问卷		0.751	0.552

表 4-53　三年级评估问卷信度检验结果

问卷维度		Cronbach's α 系数	Guttman 分半系数
因子 1	健康行为与生活方式	0.629	0.605
因子 2	交流获取健康相关信息能力	0.682	0.672
因子 3	运动安全	0.562	0.368
因子 4	应用健康相关信息的能力	0.367	0.336
因子 5	安全应急与避险	0.354	0.392
因子 6	疾病预防	0.422	0.422
总问卷		0.749	0.583

表 4-54 四年级评估问卷信度检验结果

问卷维度		Cronbach's α 系数	Guttman 分半系数
因子 1	交流获取健康相关信息能力	0.762	0.732
因子 2	安全用药和化妆品	0.539	0.518
因子 3	生长发育	0.464	0.464
因子 4	分析健康相关信息能力	0.375	0.378
因子 5	安全应急与避险	0.269	0.269
因子 6	应用处理健康相关信息能力	0.384	0.384
总问卷		0.706	0.614

表 4-55 五年级评估问卷信度检验结果

问卷维度		Cronbach's α 系数	Guttman 分半系数
因子 1	交流获取健康相关信息能力	0.669	0.657
因子 2	食品健康	0.621	0.568
因子 3	疾病预防	0.367	0.372
因子 4	网络安全	0.399	0.372
因子 5	分析健康相关信息能力	0.402	0.427
因子 6	生长发育与青春期保健	0.361	0.372
总问卷		0.674	0.608

表 4-56 六年级调查问卷信度检验结果

问卷维度		Cronbach's α 系数	Guttman 分半系数
因子 1	阅读理解健康相关材料能力	0.724	0.673
因子 2	交流获取健康相关信息能力	0.690	0.664
因子 3	安全应急与避险	0.462	0.470
因子 4	生长发育与青春期保健	0.335	0.352
因子 5	利用心理健康相关信息能力	0.311	0.311
因子 6	疾病预防	0.205	0.205
因子 7	分析健康相关信息能力	—	—
总问卷		0.670	0.541

(5) 效度检验：本研究主要通过内容效度和结构效度考查问卷的效度。

内容效度涉及条目的适宜性和充分性。本研究通过3个步骤形成问卷条目。首先在广泛查阅国内外文献的基础上，依据教育部颁布的文件《中小学健康教育指导纲要》，基于健康素养的定义和内涵，参考国内外经典量表，经过专家个人深度访谈、专家小组访谈和教师小组访谈拟定条目框架，并形成评估问卷初稿；其次对一、二年级小学生进行初步预调查，了解其认知发展特点，修改问卷词句语义的表达；最后通过专家咨询，形成评估指标体系主体框架，并请专家对问卷初稿的题目适宜性等提出修改意见和建议。在上述基础上，反复修改和筛选问卷条目，保障了内容效度。

根据探索性因子分析结果，采用相关分析方法检验问卷的内部结构。首先根据因子分析（主成分方法）结果中某个主因子的贡献率占提取因子的总方差贡献率计算该主因子的权重。结果见表4-57～表4-62。

表4-57 一年级评估问卷各维度权重

问卷维度	权重
因子1 安全应急与避险	0.216
因子2 健康行为与生活方式	0.146
因子3 理解健康相关信息能力	0.136
因子4 分析健康相关信息能力	0.135
因子5 疾病预防	0.130
因子6 应用健康相关信息能力	0.126
因子7 健康饮食	0.112
合计	1.000

表4-58 二年级评估问卷各维度权重

问卷维度	权重
因子1 疾病预防	0.239
因子2 安全应急与避险	0.213

(续表)

问卷维度	权重
因子3 心理健康	0.167
因子4 分析健康相关信息能力	0.137
因子5 健康行为与生活方式	0.122
因子6 理解应用健康相关信息能力	0.121
合计	1.000

表4-59 三年级评估问卷各维度权重

问卷维度	权重
因子1 健康行为与生活方式	0.209
因子2 交流获取健康相关信息能力	0.208
因子3 运动安全	0.166
因子4 应用健康相关信息的能力	0.145
因子5 安全应急与避险	0.140
因子6 疾病预防	0.131
合计	1.000

表4-60 四年级评估问卷各维度权重

问卷维度	权重
因子1 交流获取健康相关信息能力	0.263
因子2 安全用药和化妆品	0.194
因子3 生长发育	0.151
因子4 分析健康相关信息能力	0.148
因子5 安全应急与避险	0.122
因子6 应用处理健康相关信息能力	0.121
合计	1.000

表 4-61　五年级评估问卷各维度权重

问卷维度		权重
因子 1	交流获取健康相关信息能力	0.223
因子 2	食品健康	0.199
因子 3	疾病预防	0.155
因子 4	网络安全	0.147
因子 5	分析健康相关信息能力	0.139
因子 6	生长发育与青春期保健	0.136
合计		1.000

表 4-62　六年级调查问卷各维度权重

问卷维度		权重
因子 1	阅读理解健康相关材料能力	0.221
因子 2	交流获取健康相关信息能力	0.193
因子 3	安全应急与避险	0.137
因子 4	生长发育与青春期保健	0.121
因子 5	利用心理健康相关信息能力	0.120
因子 6	疾病预防	0.105
因子 7	分析健康相关信息能力	0.103
合计		1.000

参考中国居民健康素养调查问卷,确定本次调查的计分方法为:回答正确计 1 分,错误计 0 分;情境题判分标准与单选题一致;多选题回答选项与正确答案完全一致计 1 分,错选、漏选计 0 分;未做出回答的题目,一律计 0 分;反向题正向计分。等级选项最高分为 1 分,根据选项个数转化为等距变量。

对主因子进行加权,健康素养得分计算公式如下:

$$H = \sum_{i=1}^{n} w_i y_i \quad y_i = \sum_{j=1}^{m} x_{ij}$$

式中 H 为健康素养得分，y_i 为第 1 个因子维度的得分值，w_i 为第 i 个因子维度的权重，x_{ij} 为在第 i 个因子维度下第 j 个指标的观测值。

由于该分数范围较小，为便于分析和理解，对原分数进行 10 分制转换，健康素养得分取值范围为 0～10。公式为：

$$H_{10} = \frac{10}{\max - \min} \sum_{i=1}^{n} w_i y_i \quad y_i = \sum_{j=1}^{m} x_{ij}$$

式中 max，min 分别为 H 理论最大值和最小值。

计算基于权重的健康素养得分与简单相加所得问卷总分的相关性，对建立的小学生健康素养得分进行检验。基于权重的健康素养得分与问卷总分相关性较高，各年级相关系数为 0.979～0.994，且 P 值均<0.001，构建的健康素养得分能够客观反映小学生的健康素养水平，见表 4-63。

表 4-63 基于权重的健康素养得分与问卷总分的相关性检验

年级	项目		问卷总分
一年级	基于权重的健康素养得分	Pearson 相关系数	0.991
		P	<0.001
二年级	基于权重的健康素养得分	Pearson 相关系数	0.985
		P	<0.001
三年级	基于权重的健康素养得分	Pearson 相关系数	0.994
		P	<0.001
四年级	基于权重的健康素养得分	Pearson 相关系数	0.987
		P	<0.001
五年级	基于权重的健康素养得分	Pearson 相关系数	0.993
		P	<0.001
六年级	基于权重的健康素养得分	Pearson 相关系数	0.979
		P	<0.001

计算基于权重的健康素养得分与各因子维度的健康素养得分之间的相关系数。结果显示 6 个年级各因子维度与总得分呈中高度相关，且 P 值均<0.001，说明基于权重的健康素养得分对各维度的得分具有一定代

表性,各题项结构合理,见表 4-64～表 4-69。

表 4-64　一年级各维度得分与总得分间的相关系数

	因子 1	因子 2	因子 3	因子 4	因子 5	因子 6	因子 7
总得分	0.495	0.692	0.383	0.508	0.427	0.411	0.304
P	<0.001	<0.001	<0.001	<0.001	<0.001	<0.001	<0.001

表 4-65　二年级各维度得分与总得分间的相关系数

	因子 1	因子 2	因子 3	因子 4	因子 5	因子 6
总得分	0.834	0.441	0.385	0.618	0.439	0.375
P	<0.001	<0.001	<0.001	<0.001	<0.001	<0.001

表 4-66　三年级各维度得分与总得分间的相关系数

	因子 1	因子 2	因子 3	因子 4	因子 5	因子 6
总得分	0.746	0.670	0.531	0.567	0.475	0.541
P	<0.001	<0.001	<0.001	<0.001	<0.001	<0.001

表 4-67　四年级各维度得分与总得分间的相关系数

	因子 1	因子 2	因子 3	因子 4	因子 5	因子 6
总得分	0.760	0.688	0.457	0.619	0.403	0.320
P	<0.001	<0.001	<0.001	<0.001	<0.001	<0.001

表 4-68　五年级各维度得分与总得分间的相关系数

	因子 1	因子 2	因子 3	因子 4	因子 5	因子 6
总得分	0.687	0.590	0.620	0.550	0.542	0.350
P	<0.001	<0.001	<0.001	<0.001	<0.001	<0.001

表 4-69　六年级各维度得分与总得分间的相关系数

	因子 1	因子 2	因子 3	因子 4	因子 5	因子 6	因子 7
总得分	0.753	0.636	0.440	0.444	0.485	0.262	0.306
P	<0.001	<0.001	<0.001	<0.001	<0.001	<0.001	<0.001

四、讨论

(一) 小学生健康素养评估指标体系建立的重要性和必要性

公民的健康素养必须从孩子开始养成。提高小学生的健康素养,不仅有助于其有效应对自身健康问题,也是保证全民健康素养的重要前提与基础。建立小学生健康素养评估指标体系以评估其健康素养水平是首要任务。该评估指标体系既可评价学校健康教育的效果,又能促进健康教育的发展。

由于小学生的生理心理发育尚未成熟,处于快速生长发育阶段,且每个年级学生的健康素养水平参差不齐。在进行健康素养评估时,既要考虑整个小学生年龄段与成人的差异,又要考虑不同年级小学生的差异。尤其是一、二年级小学生,他们识字量较少,认知水平较低,在开展调查时难度较大。本研究在小学生健康素养评估及调查方面进行了积极探索和尝试,以总结经验教训,为后续研究及干预提供依据。

(二) 以《纲要》为主要内容依据的适宜性

2008年,教育部颁布《中小学健康教育指导纲要》,然而,目前尚未建立起广泛认可的小学生健康素养评估指标体系。我国居民健康素养指标体系的构建是以2008年卫生部出台的《中国公民健康素养——基本知识与技能》为依据。在构建小学生健康素养评估指标体系时,也应与国家政策要求衔接,而《纲要》则为小学生健康素养评估指标体系的研究提供了主要依据。健康教育的主要任务之一就是提高学生的健康素养水平,以《纲要》为主要依据,体现了健康素养评估指标体系作为反映学校健康教育效果指标的这一功能。

以往采用统一问卷对小学生进行健康素养调查的结果显示,各年级小学生的健康素养水平有所差异。如韩铁光等对深圳市小学生健康素养状况进行调查,结果显示一至六年级小学生的健康观念有所不同。杨蕊等对武汉市二、三、四年级小学生健康素养调查显示,各年级总体健康素养水平和在健康知识、健康生活方式、健康技能3个维度的水平均有差异。本研究在对一、二年级进行预测试的过程中也发现,一年级小学生和二年级小学生在识字量和调查过程中的反应均有较大差异。《纲要》中将小学分为3个水平,每两个年级为一个水平。本研究在此方面进行了创新,依据专家、教师小组访谈结果,以每个年级为一个水平对小学生健康素养进行评估,内容和形式各有特点。主要依据为《系列中小学健康教育教师教学指导用书》(以下简称《指导用书》),其根据《纲要》规定的基本内容和知识点编写,与本研究以《纲要》为主要依据的要求相一致。

(三)评估问卷形式的适宜性

本研究结果显示,对于小学生的调查建议采用简单的选择题或判断题,尤其是一、二年级小学生,图画形式较能吸引其兴趣并保持注意力;对于三年级及以上的小学生,采用文字形式即可。这与其他研究结果一致,也与小学语文课程标准的要求一致。由此可以看出,对一、二年级小学生健康素养进行评估是最大的难点。查阅国内现有的少量小学生健康素养研究文献,结果显示,由于一、二年级小学生知识水平和理解能力较差,近90%的研究都是针对三年级及以上的小学生,调查对象包含一年级小学生的较少见。

通过教师小组访谈和预测验深入了解一年级小学生的学习特点和适宜的调查形式,发现如果采用调查员读题的方式,学生会先大声回答问题,再将答案写在问卷上。即使调查员反复强调不要回答问题,也难以避免上述情况。这将干扰整个班级的调查结果,误差较大。少量包含一年级小学生的健康素养调查结果显示,采用调查员读题的方式可能导致一年级小学生知识或态度的正确率反而高于其他年级,存在一定缺陷。本研究对这调查方法进行完善,采用连环画的形式帮助一年级学生阅读、理解和做出选择,既能吸引学生兴趣,又避免了调查员读题带来的上述问题。

本研究设计的评估问卷主要以回答问题为主,少数题目设置为"是""否""频率"或"程度"等自报的形式。这是因为考虑到小学生较难区分"有时""偶尔""常常"等程度词汇,访谈专家和教师建议选项尽量不要采用程度分类法,如李克特量表等。如有题目涉及,则尽量减少选项的分类。且文献回顾结果显示,国内外可查阅的针对所有人群的健康素养调查多数采用客观评价法,较少采用自报的形式。

(四)各维度权重的建立

权重是根据组成事物的要素在整体中的地位和作用而赋予的一定数值,既表示各指标在指标体系中的重要程度,又表示指标体系中各指标之间的关系。某指标的权重是指该指标在整体评价中的相对重要程度。主观赋权法和客观赋权法是目前确定指标权重的主要方法。多数学者认为,较为科学、准确的方法是将主观和客观相结合。层次分析法是在主观数据的基础上,采用数量统计的方法计算权重,有助于减少主观性,通过一致性检验可保证专家思想逻辑的一致性,在方法学上具有一定的适宜性。

本次研究及现有的小学生健康素养调查中,"健康行为和生活方式"的权重系数最大,主要以基本健康知识和行为的形式体现。一方面,健康的生活方式需从小养成;另一方面,这一结果也与小学生认知发展水平较低的特点相符合。随着小学生年龄增长,慢慢进入青春期,心理问题也日益突出。五、六年级小学生的"心理健康"和"生长发育与青春期保健"的权重系数相对有所增加。4个素养过程指标在各年级的权重排位基本一致。其中"评价信息"属于相对高级的形式,与认知能力及各方面发展水平相关,本研究结果也体现出其所占比重随着年级增长而增加,但由于小学生年龄段尚未发育成熟,其所占权重并不大。

(五) 小学生健康素养评价问卷信效度分析

一年级评估问卷难度系数在0.8及以上的题目数量为21,占60.0%;二年级评估问卷难度系数在0.8及以上的题目数量为23,占57.5%;三年级评估问卷难度系数在0.8及以上的题目数量为13,占35.1%;四年级评估问卷难度系数在0.8及以上的题目数量为9,占27.3%;五年级评估问卷难度系数在0.8及以上的题目数量为15,占42.9%;六年级评估问卷难度系数在0.8及以上的题目数量为13,占37.1%。可见,本次小学生系列评估问卷题目设置偏容易,尤其是一、二年级。笔者认为可能的原因有:①在定性访谈过程中,专家和教师均建议题目设置应尽量简单,课题组根据反馈的意见对问卷进行修订时,题目越来越偏向容易;②本研究主要依据《纲要》设计,其作为全国健康教育的指导,是各小学进行健康教育的依据,如果学生进行过相关内容的教学,则有利于提高其正确率。这与本研究的目的即评估小学健康教育的效果相对应,说明本次调查对象所在学校的健康教育效果较好;③全国的健康素养调查结果显示,东部发达地区居民的健康素养水平高于中西部。而本次调查在上海市进行,属于东部发达城市。因此,小学生的健康素养水平可能相对较高。

美国测量学家伊贝尔(R. L. Ebel, 1965)提出了用区分度作为评价项目性能好坏的标准。区分度在 0.4 以上题目性能评价为很好;0.30~0.39 为良好,修改后会更好;0.20~0.29 为尚可,仍需修改;0.19 以下为差,必须淘汰。本研究区分度偏低,可能是由于难度偏容易和调查对象为上海市小学生。考虑到题目数量的设置,制订剔除条目标准为：区分度<0.10。这也是本研究的一个缺陷,在以后的研究中应尽量避免,可通过扩大调查人群,或增加题目数量,以改善评估问卷的难度和区分度,有利于提高问卷的信度和效度。

本研究中,小学教师建议问卷题目为 25~28 题,考虑到题目的删减,各年级初始评估问卷题目数量在 40 题左右。经过项目分析和探索性因子分析后,各年级保留条目数量为 19 或 20 题。一般情况下,评估问卷题目数量为 20~25 题较适宜,国内针对小学生的健康素养调查题目数量为 18~31 题。本研究中各年级评估问卷的题目数量均在此范围内,较为合适。一方面,小学生的兴趣短暂、注意力集中能力较差,如果题目过多,可能影响调查的正常进行和调查结果的准确性;另一方面,评估条目的设定应尽量简洁,通过较少的条目诠释较全面的内涵。

各年级小学生健康素养评估问卷结构与五大内容维度和 4 个素养能力维度基本一致。但在不同年级中,五大内容维度和 4 个素养能力维度存在覆盖不全面的问题,且两者相互关联、相互渗透。如一年级评估问卷结构分析结果中,在因子 5"疾病预防"中,既包含理解健康相关信息能力"偏食、挑食对健康的影响",又包含分析健康相关信息能力"能够判断是否该开窗通气或是否该打疫苗"。其他年级同样存在上述情况。在建立评估指标体系过程中,本研究主要依据五大素养内容设计评估问卷,将 4 个素养能力作为二级指标,且认为五大内容下的 4 个素养能力权重一致,这是因为：①《纲要》和《指导用书》中对五大素养内容下的条目有具体规定;②访谈过程中,教师对五大素养内容较熟悉,其提出的小学生健康教育核心点便于按照五大内容分类;③虽然国内外对 4 个素养能力进行了解释,但未给出具体和明确的介绍,可操作性较差。本研究通过专家咨询和课题组讨论对如何将 4 个素养能力可操作化进行了探索,对五大内容维度和 4 个素养能力维度进行了解释;④五大内容的条目分布不均衡,且在项目分析过程中剔除部分题目,使有的内容维度条目数量较少,无法涵盖 4 个素养能力。

欧洲健康素养调查将健康素养划分为"医疗服务""疾病预防""健康促进"3个内容维度,和"获取""理解""分析"和"评价"4个健康素养过程能力建立矩阵,采用"非常容易""相对容易""相对困难""非常困难"和不知道"的自报方法对成人进行调查,结果显示具有良好的信效度。而国内尚未见到将健康素养能力维度引入健康素养测量,尤其是以小学生为调查对象。本研究对此方面进行了初探,但如何将符合我国国情的五大内容维度和健康素养4个能力有效地融合于针对小学生的调查中,仍有待进一步探讨。

五、结论及建议

(一) 结论

(1) 本研究建立小学生健康素养评价指标体系是评价小学生健康素养水平的有效工具和首要任务,丰富了国内儿童青少年健康素养调查的内容,具有重要的现实意义。

(2) 本研究编制了覆盖6个年级的小学生健康素养评价问卷和测评方法,能够客观反映小学生的健康素养水平,建议尽快推广使用统一的小学生健康素养评价指标体系,并建立持续监测机制和开展干预研究。

(3) 小学生健康素养评价指标体系可作为学校健康教育策略制订的重要依据,促进学校健康教育的发展。

(二) 本研究的局限及建议

(1) 由于人力、物力和时间限制,以及建立涵盖6个年级评价指标体系的工作量和难度较大。如果对每个年级的三级指标均进行专家咨询,所得结果更精准,但将导致专家工作量巨大,可行性差。因此,本次研究请专家直接对评估问卷提出修改意见,并假定在同一个年级中4个素养能力维度权重在五大内容维度下是一致的。在后续研究中,可探索新的学段划分方法或完善建立评价指标体系的方法学研究,使小学生各年级及小学生与中学生的健康素养评价具有衔接性,便于对各年级小学生健康素养水平进行比较。

(2) 为保证最终评估问卷的题目数量和信效度,将区分度的剔除标准修订为区分度<0.10。由于条件限制,未进行重测信度和其他效度的检验。建议以后进行评价指标体系研究时,可适当增加初始条目的数量。

(3) 研究对象为上海市小学生,外推至全国时具有一定限制。建议开展针对中西部地区小学生的健康素养研究,或开展全国范围的小学生健康素养评价研究。

(王书梅 曲爽笑)

参考文献

[1] 王乐肖. 中国公众健康素养调查及评价体系建立[D]. 中国疾病预防控制中心,2008.

[2] 中华人民共和国教育部. 义务教育:语文课程标准(2011年版)[M]. 北京:北京师范大学出版社,2011.

[3] 杨蕊,狄娟,倪紫菱,等. 武汉市小学生健康素养调查分析[J]. 公共卫生与预防医学,2012,23(05):45-48.

[4] 吴明隆. 问卷统计分析实务——SPSS操作与应用[M]. 重庆:重庆大学出版社,2010.

[5] 陆怡. 小学生语文阅读过程中学习行为的研究[D]. 上海师范大学,2013.

[6] 陈媛. 护理硕士专业学位研究生临床能力考评指标体系的研究[D]. 南方医科大学,2012.

[7] 林玲,尹仕伟,蔡波,等. 南通市中小学生健康素养现状[J]. 中国学校卫生,2014,35(11):1625-1627.

[8] 赵骏. 小学生科学素养测评工具的研究[D]. 苏州大学,2003.

[9] 俞立平,潘云涛,武夷山. 科技评价中不同客观评价方法权重的比较研究[J]. 科技管理研究,2009,29(8):148-150.

[10] 俞立平,潘云涛,武夷山. 科技教育评价中主客观赋权方法比较研究[J]. 科技管理,2009,30(4):154-161.

[11] 聂雪琼,李英华,李莉. 2012年中国居民健康素养监测数据统计分析方法[J]. 中国健康教育,2014,30(2):178-181.

[12] 韩铁光,庄润森,吴海清,等. 深圳市小学生健康素养状况调查研究[J]. 医学与社会,2012,25(12):28-30.

[13] Haun J N, Valerio M A, Mccormack L A, et al. Health literacy measurement: an inventory and descriptive summary of 51 instruments [J]. J Health Commun,2014,19(Suppl 2):302-333.

[14] Sorensen K, Van den Broucke S, Pelikan J M, et al. Measuring health literacy in populations: illuminating the design and development process of the european health literacy survey questionnaire (HLS-EU-Q)[J]. BMC Public Health,2013,13:948.

第五章

中学生健康素养评估指标体系研究

一、研究目的与意义

本子课题的研究目的是开发一套适用于中学生的健康素养评估指标体系,研制评估问卷和测评方法。

具体目标如下。

(1) 形成适合我国中学生群体的健康素养评估指标内容,构建中学生健康素养评估指标体系。

(2) 编制一套《中学生健康素养评估问卷》,通过预调查,验证问卷的信度和效度。

(3) 扩大样本调查上海市中学生健康素养水平,研制标准化评价分数体系。

二、研究工作流程和方法

(一) 收集和梳理中学生健康素养评估内容

如图 5-1 所示,首先,根据教育部 2008 年颁发的《中小学健康教育指导纲要》中的有关初中和高中年级学生应掌握的 5 个领域健康知识与技能(健康行为与生活方式、疾病预防、心理健康、生长发育与青春期保健、安全应急与避险),以及教育部 2012 年颁布的《中小学心理健康教育指导纲要》、国家卫计委 2012 年颁布的《中小学健康教育规范(GB/T 18206 - 2011)》等国内规范性文件,梳理出我国中学生人群应该掌握的健康知识和行为技能。

其次,课题组选取上海市 12 名中学老师、卫生和健康教育领域的 5 位专家,采用个人深入访谈、邮件咨询及座谈讨论的方式,围绕这些主题

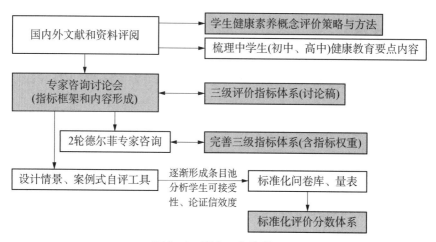

图 5-1 研究工作流程图

进行定性调查：①对于中学生健康素养概念的看法与理解；②当前中学生获取健康信息的途径；③为了保持健康生活方式、预防身心健康问题及合理利用卫生保健服务，中学生在获取、理解、评价和运用健康信息方面的意愿及需求、遇到的困难和困惑；④相对简便而客观地评估中学生在获取、理解、评价和运用健康信息方面能力的方法。

（二）研讨学生健康素养评估指标体系的结构和维度

在文献查阅、专家访谈、课题组内部专题讨论等工作的基础上，课题组进一步召开专题讨论会，研讨中学生健康素养评估指标体系的结构和纬度。

课题组邀请了上海市各级卫生和教育行政及教学、科研、技术部门的专家 25 人。专家们一致认同可以将"生长发育与自我保健""健康生活方式""疾病预防与控制""心理健康""安全应急与避险"及"医疗常识与合理就医"6 个健康内容主题作为一级指标。根据前述健康素养矩阵模型和健康素养的定义，健康素养的 4 个素养能力为：获取、理解、评价和应用。这 4 种能力也是人们处理信息的四大过程。这 4 种能力应该体现在学生接触到的健康内容和生活情境中，因而可以成为二级指标。二级指标下包含不同健康内容的三级指标条目，三级指标是中学生人群应该掌握的具体健康知识和行为技能。经过反复讨论与论证，最终形成了含 6 个一级指标、24 个二级指标及 157 个三级指标的初始指标条目池，体现了健康素养矩阵中医疗服务、疾病预防、健康促进3个领域内容。同时,专家们一致认同,应采用情境题的形式,尽可能结合中学生生活实际情况,采用通俗易懂的语言来编制中学生健康素养评估工具。形成的一级指标和二级指标示意图见图5-2。

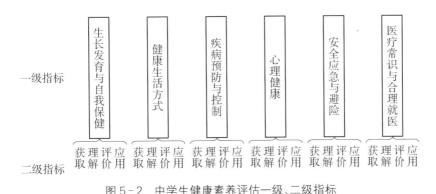

图5-2 中学生健康素养评估一级、二级指标

(三) 论证中学生健康素养评估指标条目的重要性和权重

为了进一步论证上述获得的评估框架内容中每一指标的重要性和权重系数,课题组在全国范围内开展了德尔菲专家咨询。

1. 咨询专家数量和筛选方法 邀请来自全国,分别从事儿少卫生与妇幼保健、预防医学、健康教育与健康传播、心理学、营养与食品卫生学、流行病学、运动人体科学及临床医疗卫生等多个不同领域,本科及以上学历、中高级职称,具有较高的学术水平或丰富工作经验的专家共20位,其中17位专家完成全部两次专家咨询。

2. 实施德尔菲专家咨询 本研究共进行了两轮德尔菲专家咨询,均以电子邮件的形式进行发放和回收。第一轮咨询要求专家对中学生健康素养6个内容维度的健康素养评估末级指标的重要性(1~5级)和适合学段进行评分,若有需要增删的条目也需标注在备注框。专家也对一级指标下的6个健康内容维度和二级指标下的4个素养维度的百分比重进行评判。此外,专家还需要对自己的熟悉程度和判断依据进行大、中、小三等级评判。第一轮咨询表回收后,课题组计算了每1指标的专家评判平均分,并对每1健康素养评估指标进行逐条修改,删除了健康素养代表性评分或可获得性评分低于3.5分的部分指标条目。上述结果随第二轮咨询表反馈给各位专家,要求专家根据上一轮大多数专家意见,再次对每个评估指标的重要性进行评估。

3. 统计方法　采用 EpiData 3.1 软件进行数据录入;采用 Excel 2010 软件和 SPSS 22.0 软件进行数据统计与分析。以问卷的回收率来反映专家的积极性,以 Cr 反映专家权威性,以满分率和相对重要性评分的均数表示专家集中意见程度,以变异系数(用"V"表示)和协调系数(用"W"表示)表示专家意见协调程度,并对协调程度进行多个相关样本的非参数检验。最后计算各指标权重系数。

(四) 编写情境式中学生健康素养自评问卷

针对 6 个不同的健康领域内容,课题组联合卫生和教育各相关专业领域的专家,设计、编写了基于中学生日常生活实际的并反映其健康素养水平的情境式自评问题,最终形成 6 个适合中学生的《中学生健康素养调查》分卷,分别为《生长发育与青春期自我保健》《健康生活方式》《疾病预防与控制》《心理健康》《安全应急与避险》及《医疗常识与合理就医》。

(五) 预调查论证问卷的可读性和信效度

为了进一步论证问卷的可读性、适宜性和完整性,验证这些问卷的信度和效度,以方便抽样方式,在上海市选取中学生样本进行了预调查。每种问卷分别在上海市某一个区选取一个初二班级(约 40 人)、一个高二班级(约 40 人),采用纸笔形式,问卷事先编号,在班级中进行集中匿名填写,充分说明调查的目的和填写方法,力求反映学生健康素养的真实情况。间隔两周后,调查员再次进入同一班级,利用前后两次编号相同技术,对同一批学生进行匿名问卷调查,确保前后两次问卷填写人可匹配。2015 年 12 月,于上海市内 6 个区县进行了第一次预调查,总共调查 405 人,两周后重测人数为 383 人。

为了解学生对调查问卷的感受,在第一次预调查问卷填写后,采用教师提名法,根据学习成绩等级、男女生对半的原则,在每个班级中选取 4~6 名,共 68 名学生,采用半结构式小组访谈,开展面对面访谈。在访谈开始前,调查员介绍调查的背景和意义,解释访谈目的,以期获得学生的配合。访谈提纲如下:问卷的整体感受、出题形式及其可读性、不合理问题条目及测评内容遗漏之处。访谈当场录音,结束后转录成为 Word 文档进行主题分析,及时修正问卷中的不当语言和措辞,最终形成中学生健康素养自评问卷。

两轮预调查完成后,问卷进行统一录入和评分。评分细则如下。

(1) 单选题判断正确得 1 分,判断错误得 0 分,不写算 0 分。

(2) 多选题所有选项判断正确为 1 分,若判断对其中一个或多个选项则得相应分数(例如,一道 4 个选项的多选题,学生只选对了 1 个选项,则得 0.25 分)。计算过程如下:①分别将问卷中的获取、理解、评价及应用 4 个维度的题目筛选出,加和算出每个维度的得分,即为每个维度的原始分数;②每个维度的原始分数统一换算成为百分制分数;③根据之前德尔菲专家咨询得到的每个一级指标下二级指标的权重(表 5-5~表 5-10),4 个维度的百分制分数乘以相应的权重即为素养分数,加和得出相应健康素养总分。之后,分别计算每份问卷的难度、区分度、信度和效度。具体的计算方法见下面相应的结果中。

(六) 扩大样本调查探索标准化评估分数体系

扩大样本调查于 2016 年 6 月进行,方便选取上海市经济发展相对有差距的 6 个区县,每个区随机选取 3 所普通初中和 3 所普通高中,每种问卷在其中 2 个样本区的 6 所普通初中和 6 所普通高中进行。以班级为单位,按照初一至初三、高一至高三年级分层随机,每个样本学校每个年级选取 1 个班级,调查当日所选班级的全部学生集中在学校机房独立完成在线匿名填写,力求反映学生实际情况。问卷一至问卷六的完成人数分别为 858、968、1 300、1 100、1 093 及 1 161 人。统计分析时,计算每份问卷不同年龄、性别的中学生健康素养水平分布,探索中学生健康素养标准化评价体系。

三、研究结果

(一) 德尔菲咨询结果

1. 专家基本情况　邀请的专家来自多个学科领域,包括儿少卫生与妇幼保健、预防医学、健康教育与健康传播、心理学、营养与食品卫生学、流行病学、运动人体科学及临床医疗卫生等。参与第一轮德尔菲专家咨询的专家共 17 人,其中儿少卫生与妇幼保健学专家 7 人,健康教育与健康传播专家 4 人,心理学 2 人,营养与食品卫生学、流行病学、运动人体科学、临床医疗卫生与学校卫生行政各1人。1名健康传播专家和1名儿少卫生专家退出第二轮专家咨询,专家的相关工作年数、职称情况见表5-1。

表5-1 两轮德尔菲法咨询专家的基本情况

项目		第一轮德尔菲咨询		第二轮德尔菲咨询	
		人数	构成比(%)	人数	构成比(%)
职称	中级技术职称	5	29.4	5	33.3
	副高级技术职称	2	11.8	1	6.7
	高级技术职称	10	58.8	9	60.0
相关工作年数	10年及10年以下	2	11.8	2	13.3
	10年以上20年以下(含20年)	5	29.4	4	26.7
	20年以上30年以下(含30年)	9	52.9	8	53.3
合计		17	100.0	15	100.0

2. 专家积极性 专家的积极系数是专家对某研究的关心程度,其计算方法为参与的专家数占全部专家数的百分比,也称回表率。

共选定专家17名,第一轮函询实际参与17名,第二轮函询实际参与15名。从表5-2中可以看出,本次调查两轮专家咨询有效回表率分别是100.0%和88.2%。

表5-2 两轮德尔菲专家咨询回表率

	发出问卷数	收回问卷数	有效回收率(%)
第一轮	17	17	100
第二轮	17	15*	88.2

注：*表示第二轮有2名专家因工作繁忙,退出问卷调查

两轮回表率均大于80%,表明在两轮调查中专家对本次咨询内容感兴趣。

3. 专家权威程度 专家权威程度用专家权威系数(Cr)表示。Cr由

专家对问题的熟悉程度系数(Ca)及专家的判断系数(Cs)的算术均数来表示。专家的权威程度以自我评价为主,专家权威程度越大,说明其判断的科学性越大,其结果可信度越高。根据表5-3的熟悉程度及判断依据的量化赋值,计算发现(表5-4),在第一轮调查中,专家的Cs为0.91,Ca为0.84,Cr为0.88。在第二轮调查中,专家的Cs为0.90,Ca为0.84,Cr为0.87。两轮函询的Cr均大于0.7,表示两轮专家对研究涉及领域的权威程度均较高,咨询结果可信。

表5-3 熟悉程度及判断依据的量化赋值

熟悉程度	量化值	判断依据	影响程度		
			大	中	小
很熟悉	1.0				
熟悉	0.8	理论分析	0.3	0.2	0.1
一般	0.6	实践经验	0.5	0.4	0.3
不熟悉	0.4	国内外同行的了解	0.1	0.1	0.1
很不熟悉	0.2	直觉	0.1	0.1	0.1

表5-4 两轮德尔菲咨询专家Cs、Ca及Cr分值

	专家编号																	均数	Cr
	01	02	03	04	05	06	07	08	09	10	11	12	13	14	15	16	17		
第一轮 Cs	1.0	1.0	0.8	0.9	0.9	0.7	1.0	0.9	1.0	0.6	1.0	0.9	1.0	1.0	0.9	0.9	0.9	0.91	0.88
第一轮 Ca	1.0	0.8	0.8	0.8	0.6	0.8	1.0	0.8	1.0	0.8	1.0	0.8	1.0	0.8	0.8	0.8	0.6	0.84	
第二轮 Cs	0.8	0.9	0.9	—	0.9	0.7	1.0	0.9	—	1.0	0.6	1.0	0.9	1.0	1.0	0.9	1.0	0.90	0.87
第二轮 Ca	1.0	0.8	0.8	—	0.6	0.8	1.0	0.8	—	1.0	0.8	1.0	0.8	1.0	0.8	0.8	0.6	0.84	

4. 专家意见集中程度　专家意见的集中程度主要用重要性得分的均数和满分比表示。根据两轮咨询结果，相对重要性分数＝代表性分数×0.55＋可获得性分数×0.45。

均数的计算公式为：$M_j = \dfrac{1}{m_j} \sum_{j=1}^{m} C_{ij}$。其中，$m_j$ 表示 j 指标的专家数；C_{ij} 表示 i 专家对 j 指标的评分值。M_j 越大，则对应的 j 指标的重要性越高。满分比计算公式为：$K_j = \dfrac{m'_j}{m_j}$。其中，m'_j 表示给满分的专家数。权重的计算由各条目的秩和而来，专家对各三级指标评分排秩，遇相等评分时，取平均等级，最终计算各条目的等级和 S_j。秩和的计算公式为：$S_j = \sum_{i=1}^{m_j} R_{ij}$，其中 S_j 表示 j 指标的等级和；R_{ij} 表示 i 专家对第 j 指标的评价等级。权重 $= S_j / \sum S_j$，也可以推算，S_j 越大，该指标就越重要。

根据第一轮函询专家对中学生健康素养评估体系各指标的意见和建议，课题组对 6 个健康内容维度的素养评估指标进行逐条修改，并删除了健康素养代表性评分，或者可获得性评分低于 3.5 分的部分指标条目。具体汇总如下。

"生长发育与青春期自我保健相关健康素养评估指标的评判"中删除"能够认同并接纳自我的性别角色"。将"理解痤疮的产生原因、预防和应对方法"改为"理解青春痘是青春期内分泌改变过程中的一个常见问题，并懂得适宜的应对方法"。将"懂得健康的异性交往原则，分清友情、爱情和迷恋的区别"改为"懂得人与人之间交往中的分清友情、爱情和迷恋的区别"。

将"健康生活方式相关健康素养评估指标的评判"名称改为"健康相关行为健康素养评估指标的评判"。删除"知道膳食金字塔中的食物分类，理解每类食物所包含的主要营养素和作用，懂得各类食物应当摄入的比例""知道吸烟、烟草烟雾暴露、过量饮酒、吸食毒品和滥用成瘾性药物对人体的健康危害和社会危害"。将"理解一日三餐定时定量、能量摄入比例恰当"改为"理解各类食物摄入比例、一日三餐定时定量、能量摄入比例恰当"。将"知道运动强度（低强度、中等强度及高强度）和耗氧性质（有氧和无氧）的分类及主要作用"改为"知道不同强度身体活动（静态、低强度、中等强度及高强度)特点"。将"能够辨识烟草、酒精、成瘾性药物和毒品使用的成瘾性特点"改为"能够辨识烟草、酒精、成瘾性药物和毒品使用的成瘾性特点,并懂得对人体的健康危害和社会危害"。将"能够判断青少年的日常身体活动习惯(包括体力活动水平和运动量)是否有利于健康,分析日常缺乏身体活动的可能原因"改为"分析日常缺乏身体活动的可能原因,并思考对策"。将"能够根据自己能力与兴趣,规划和实践健康的休闲活动,合理安排生活作息,劳逸结合"改为"能够尽量坚持每天至少1小时中、大强度运动,减少静态行为时间"。

"疾病预防与控制相关健康素养评估指标的评判"中原"艾滋病"相关健康素养指标改为"性病、艾滋病"指标。删除"懂得利用氟元素和窝沟封闭对于预防龋齿的作用""能够分析结核病的相关政策(包括定点医疗、报销医药费)""能够有意识地分析各种近视防治宣传信息的可靠性""能够分析和评价视觉健康对于个人形象和生活质量的影响""有意识地分析各种口腔卫生用品和技术宣传信息的可靠性"。将"懂得经不同途径(虫媒、皮肤黏膜接触、粪口、飞沫及血液体液)传播的传染病种类、特点和阻断原则"改为"懂得常见传染病(乙脑、疥疮、肺结核、肝炎和艾滋病)的传播途径"。将"知道艾滋病的主要传播途径"改为"知道性病、艾滋病的主要传播途径(强调男男同性性行为增加感染风险)"。将"知道近视矫治主要方法的基本原理和适应证(框架眼镜、OK镜、阿托品及激光手术)"改为"懂得使用框架眼镜矫正视力的基本原理和卫生注意事项"。将"能够正确选用口腔卫生用品"中加入"含氟牙膏的作用"。

"心理健康相关健康素养评估指标的评判"中删除"能够分析评价人际关系现状(包括亲子关系、师生关系、朋辈关系)及其对自己情绪、心理行为的影响""终身学习""具有创造性思维,能充分开发学习的潜能,开展相关研究性学习"和"管理情绪的办法(包括再评估、问题解决、接纳、压抑、回避及反复回忆等)"。将"能够根据不同生活情境分析压力来源,包括生理、心理、环境等多方面"改为"能够分析日常学习生活中压力来源(生理、心理、人际关系等生活方面)"。将"能够积极地应对压力"扩充为"能够积极地应对压力,提高承受挫折、应对挫折的能力,形成良好意志品质"。新增加一项"能够察觉到需专业帮助(心理咨询、心理治疗)的焦虑、抑郁等情绪问题"。

"安全应急与避险相关健康素养评估指标的评判"中,删除了"能够合理分析科技发展对人际互动所带来的正面和负面影响"。将"能够采取措施积极应对各种网络欺负"改为"能够做到不参与各种网络欺负行为"。将"能够采取必要的措施保护自己,避免遭受性侵害"和"面对性骚扰、性侵害时具有应变能力,具备危机处理技巧"合并为"能够采取必要的措施保护自己,面对性骚扰、性侵害时具有应变能力,具备危机处理技巧,避免遭受性侵害"。

"医疗常识与合理就医相关健康素养评估指标的评判"中删除"理解分级诊疗体系的含义","理性看待便宜的药和贵的药、口服药和静脉注射药"和"能够分析当前我国慢性病(心脑血管疾病、恶性肿瘤、糖尿病)的流行趋势(发病率越来越高、越来越年轻化)"。

由表5-5可见"生长发育与青春期保健相关健康素养评估指标的评判"中,第一轮咨询所有条目的重要性平均得分最小为3.65,最大为4.53,满分比最小为0,最大为0.47;第二轮咨询所有条目的重要性平均得分最小为3.70,最大为4.74,满分比最小为0,最大为0.67。综合第一、二轮咨询结果,二级指标的权重如下:获取维度0.14,理解维度0.46,分析评价维度0.13,运用维度0.27。

由表5-6可知"健康生活方式相关健康素养评估指标的评判"中,第一轮咨询结果所有条目的重要性平均得分最小为3.62,最大为4.62,满分比最小为0,最大为0.47;第二轮咨询结果的"健康相关行为健康素养评估指标的评判"中,所有条目的重要性平均得分最小为3.74,最大为4.66,满分比最小为0,最大为0.53。综合第一、二轮咨询结果,二级指标的权重如下:获取维度0.18,理解维度0.40,分析评价维度0.11,运用维度0.31。

由表5-7可知"疾病预防与控制相关健康素养评估指标的评判"中,第一轮咨询结果所有条目的重要性平均得分最小为3.23,最大为4.80,满分比最小为0,最大为0.76;第二轮咨询结果所有条目的重要性平均得分最小为3.60,最大为4.77,满分比最小为0,最大为0.47。综合第一、二轮咨询结果,二级指标的权重如下:获取维度0.15,理解维度0.43,分析评价维度0.14,运用维度0.28。

由表5-8可知"心理健康相关健康素养评估指标的评判"中,第一轮咨询所有条目的重要性平均得分最小为3.84,最大为4.36,满分比最小为0.06,最大为0.29;第二轮咨询结果所有条目的重要性平均得分最小为3.73,最大为4.36,满分比最小为0,最大为0.13。综合第一、二轮咨询结果,二级指标的权重如下:获取维度0.15,理解维度0.24,分析评价维度0.13,运用维度0.48。

由表5-9可知"安全应急与避险相关健康素养评估指标的评判"中,第一轮咨询中所有条目的重要性平均得分最小为3.83,最大为4.68,满分比最小为0.12,最大为0.59;第二轮咨询所有条目的重要性平均得分最小为3.86,最大为4.66,满分比最小为0,最大为0.40。综合第一、二轮咨询结果,二级指标的权重如下:获取维度0.15,理解维度0.26,分析评价维度0.18,运用维度0.41。

从表5-10可知"医疗常识与合理就医相关健康素养评估指标的评判"中,第一轮咨询所有条目的重要性平均得分最小为3.58,最大为4.74,满分比最小为0.12,最大为0.71;第二轮咨询中所有条目的重要性平均得分最小为3.55,最大为4.68,满分比最小为0,最大为0.6。综合第一、二轮咨询结果,二级指标的权重如下:获取维度0.12,理解维度0.29,分析评价维度0.11,运用维度0.48。

纵观表5-5～表5-10,相对第一轮结果而言,第二轮大部分条目的重要性均分均有所提高。虽分数仍有高低,但所有条目的重要性均分均大于3.5。"生长发育与青春期保健""健康相关行为""疾病预防与控制"的二级指标的权重为理解＞运用＞获取＞评价;"心理健康""医疗常识与合理就医"的权重比重为运用＞理解＞获取＞评价;"安全应急与避险"的权重比重为运用＞理解＞评价＞获取。这提示我们,在构建评估指标时,应根据各主题内容和不同维度侧重点的不同,由指标体系二级指标或三级指标的权重系数给予相应分值。

5. 专家意见协调程度　专家意见的协调程度主要用变异系数(V)和协调系数(W)来表示。各条目的V说明专家对这一服务内容重要性评价的波动程度,V越小,说明专家的协调程度越高。W反映了全部专家对所有条目的评价意见的一致性,取值范围为0～1。W越大,表明专家的意见越统一,协调程度越高。

表 5-5 中学生生长发育与自我保健健康素养评估指标重要性及权重系数

一级指标	二级指标	三级指标	第一轮咨询 相对重要性均分(M_j)	满分比(K_j)	等级秩和(S_j)	权重	第二轮咨询 相对重要性均分(M_j)	满分比(K_j)	等级秩和(S_j)	权重
生长发育与青春期保健	获取	知识渠道	4.49	0.41	194.50	0.134 0				0.144 1
		信息获取	4.15	0.18	147.50	0.076 2	4.64	0.33	183.00	0.089 7
	理解	生长规律	4.45	0.47	185.50	0.057 8	4.25	0.07	111.00	0.054 4
		月经、遗精	4.31	0.33	171.00	0.456 0				0.471 4
		青春痘	3.95	0.19	113.00	0.072 7	4.74	0.67	185.50	0.090 9
		生命起源与避孕	4.38	0.18	181.00	0.067 0	4.62	0.40	179.50	0.088 0
		性别优势互补	3.65	0.00	85.50	0.044 3	3.98	0.00	89.00	0.043 6
		青春期心理特点	3.96	0.18	134.50	0.070 9	4.50	0.13	167.00	0.081 9
		性梦、手淫原因	4.01	0.18	126.50	0.033 5	3.70	0.00	50.50	0.024 8
		情感的区分	4.20	0.12	167.00	0.052 7	4.00	0.00	98.00	0.048 0
	评价					0.049 5	4.00	0.00	101.50	0.049 8
		性生殖健康观念	4.24	0.19	160.00	0.065 4	4.02	0.00	90.50	0.044 4
						0.124 6				0.129 7
						0.062 7	4.19	0.00	126.00	0.061 8

（续表）

一级指标	二级指标	三级指标	第一轮咨询				第二轮咨询			
			相对重要性均分(M_j)	满分比(K_j)	等级秩和(S_j)	权重	相对重要性均分(M_j)	满分比(K_j)	等级秩和(S_j)	权重
		正确评价性行为	4.10	0.18	158.00	0.0619	4.26	0.00	138.50	0.0679
	运用	性器官护理	4.53	0.47	205.00	0.2856	4.57	0.20	173.00	0.2549
		悦纳身体	4.03	0.19	123.50	0.0803	4.11	0.07	109.50	0.0848
		性别角色	3.68	0.06	89.00	0.0484	4.05	—	89.50	0.0537
		处理异性情感	4.01	0.12	134.50	0.0347	—	0.07	—	0.0439
		性骚扰、性侵害	4.29	0.24	177.00	0.0527	4.34	0.07	148.00	0.0725

表5-6 中学生健康相关行为健康素养评估指标重要性及权重系数

一级指标	二级指标	三级指标	第一轮咨询				第二轮咨询			
			相对重要性均分(M_j)	满分比(K_j)	等级秩和(S_j)	权重	相对重要性均分(M_j)	满分比(K_j)	等级秩和(S_j)	权重
健康相关行为	获取					0.1593				0.1959
		休息、睡眠信息	4.27	0.24	286.5	0.0350	4.43	0.33	263.0	0.0464
		健康饮食和运动	4.56	0.41	369.0	0.0451	4.66	0.53	308.5	0.0544

(续表)

一级指标	二级指标	三级指标	第一轮咨询				第二轮咨询			
			相对重要性均分(M_j)	满分比(K_j)	等级秩和(S_j)	权重	相对重要性均分(M_j)	满分比(K_j)	等级秩和(S_j)	权重
		食品卫生信息	4.18	0.29	274.5	0.033 6	4.26	0.20	213.0	0.037 6
		成瘾性物质信息	4.58	0.47	373.0	0.045 6	4.63	0.33	326.0	0.057 5
	理解					0.424 0				0.369 4
		中学生睡眠时间	4.62	0.47	383.5	0.046 9	4.58	0.33	298.0	0.052 6
		睡眠不足危害	4.47	0.41	349.5	0.042 7	4.61	0.40	313.5	0.055 3
		食物摄入	4.27	0.24	289.5	0.035 4	4.36	0.33	248.0	0.043 7
		零食选用	4.29	0.29	303.5	0.037 1	—	—	—	—
		身体活动强度	4.19	0.18	267.5	0.032 7	4.12	0.07	182.5	0.032 2
		运动强度	4.14	0.29	258.5	0.031 6	4.06	0.00	169.5	0.029 9
		个人体质状况	3.62	0.06	155.5	0.019 0	—	—	—	—
		运动伤害	4.13	0.18	253.0	0.030 9	4.23	0.20	215.5	0.038 0
		食物中毒	4.28	0.35	284.5	0.034 8	4.23	0.13	222.5	0.039 2
		食品标签	4.21	0.24	277.0	0.033 9	4.16	0.13	209.5	0.036 9

(续表)

一级指标	二级指标	三级指标	第一轮咨询 相对重要性均分(M_j)	第一轮咨询 满分比(K_j)	第一轮咨询 等级秩和(S_j)	权重	第二轮咨询 相对重要性均分(M_j)	第二轮咨询 满分比(K_j)	第二轮咨询 等级秩和(S_j)	权重
		成瘾性物质特点	4.15	0.35	281.0	0.0344	4.28	0.13	236.0	0.0416
		成瘾性物质危害	4.55	0.41	365.0	0.0446	—	—	—	—
	评价					0.1221				0.0963
		不健康休息原因	3.95	0.24	210.0	0.0257	3.93	0.00	132.0	0.0233
		饮食习惯	3.94	0.12	189.0	0.0231	3.84	0.00	111.0	0.0196
		缺乏体力活动原因	4.11	0.18	260.5	0.0319	3.77	0.00	95.5	0.0168
		食品安全信息	3.87	0.00	168.5	0.0206	3.83	0.00	110.5	0.0195
		使用成瘾性物质原因	3.82	0.06	170.5	0.0208	3.74	0.00	97.0	0.0171
	运用					0.2945				0.3383
		规划实践休闲活动	4.35	0.18	314.5	0.0385	4.29	0.00	246.5	0.0435
		提高睡眠质量	3.93	0.06	204.5	0.0250	3.96	0.00	143.5	0.0253
		合理设计一日三餐	4.08	0.18	239.0	0.0292	4.02	0.00	167.5	0.0295
		控制零食摄取	4.17	0.18	270.0	0.0330	4.15	0.07	195.5	0.0345

（续表）

一级指标	二级指标	三级指标	第一轮咨询				第二轮咨询			
			相对重要性均分(M_j)	满分比(K_j)	等级秩和(S_j)	权重	相对重要性均分(M_j)	满分比(K_j)	等级秩和(S_j)	权重
		培养运动爱好	4.16	0.06	254.5	0.0311	4.27	0.07	244.0	0.0430
		选择体育健身环境	4.16	0.12	259.0	0.0317	4.26	0.00	219.0	0.0386
		读懂食品标签	4.26	0.24	260.0	0.0318	4.18	0.13	206.0	0.0363
		改变不健康饮食行为	4.44	0.47	332.5	0.0407	4.49	0.27	287.5	0.0507
		拒绝成瘾性物质	4.28	0.24	274.0	0.0335	4.19	0.00	209.0	0.0369

表5-7 中学生疾病预防与控制健康素养评估指标重要性及权重系数

一级指标	二级指标	三级指标	第一轮咨询				第二轮咨询			
			相对重要性均分(M_j)	满分比(K_j)	等级秩和(S_j)	权重	相对重要性均分(M_j)	满分比(K_j)	等级秩和(S_j)	权重
疾病预防与控制	获取					0.1389				0.1636
		传染病相关知识	4.43	0.29	483.0	0.0267	4.43	0.27	406.0	0.0330
		性病、艾滋病知识	4.36	0.29	461.5	0.0255	4.34	0.13	355.5	0.0289
		眼病知识	4.51	0.35	527.0	0.0292	4.37	0.20	389.0	0.0316

(续表)

一级指标	二级指标	三级指标	第一轮咨询 相对重要性均分(M_j)	满分比(K_j)	等级秩和(S_j)	权重	第二轮咨询 相对重要性均分(M_j)	满分比(K_j)	等级秩和(S_j)	权重
		口腔疾病知识	4.46	0.29	502.0	0.027 8	4.49	0.33	432.0	0.035 1
		控制体重知识	4.57	0.41	537.0	0.029 7	4.54	0.40	430.0	0.035 0
	理解					0.423 4				0.437 7
		传染病概念	4.42	0.47	498.5	0.027 6	4.35	0.27	376.0	0.030 6
		传染病传播途径	4.03	0.25	330.0	0.018 3	3.92	0.07	195.5	0.015 9
		肺结核诊断	4.12	0.29	414.0	0.022 9	4.13	0.13	291.0	0.023 7
		性病、艾滋病传播途径	4.80	0.76	618.0	0.034 2	4.73	0.47	514.5	0.041 8
		艾滋感染者和患者区别	4.37	0.35	458.0	0.025 3	4.48	0.13	407.0	0.033 1
		青少年常见眼病	4.36	0.29	470.5	0.026 0	4.35	0.13	373.0	0.030 3
		眼传染病防治	4.21	0.29	432.0	0.023 9	4.23	0.13	327.5	0.026 6
		高度近视	4.21	0.29	411.0	0.022 7	4.26	0.13	337.0	0.027 4
		阻止近视发展做法及原理	4.26	0.24	439.5	0.024 3	4.37	0.13	391.0	0.031 8
		眼镜矫正近视原理	3.97	0.19	298.5	0.016 5	4.00	0.00	212.0	0.017 2

(续表)

一级指标	二级指标	三级指标	第一轮咨询 相对重要性均分(M_j)	满分比(K_j)	等级秩和(S_j)	权重	第二轮咨询 相对重要性均分(M_j)	满分比(K_j)	等级秩和(S_j)	权重
		眼药水使用和保存要点	4.18	0.35	416.0	0.023 0	4.01	0.00	227.5	0.018 5
		青少年常见口腔疾病	4.27	0.31	398.0	0.022 0	4.14	0.00	280.0	0.022 8
		牙菌斑作用机理	4.04	0.25	329.5	0.018 2	3.66	0.00	97.5	0.007 9
		牙菌斑去除方法	4.34	0.29	442.0	0.024 5	4.11	0.13	269.0	0.021 9
		防龋措施	3.81	0.19	240.5	0.013 3	—	—	—	—
		体型判断	4.51	0.29	527.0	0.029 2	4.33	0.13	327.5	0.026 6
		超重、肥胖原因	4.51	0.53	522.5	0.028 9	4.62	0.33	455.0	0.037 0
		不健康减重方法	4.19	0.29	408.0	0.022 6	4.25	0.20	302.0	0.024 6
	评价					0.162 8				0.115 1
		媒体传染病信息可靠性	3.81	0.06	227.0	0.012 6	3.96	0.07	198.5	0.016 1
		结核病政策	3.23	0.00	91.0	0.005 0	—	—	—	—
		感染艾滋病病毒行为	4.30	0.18	449.5	0.024 9	4.26	0.00	326.0	0.026 5
		近视防治信息可靠性	3.73	0.18	267.0	0.014 8	—	—	—	—

（续表）

一级指标	二级指标	三级指标	第一轮咨询			第二轮咨询		
			相对重要性均分(M_j)	满分比(K_j)	等级秩和(S_j)	权重	相对重要性均分(M_j)	满分比(K_j)	等级秩和(S_j)	权重

一级指标	二级指标	三级指标	相对重要性均分(M_j)	满分比(K_j)	等级秩和(S_j)	权重	相对重要性均分(M_j)	满分比(K_j)	等级秩和(S_j)	权重
		视觉健康的重要性	3.35	0.06	160.5	0.008 9	—	—	—	—
		健康用眼行为习惯	4.11	0.24	406.0	0.022 5	4.05	0.00	251.0	0.020 4
		口腔卫生的重要性	3.89	0.24	300.0	0.016 6	—	—	—	—
		口腔卫生技术宣传可靠性	3.41	0.00	137.0	0.007 6	—	—	—	—
		不健康口腔卫生习惯	4.14	0.24	394.0	0.021 8	4.08	0.00	266.0	0.021 6
		悦纳自我体型	3.89	0.18	309.0	0.017 1	3.90	0.00	204.5	0.016 6
		减肥信息可靠性	3.66	0.06	199.0	0.011 0	3.82	0.00	170.5	0.013 9
	运用					0.275 0				0.283 4
		传染病个人卫生防护	4.64	0.59	557.0	0.030 8	4.77	0.47	501.5	0.040 8
		增强公共卫生意识和行为	4.50	0.41	510.0	0.028 2	4.57	0.27	444.5	0.036 1
		正确对待艾滋病患者	4.50	0.41	482.5	0.026 7	4.59	0.27	443.0	0.036 0
		定期视力和（或）屈光检查	4.31	0.47	470.5	0.026 0	4.27	0.13	336.0	0.027 3
		改变不良用眼习惯动机	3.71	0.18	293.5	0.016 2	3.74	0.00	144.0	0.011 7

(续表)

一级指标	二级指标	三级指标	第一轮咨询 相对重要性均分(M_j)	第一轮咨询 满分比(K_j)	第一轮咨询 等级秩和(S_j)	权重	第二轮咨询 相对重要性均分(M_j)	第二轮咨询 满分比(K_j)	第二轮咨询 等级秩和(S_j)	权重
		遵医嘱矫正屈光不正	4.12	0.29	402.0	0.022 2	3.96	0.00	236.5	0.019 2
		应对眼部意外伤害	4.18	0.29	398.5	0.022 0	4.12	0.00	269.5	0.021 9
		改变不良口腔习惯动机	3.56	0.18	227.5	0.012 6	3.60	0.00	115.5	0.009 4
		选用正确口腔卫生用品	4.31	0.47	474.5	0.026 3	4.24	0.07	304.0	0.024 7
		定期接受健康检查	4.02	0.35	396.0	0.021 9	3.85	0.00	167.5	0.013 6
		应对牙齿意外伤害	4.12	0.24	365.0	0.020 2	3.89	0.00	209.5	0.017 0
		运用正确减重方法	4.21	0.24	395.0	0.021 9	4.28	0.00	316.5	0.025 7

表 5-8　中学生心理健康指标重要性及权重系数

一级指标	二级指标	三级指标	第一轮咨询 相对重要性均分(M_j)	第一轮咨询 满分比(K_j)	第一轮咨询 等级秩和(S_j)	权重	第二轮咨询 相对重要性均分(M_j)	第二轮咨询 满分比(K_j)	第二轮咨询 等级秩和(S_j)	权重
心理健康	获取					0.144 4				0.153 6
		获取适应学习相关信息	4.11	0.24	207.5	0.044 2	4.23	0.07	176.5	0.046 5

(续表)

一级指标	二级指标	三级指标	第一轮咨询 相对重要性均分(M_j)	第一轮咨询 满分比(K_j)	第一轮咨询 等级秩和(S_j)	权重	第二轮咨询 相对重要性均分(M_j)	第二轮咨询 满分比(K_j)	第二轮咨询 等级秩和(S_j)	权重
		获取维持人际关系信息	4.16	0.18	217.0	0.046 2	4.27	0.00	192.5	0.050 7
		获取应对压力调节情绪信息	4.30	0.29	253.5	0.054 0	4.33	0.07	214.0	0.056 4
	理解					0.222 4				0.255 9
		科学学习策略方法	4.22	0.12	228.5	0.048 7	4.36	0.07	202.5	0.053 4
		考试压力调试方法	4.22	0.18	233.0	0.049 7	4.36	0.07	215.0	0.056 7
		正确认识人际圈	4.19	0.29	229.0	0.048 8	4.34	0.13	214.0	0.056 4
		认识情绪	3.96	0.12	162.5	0.034 6	4.15	0.07	170.5	0.044 9
		压力的积极和消极影响	4.03	0.24	190.5	0.040 6	4.15	0.07	169.0	0.044 5
	评价					0.151 5				0.110 6
		具备正确学习动机	4.07	0.18	201.5	0.042 9	4.14	0.13	166.0	0.043 7
		分析确立职业意向	4.01	0.12	185.0	0.039 4	4.01	0.07	137.5	0.036 2
		分析评价人际关系现状	3.96	0.06	171.5	0.036 6	—	—	—	—

(续表)

一级指标	二级指标	三级指标	第一轮咨询 相对重要性均分 (M_j)	第一轮咨询 满分比 (K_j)	第一轮咨询 等级秩和 (S_j)	权重	第二轮咨询 相对重要性均分 (M_j)	第二轮咨询 满分比 (K_j)	第二轮咨询 等级秩和 (S_j)	权重
		分析压力来源	3.84	0.12	153.0	0.032 6	3.90	0.07	116.5	0.030 7
	运用					0.481 6				0.479 8
		具备学习毅力	4.16	0.18	223.5	0.047 6	4.18	0.07	174.5	0.046 0
		能够适应学习环境和要求	4.21	0.24	232.5	0.049 6	4.15	0.07	174.0	0.045 8
		具备自主学习能力	4.20	0.12	231.5	0.049 3	4.29	0.07	205.5	0.054 2
		具备创造性思维	3.90	0.06	148.0	0.031 5	—	—	—	—
		具备正确人际沟通能力	4.19	0.29	228.0	0.048 6	4.30	0.00	203.0	0.053 5
		正确处理同伴关系	4.23	0.18	234.0	0.049 9	4.35	0.07	226.0	0.059 6
		正确处理师生关系	4.36	0.29	265.0	0.056 5	3.95	0.00	197.5	0.052 0
		正确处理亲子关系	4.14	0.12	204.0	0.043 5	4.22	0.13	181.5	0.047 8
		辨析并合理表达情绪	4.07	0.12	179.5	0.038 3	4.12	0.07	165.0	0.043 5
		情绪管理	3.84	0.06	140.0	0.029 8	3.84	0.07	98.0	0.025 8
		积极应对压力	3.95	0.12	173.5	0.037 0	3.93	0.00	116.5	0.030 7
		有需要专业帮助的意识	第二轮增加				3.73	0.07	79.5	0.020 9

表 5-9　中学生安全应急与避险指标重要性及权重系数

一级指标	二级指标	三级指标	第一轮咨询 相对重要性均分 (M_j)	满分比 (K_j)	等级秩和 (S_j)	权重	第二轮咨询 相对重要性均分 (M_j)	满分比 (K_j)	等级秩和 (S_j)	权重
安全应急与避险	获取					0.1384				0.1534
		获取环境中可能危险因素信息	4.34	0.29	217.5	0.0428	4.39	0.07	201.0	0.0530
		寻找安全使用网络信息	4.46	0.24	248.0	0.0489	4.32	0.07	183.0	0.0482
		获取应对避免性侵害原因	4.41	0.29	237.0	0.0467	4.36	0.00	198.0	0.0522
	理解					0.2320				0.2817
		常见危险标识	4.68	0.59	295.0	0.0581	4.66	0.40	261.0	0.0688
		安全使用网络方法	4.42	0.29	239.5	0.0472	4.28	0.33	179.5	0.0473
		网络交友和网络成瘾的危害	4.41	0.24	228.5	0.0450	4.51	0.13	240.0	0.0632
		网络欺负行为的形式和危害	4.26	0.24	196.0	0.0386	4.28	0.00	187.0	0.0493
		知道性骚扰和约会性侵害	4.33	0.24	219.0	0.0431	4.37	0.07	201.5	0.0531
	评价					0.1803				0.1749
		日常运动中潜在安全因素	4.22	0.24	200.5	0.0395	4.22	0.00	158.0	0.0416

（续表）

一级指标	二级指标	三级指标	第一轮咨询 相对重要性均分(M_j)	第一轮咨询 满分比(K_j)	第一轮咨询 等级秩和(S_j)	第一轮咨询 权重	第二轮咨询 相对重要性均分(M_j)	第二轮咨询 满分比(K_j)	第二轮咨询 等级秩和(S_j)	第二轮咨询 权重
		日常交通中潜在安全因素	4.39	0.24	233.5	0.0460	4.42	0.07	213.5	0.0563
		人员聚集场所潜在安全因素	4.17	0.18	181.5	0.0358	4.24	0.07	166.0	0.0437
		科技发展的正负面影响	3.87	0.12	104.5	0.0206	—	—	—	—
		日常环境中性侵害危险因素	4.24	0.18	195.0	0.0384	4.07	0.00	126.5	0.0333
	运用					0.4493				0.3899
		远离生活环境的危险区域	4.47	0.41	254.5	0.0501	4.26	0.00	176.5	0.0465
		火灾和（或）地震正确逃生措施	4.57	0.47	275.0	0.0542	4.47	0.33	216.5	0.0570
		小伤病院前处理	4.42	0.47	240.0	0.0473	4.38	0.33	200.5	0.0528
		生命危机状态紧急救助	4.26	0.35	208.0	0.0410	4.28	0.13	177.5	0.0468
		预防和控制网络成瘾	4.21	0.18	196.0	0.0386	4.19	0.00	154.0	0.0406
		规避网络诈骗和网络交流陷阱	4.09	0.18	163.5	0.0322	3.87	0.00	77.5	0.0204

第五章 中学生健康素养评估指标体系研究

(续表)

一级指标	二级指标	三级指标	第一轮咨询				第二轮咨询			
			相对重要性均分(M_j)	满分比(K_j)	等级秩和(S_j)	权重	相对重要性均分(M_j)	满分比(K_j)	等级秩和(S_j)	权重
		不参与网络欺负	3.83	0.12	116.5	0.0230	3.86	0.00	74.5	0.0196
		免遭性侵害	4.37	0.24	237.5	0.0468	4.25	0.00	170.5	0.0449
		面对色情资讯自我控制能力	4.11	0.18	159.5	0.0314	4.07	0.00	118.0	0.0311
		拒绝约会性侵害	4.24	0.24	205.5	0.0405	4.01	0.00	114.5	0.0302
		性侵害危机处理应变能力	4.35	0.24	224.5	0.0442	—	—	—	—

表5-10 中学生医疗常识与合理就医指标重要性及权重系数

一级指标	二级指标	三级指标	第一轮咨询				第二轮咨询			
			相对重要性均分(M_j)	满分比(K_j)	等级秩和(S_j)	权重	相对重要性均分(M_j)	满分比(K_j)	等级秩和(S_j)	权重
医疗常识与合理就医	获取					0.1282				0.1197
		获取医疗卫生常识	4.33	0.24	155.50	0.0617	4.07	0.00	90.5	0.0503
		获取医疗机构服务信息	4.36	0.44	167.50	0.0665	4.33	0.20	125.0	0.0694
	理解					0.3097				0.2661

（续表）

一级指标	二级指标	三级指标	第一轮咨询 相对重要性均分(M_j)	第一轮咨询 满分比(K_j)	第一轮咨询 等级秩和(S_j)	第一轮咨询 权重	第二轮咨询 相对重要性均分(M_j)	第二轮咨询 满分比(K_j)	第二轮咨询 等级秩和(S_j)	第二轮咨询 权重
		常见医学词汇和用语含义	3.99	0.18	109.50	0.043 5	3.92	0.00	69.5	0.038 6
		基本生命特征测量含义	4.65	0.53	206.50	0.081 9	4.65	0.47	171.5	0.095 3
		处方和(或)非处方药、保健品含义	4.35	0.35	163.50	0.064 9	4.12	0.07	102.5	0.056 9
		看懂药品说明书	4.18	0.35	148.00	0.058 7	4.03	0.00	94.0	0.052 2
		理解分级医疗体系	3.58	0.12	65.50	0.026 0	—	—	—	—
		医疗保险	3.82	0.18	87.50	0.034 7	3.55	0.00	41.5	0.023 1
	评价	慢性病流行趋势、健康四大基石	3.95	0.18	105.00	0.112 9	—	—	—	0.095 0
		药品价格和药物品质的关系	3.77	0.19	85.00	0.041 7	4.20	0.00	118.0	0.065 6
		理性对待诊结果	3.93	0.13	94.50	0.033 7	3.75	0.00	53.0	0.029 4
	应用					0.037 5				0.519 1
		体温测量方法	4.74	0.71	222.50	0.088 3	4.65	0.53	170.0	0.094 4

(续表)

一级指标	二级指标	三级指标	第一轮咨询				第二轮咨询			
			相对重要性均分(M_j)	满分比(K_j)	等级秩和(S_j)	权重	相对重要性均分(M_j)	满分比(K_j)	等级秩和(S_j)	权重
		脉搏和(或)呼吸频率测量方法	4.71	0.71	218.00	0.086 5	4.68	0.60	172.0	0.095 6
		血压测量方法	4.43	0.53	172.00	0.068 3	4.42	0.33	143.0	0.079 4
		遵医嘱服药	4.40	0.47	182.50	0.072 4	4.44	0.12	148.0	0.082 2
		正确到医疗机构就医	4.42	0.38	160.50	0.063 7	4.46	0.24	149.0	0.082 8
		发热或腹泻到专门门诊就医	4.54	0.41	176.50	0.070 0	4.48	0.33	152.5	0.084 7

变异系数(V_j)的计算公式为：$V_j = \dfrac{\sigma_j}{M_j}$。其中，$\sigma_j$ 表示 j 条目的标准差；M_j 表示 j 条目的均数。V_j 说明 m 个专家对于 j 个条目的协调程度。V_j 越小，说明专家协调程度越高。专家意见 W 的计算公式为：

$$W = \dfrac{12}{m^2(n^3-n)} \sum_{j=1}^{n} d_j^2$$

n 表示条目数，m 表示专家数，d_j 表示第 j 个指标重要性评分的等级和(S_j)与全部指标重要性评分等级和($\overline{S}$)的算术平均值之差，即，$d_j = S_j - \overline{S}$。W 说明全部 m 个专家对全部 n 个指标的协调程度，W 为 0~1，W 越大，表示协调程度越好。

(1) 两轮咨询各评估指标 V 和一级指标 W：根据计算可得（表 5-11），在"生长发育与青春期保健相关健康素养评估指标的评判"中，第一轮各条目 V 最小为 0.09，最大为 0.20，W 为 0.19；第二轮 V 最小为 0.06，最大为 0.13，W 为 0.37。

表 5-11 中学生生长发育与青春期保健健康素养评估指标 V 与 W

一级指标	二级指标	三级指标	第一轮咨询		第二轮咨询	
			V	W	V	W
				0.19		0.37
生长发育与青春期保健	获取	知识渠道	0.12		0.07	
		信息获取	0.15		0.09	
	理解	生长规律	0.15		0.09	
		月经、遗精	0.15		0.08	
		青春痘	0.18		0.09	
		生命起源与避孕	0.09		0.07	
		性别优势互补	0.16		0.12	
		青春期心理特点	0.20		0.11	
		性梦、手淫原因	0.16		0.13	
		情感的区分	0.11		0.09	

(续表)

一级指标	二级指标	三级指标	第一轮咨询		第二轮咨询	
			V	W	V	W
	评价	性生殖健康观念	0.13		0.11	
		正确评价性行为	0.15		0.07	
	运用	性器官护理	0.12		0.06	
		悦纳身体	0.17		0.13	
		性别角色	0.20		0.09	
		处理异性情感	0.15		0.08	
		性骚扰、性侵害	0.11		0.07	

由表5-12可知,在"健康相关行为相关健康素养评价指标的评判"中,第一轮各条目V最小为0.10,最大为0.32,W为0.18;第二轮各条目V最小为0.07,最大为0.13,W为0.36。

表5-12　中学生健康相关行为健康素养评估指标V与W

一级指标	二级指标	三级指标	第一轮咨询		第二轮咨询	
			V	W	V	W
				0.18		0.36
健康相关行为	获取	休息、睡眠信息	0.13		0.11	
		健康饮食和运动	0.10		0.09	
		食品卫生信息	0.17		0.13	
		成瘾性物质信息	0.11		0.08	
	理解	中学生睡眠时间	0.10		0.09	
		睡眠不足危害	0.13		0.08	
		食物摄入	0.14		0.12	
		零食选用	0.15			
		身体活动强度	0.16		0.10	
		运动强度	0.17		0.08	

(续表)

一级指标	二级指标	三级指标	第一轮咨询 V	第一轮咨询 W	第二轮咨询 V	第二轮咨询 W
		个人体质状况	0.20			
		运动伤害	0.15		0.13	
		食物中毒	0.18		0.11	
		食品标签	0.17		0.12	
		成瘾性物质特点	0.21		0.12	
		成瘾性物质危害	0.10			
	评价	不健康休息原因	0.18		0.07	
		饮食习惯	0.15		0.08	
		缺乏体力活动原因	0.17		0.11	
		食品安全信息	0.12		0.11	
		使用成瘾性物质原因	0.32		0.11	
	运用	规划实践休闲活动	0.12		0.06	
		提高睡眠质量	0.14		0.10	
		合理设计一日三餐	0.15		0.12	
		控制零食摄取	0.14		0.10	
		培养运动爱好	0.10		0.12	
		选择体育健身环境	0.13		0.07	
		读懂食品标签	0.28		0.10	
		改变不健康饮食行为	0.13		0.10	
		拒绝成瘾性物质	0.13		0.11	

在"疾病预防与控制相关健康素养评价指标的评判"中,第一轮结果各条目 V 最小为 0.09,最大为 0.29,W 为 0.31;第二轮 V 最小为 0.06,最大为 0.17,W 为 0.43(表 5-13)。

表 5-13 中学生疾病预防与控制健康素养评价指标 V 与 W

一级指标	二级指标	三级指标	第一轮咨询 V	第一轮咨询 W	第二轮咨询 V	第二轮咨询 W
				0.31		0.43
疾病预防与控制	获取	传染病相关知识	0.12		0.11	
		性病、艾滋病知识	0.15		0.10	
		眼病知识	0.10		0.11	
		口腔疾病知识	0.10		0.11	
		控制体重知识	0.09		0.12	
	理解	传染病概念	0.16		0.12	
		传染病传播途径	0.21		0.12	
		肺结核诊断	0.19		0.14	
		性病、艾滋病传播途径	0.10		0.06	
		艾滋病感染者和患者区别	0.15		0.07	
		青少年常见眼病	0.12		0.09	
		眼传染病防治	0.16		0.11	
		高度近视	0.16		0.11	
		阻止近视发展做法原理	0.15		0.10	
		眼镜矫正近视原理	0.20		0.09	
		眼药水使用和保存要点	0.18		0.09	
		青少年常见口腔疾病	0.15		0.07	
		牙菌斑作用机理	0.20		0.12	

(续表)

一级指标	二级指标	三级指标	第一轮咨询 V	W	第二轮咨询 V	W
		牙菌斑去除方法	0.14		0.16	
		防龋措施	0.18			
		体型判断	0.09		0.10	
		超重、肥胖原因	0.13		0.07	
		不健康减重方法	0.17		0.10	
	评价	媒体传染病信息可靠性	0.18		0.11	
		结核病政策	0.22			
		感染艾滋病病毒行为	0.13		0.10	
		近视防治信息可靠性	0.24			
		视觉健康的重要性	0.26			
		健康用眼行为习惯	0.21		0.11	
		口腔卫生的重要性	0.24			
		口腔卫生技术宣传可靠性	0.21			
		不健康口腔卫生习惯	0.23		0.09	
		悦纳自我体型	0.20		0.14	
		减肥信息可靠性	0.20		0.12	
	应用	传染病个人卫生防护	0.12		0.05	
		增强公共卫生意识和行为	0.12		0.08	
		正确对待艾滋病患者	0.12		0.07	
		定期视力和(或)屈光检查	0.19		0.10	
		改变不良用眼习惯动机	0.28		0.16	
		遵医嘱矫正屈光不正	0.19		0.13	

(续表)

一级指标	二级指标	三级指标	第一轮咨询 V	第一轮咨询 W	第二轮咨询 V	第二轮咨询 W
		应对眼部意外伤害	0.16		0.10	
		改变不良口腔习惯动机	0.29		0.17	
		选用正确口腔卫生用品	0.19		0.11	
		定期接受健康检查	0.24		0.11	
		应对牙齿意外伤害	0.17		0.15	
		运用正确减重方法	0.14		0.09	

在"心理健康相关健康素养评估指标的评判"中,第一轮咨询各指标 V 最小为 0.11,最大为 0.23,W 为 0.12;第二轮各指标 V 最小为 0.07,最大为 0.16,W 为 0.23(表 5-14)。

表 5-14 中学生心理健康素养评估指标 V 与 W

一级指标	二级指标	三级指标	第一轮咨询 V	第一轮咨询 W	第二轮咨询 V	第二轮咨询 W
				0.12		0.23
心理健康	获取	获取适应学习相关信息	0.17		0.09	
		获取维持人际关系信息	0.14		0.09	
		获取应对压力调节情绪信息	0.13		0.09	
	理解	科学学习策略方法	0.11			
		考试压力调试方法	0.14		0.07	
		正确认识人际圈	0.15		0.07	

(续表)

一级指标	二级指标	三级指标	第一轮咨询		第二轮咨询	
			V	W	V	W
		认识情绪	0.17		0.10	
		压力的积极和消极影响	0.19		0.11	
	评价	具备正确学习动机	0.17		0.10	
		分析确立职业意向	0.15		0.11	
		分析评价人际关系现状	0.14		0.11	
		分析压力来源	0.21		0.12	
	运用	具备学习毅力	0.17		0.10	
		能够适应学习环境和要求	0.14		0.10	
		具备自主学习能力	0.13		0.08	
		具备创造性思维	0.17			
		具备正确人际沟通能力	0.16		0.07	
		正确处理同伴关系	0.13		0.08	
		正确处理师生关系	0.14		0.06	
		正确处理亲子关系	0.13		0.11	
		辨析并合理表达情绪	0.15		0.10	
		情绪管理	0.19		0.12	
		积极应对压力	0.23		0.13	
		有需要专业帮助的意识	新增加		0.16	

由表 5-15 可知,在"安全应急与避险相关健康素养评估指标的评判"中,第一轮咨询各指标 V 最小为 0.10,最大为 0.21,W 为 0.17;第二轮咨询各指标 V 最小为 0.07,最大为 0.12,W 为 0.30。

在"医疗常识与合理就医相关健康素养评估指标的评判"中,第一轮结果显示,各条目 V 最小为 0.09,最大为 0.25,W 为 0.44;第二轮结果显示,各条目 V 最小为 0.06,最大为 0.14,W 为 0.51(表 5-16)。

总体而言,对 6 个一级指标结果分析表明,相对第一轮咨询而言,第二轮咨询各条目 V 均有所减小。这说明,在第一轮咨询中,专家之间对各条目的相对重要性认识仍存在一定分歧,需要在第二轮德尔菲咨询时向专家解答其疑惑,对重点条目进行解释。

表 5-15 中学生安全应急与避险健康素养评估指标 V 与 W

一级指标	二级指标	三级指标	第一轮咨询		第二轮咨询	
			V	W	V	W
				0.17		0.30
安全应急与避险	获取	获取环境中可能危险因素信息	0.14		0.09	
		寻找安全使用网络信息	0.10		0.10	
		获取应对避免性侵害原因	0.11		0.07	
	理解	常见危险标识	0.11		0.07	
		安全使用网络方法	0.13		0.09	
		网络交友和网络成瘾的危害	0.11		0.07	
		网络欺负行为的形式和危害	0.14		0.09	
		知道性骚扰和约会性侵害	0.15		0.07	
	评价	日常运动中潜在安全因素	0.19		0.10	
		日常交通中潜在安全因素	0.13		0.07	

(续表)

一级指标	二级指标	三级指标	第一轮咨询		第二轮咨询	
			变异系数 V	协调系数 W	变异系数 V	协调系数 W
	评价	人员聚集场所潜在安全因素	0.17		0.09	
		科技发展的正负面影响	0.19			
		日常环境中性侵害危险因素	0.12		0.09	
	运用	远离生活环境的危险区域	0.13		0.09	
		火灾和(或)地震正确逃生措施	0.11		0.12	
		小伤病院前处理	0.15		0.12	
		生命危机状态紧急救助	0.17		0.12	
		预防和控制网络成瘾	0.15		0.08	
		规避网络诈骗和网络交流陷阱	0.19		0.10	
		不参与网络欺负	0.21		0.10	
		免遭性侵害	0.11		0.10	
		面对色情资讯自我控制能力	0.14		0.10	
		拒绝约会性侵害	0.13		0.12	
		性侵害危机处理应变能力	0.11			

表 5-16 中学生医疗常识与合理就医健康素养评估指标 V 与 W

一级指标	二级指标	三级指标	第一轮咨询		第二轮咨询	
			V	W	V	W
				0.44		0.51
医疗常识与合理就医	获取	获取医疗卫生常识	0.13		0.06	
		获取医疗机构服务信息	0.15		0.10	
	理解	常见医学词汇和用语含义	0.23		0.09	
		基本生命特征测量含义	0.09		0.09	
		处方和(或)非处方药、保健品含义	0.16		0.10	
		看懂药品说明书	0.20		0.09	
		理解分级医疗体系	0.25			
		医疗保险	0.21		0.14	
	评价	慢性病流行趋势、健康四大基石	0.17			
		药品价格和药物品质的关系	0.23		0.13	
		理性对待诊疗结果	0.18		0.13	
	应用	体温测量方法	0.11		0.09	
		脉搏和(或)呼吸频率测量方法	0.12		0.10	
		血压测量方法	0.16		0.12	
		遵医嘱服药	0.19		0.08	
		正确到医疗机构就医	0.13		0.10	
		发热或腹泻到专门门诊就医	0.11		0.10	

(2) 专家意见协调程度的非参数检验：使用 Kendall 协和系数检验专

家对各一级指标和全指标的评估结果是否一致。H0：这些评估对不同条目是不相关的，或者是随机的；H1：评估是正相关的，或者是一致的。通过统计检验，由表5-17可知，拒绝H0，接受H1，说明专家对各个一级指标和全指标的评估意见是有差异的，专家意见评估的可信度好，评价结果可信，专家意见非偶然协调的可信度高。结合W来看，与第一轮咨询相比，第二轮咨询的各一级指标W整体提高，全指标W由0.24提高到0.34，说明误差控制较好，专家对指标体系的意见趋于相对统一。

表5-17　两轮德尔菲专家咨询W及χ^2值

一级指标	第一轮咨询		第二轮咨询	
	W	χ^2	W	χ^2
生长发育与青春期保健	0.19	49.49**	0.37	83.08**
健康相关行为	0.18	86.41**	0.36	139.50**
疾病预防与控制	0.31	220.96**	0.43	248.95**
心理健康	0.12	44.72**	0.23	72.04**
安全应急与避险	0.17	62.59**	0.30	94.65**
医疗常识与合理就医	0.44	105.29**	0.51	106.33**
全指标（总）	0.24	550.36**	0.34	718.45**

注：**表示$P<0.01$

（二）研究获得的中学生健康素养评估三级指标框架内容

最终，经过两轮德尔菲专家咨询，三级指标条目总数从157减少到142，如表5-18所示。

表5-18　两轮德尔菲专家咨询各内容三级指标条目数

	生长发育与青春期自我保健	健康相关行为	疾病预防和控制	心理健康	安全应急与避险	医疗常识与合理就医	总计
第一轮	17	30	46	23	24	17	157
第二轮	16	27	40	22	22	15	142

研究形成了中学生健康素养三级指标评估体系，其中一级指标有6个：生长发育与青春期保健、健康生活方式、疾病预防与控制、心理健康、

安全应急与避险,以及医疗常识与合理就医。每个一级指标下有 4 个二级指标,即获取、理解、评价和应用,不同一级指标下二级指标对应的三级指标不同,详见表 5-19～表 5-24。

青春期生长发育与自我保健内容下的三级指标,主要涵盖了体格生长发育与自我保健、心理发育与调适、性道德与性行为,具体的三级评估指标见表 5-19。

表 5-19 中学生青春期生长发育与自我保健内容涵盖的健康素养评估指标

素养维度	三级评估指标内容
获取	体格生长发育与自我保健:能够通过不同渠道获取青春期体格生长和性发育相关的生理卫生与自我保健知识
	心理发育与调适:能够获取青春期性心理发育与调适方面的相关信息
理解	体格生长发育与自我保健:①知道青春期体格生长和性发育的表现(包括身高突增、男女性生殖系统和第二性征的发育);②理解月经和遗精的产生原因;③理解"青春痘"是青春期内分泌改变过程中的一个常见问题,并懂得适宜的应对方法;④懂得生命的起源和基本的生殖避孕知识
	心理发育与调适:①理解性别优势互补的重要意义;②知道青春期性意识发展不同阶段的心理特点;③理解性梦、手淫和自慰的产生原因,懂得适度原则
	性道德与性行为:懂得人与人之间交往中的分清友情、爱情和迷恋的区别,理解婚姻与家庭的责任和道德规范
评价	心理发育与调适:能够辨析各种不良信息,建立积极、健康、负责的性生殖健康观念
	性道德与性行为:能够分析未成年性行为发生的可能原因,并充分认识到未成年性行为的身心健康危害
应用	体格生长发育与自我保健:能够采取正确的方法呵护自己。女学生:日常的外阴清洁、经期自我保健(包括合理应对月经不调和痛经),日常乳房护理(适宜胸罩的选择和佩戴方法、日常清洁、避免外压碰撞和挤压乳房等);男学生:日常外生殖器清洁护理,避免外伤等
	心理发育与调适:心理上能够悦纳自己在青春期的身体形态和功能变化,避免体像烦恼
	性道德与性行为:①能够把握与异性交往的尺度,正确处理异性之间的情感问题;②能够做出正确的行为抉择,避免发生性行为,避免遭受性骚扰和性侵害

健康相关行为内容下的三级指标,主要涵盖了休息与睡眠、合理饮食和运动、饮食饮水卫生,以及远离烟酒毒品4个方面,具体的评估指标见表5-20。

表5-20 中学生健康相关行为内容涵盖的健康素养评估指标

素养维度	三级评估指标内容
获取	休息与睡眠:能够通过不同途径获取有关如何安排休息和睡眠的相关信息
	合理饮食和运动:能够搜寻并获取健康饮食和运动方面的相关信息
	饮食饮水卫生:能够获取有关食品卫生方面的健康信息
	远离烟酒毒品:能够搜寻并获取烟草、酒精、毒品等成瘾物质的健康危害,以及如何避免使用方面的相关信息
理解	休息与睡眠:①知道中学生每日需要的睡眠时间(初中生应保证9小时,高中生应保证8小时);②知道睡眠不足的健康危害
	合理饮食和运动:①理解各类食物摄入比例,一日三餐定时、定量,能量摄入比例恰当(30%、40%、30%);②懂得零食的健康分类和选用原则(哪些零食要限制食用、可以少量食用、建议食用);③知道不同强度身体活动(静态、低强度、中等强度及高强度)特点;④知道引发运动伤害的常见原因
	饮食饮水卫生:①知道食物中毒含义和常见原因(变质霉变食物、天然有毒食物、病死畜禽肉、农药残留及非法化学剂添加剂等);②认识和理解食品标签中的添加剂、生产日期、保质期及食品保存方法,懂得食物选购和保存的卫生要领
	远离烟酒毒品:能够辨识烟草、酒精、成瘾性药物和毒品使用的成瘾性特点,并懂得对人体的健康危害和社会危害
评价	休息与睡眠:能够评价青少年的休息、休闲、睡眠时间和习惯是否有利于健康,分析形成不健康休息与睡眠习惯的可能原因
	合理饮食和运动:①能够判断青少年的饮食习惯是否有利于健康,分析形成不健康饮食习惯的可能原因;②分析日常缺乏身体活动的可能原因,并思考对策
	饮食饮水卫生:能够有意识分析和判断媒体上(电视、互联网或其他媒体)有关食品安全信息的可靠程度
	远离烟酒毒品:能够分析青少年尝试并使用成瘾物质的可能原因,并思考对策

(续表)

素养维度	三级评估指标内容
应用	休息与睡眠：①能够根据自己能力与兴趣，规划和实践健康的休闲活动，合理安排生活作息，劳逸结合；②能够采取有效措施提高睡眠质量，必要时(出现长期失眠、焦虑等症状)时，及时就医诊治
	合理饮食和运动：①能够合理设计自己的一日三餐，食物种类和数量比例符合膳食金字塔要求，食品种类多样化；②能够主动控制限制类零食或食品的摄取；③能够尽量坚持每天至少1小时中、大强度运动，减少静态行为时间；④能够选择安全的体育与健身活动环境，能够紧急应对运动伤害
	饮食饮水卫生：①能够读懂食品标签上的信息(添加剂、生产日期、保质期及食品保存方法)；②努力改变不健康的饮食卫生行为(饮食前洗手、不偏食、不挑食、细嚼慢咽、不在走路、玩耍、看电视时饮食，不食路边摊等)
	远离烟酒毒品：能够采取措施避免尝试或使用成瘾物质，掌握必要的拒绝技巧

疾病预防与控制内容下的三级指标，主要涵盖了传染病，性病、艾滋病，眼病，牙病和体重异常5个方面，具体的评估指标见表5-21。

表5-21 中学生疾病预防和控制内容涵盖的健康素养评估指标

素养维度	三级评估指标内容
获取	传染病：能够通过不同途径获取传染病预防控制相关知识
	性病、艾滋病：能够主动搜寻并获取关于性病、艾滋病预防和控制的相关知识
	眼病：能够寻找到青少年常见眼病防治方面的相关信息
	牙病：能够寻找到爱牙护齿、青少年常见口腔疾病防治方面的相关信息
	体重异常：能够获取合理控制体重的相关健康信息
理解	传染病：①知道传染病的基本概念和传染病流行的三大必要条件；②懂得常见传染病(乙脑、疥疮、肺结核、肝炎和艾滋病)传播途径；③知道若出现咳嗽、咳痰2周以上，或痰中带血，应及时去医院检查是否得了肺结核

(续表)

素养维度	三级评估指标内容
理解	性病、艾滋病：①知道性病、艾滋病的主要传播途径（强调男男同性性行为增加感染风险）；②懂得艾滋病病毒感染者与艾滋病患者的区别，能够理解艾滋病病毒感染窗口期和潜伏期的概念
	眼病：①知道青少年常见眼病名称和表现特点（"红眼病"和"沙眼"等眼部传染病，近视、远视、散光等屈光不正，屏幕终端综合征及斜视）；②懂得眼部传染病的预防和控制措施；③懂得高度近视的定义和主要健康危害；④理解控制近距离用眼时间、选择适宜光照环境、加强户外活动和望远对于阻止近视发生发展的重要作用；⑤懂得使用框架眼镜矫正视力的基本原理和卫生注意事项；⑥知道眼药水的使用和保存要点
	牙病：①知道青少年常见口腔疾病名称和表现特点（龋齿、牙龈炎、复发性口疮及牙齿排列不齐）；②理解牙菌斑对口腔健康损害的基本作用机制；③懂得有效刷牙可以去除牙面牙菌斑，用牙线可以去除邻接面牙菌斑，采取专业洁牙方法可以去除牙颈部牙菌斑和牙石
	体重异常：①懂得体型的分类、青少年体重异常（消瘦、肥胖）的正确判断方法；②理解青少年时期的超重肥胖主要是能量摄入超过能量消耗造成的，明白不同身体活动量要与饮食摄入量相匹配；③知道各种不健康减重方法的危害
评价	传染病：能够有意识分析和判断媒体上（电视、互联网或其他媒体）有关传染病信息的可靠程度
	性病、艾滋病：能够分析和判断日常生活中艾滋病毒感染相关的安全行为与不安全行为
	眼病：能够分析和评价现实生活场景中不健康的用眼行为习惯
	牙病：能够分析和评价现实生活场景中不健康的口腔卫生行为习惯
	体重异常：①建立对自我体型的接受和悦纳态度及想法，形成健康心态；②能够有意识分析和判断各种减肥相关宣传信息的可靠程度
应用	传染病：①加强个人卫生防护（包括洗手、注射疫苗、清洁饮食和运动睡眠等）预防传染病；②增强公共卫生意识和行为（包括保持环境整洁、不随地吐痰和大小便、主动居家隔离等）减少传染病的散播和流行
	性病、艾滋病：能够采取正确的措施使自己不受艾滋病感染，并正确对待艾滋病感染者和患者

(续表)

素养维度	三级评估指标内容
	眼病：①能够做出定期接受（每半年1次）视力和屈光检查的行为决策；②具备勇于改变自己不健康用眼卫生习惯的动机；③能够遵照医嘱采用正确的屈光不正矫正手段（框架眼镜、眼药水、OK镜等），并能够对框架眼镜进行正确的日常使用保养；④能够采取正确的方法预防和紧急应对眼部意外伤害
	牙病：①具有勇于改正自己不健康口腔卫生习惯的动机；②能够正确选用口腔卫生用品（包括牙刷、含氟牙膏、牙线、冲牙器及漱口水等）；③能够做出定期接受（每半年1次）口腔检查和诊疗的行为决策；④能够采取正确的方法预防和紧急应对牙齿意外伤害
	体重异常：能够选择运用正确的减重策略和方法，避免采用各种不健康的减重方法

心理健康内容的三级指标，主要涵盖了学习适应、人际交往、情绪管理和压力应对3个方面，详细的三级指标评价指标见表5-22。

表5-22 中学生心理健康内容涵盖的健康素养评估指标

素养维度	三级评估指标内容
获取	学习适应：能够通过不同途径获取如何适应学习环境和各种学习任务的相关信息
	人际交往：能够获取有助于维持良好人际关系的相关信息
	情绪管理和压力应对：能够获取有效应对各种压力、调节自己情绪的相关信息
理解	学习适应：①懂得科学的学习策略和学习方法，以提高学习效率，发展学习能力；②懂得考试压力的自我调适方法
	人际交往：正确认识自己的人际圈（包括亲子关系、师生关系、朋辈关系）
	情绪管理和压力应对：①能够认识和理解自己、他人的情绪；②理解压力可以带来积极和消极的影响
评价	学习适应：①能够分析并具备正确的学习动机和学习热情，积极主动地学习；②在充分了解自己的兴趣、能力、性格、特长和社会需要的基础上，分析并确立自己的职业志向，进行升学就业的选择和准备
	人际交往：能够分析影响人际关系的相关因素

(续表)

素养维度	三级评估指标内容
	情绪管理和压力应对：能够分析日常学习生活中压力来源(生理、心理、人际关系等生活方面)
应用	学习适应：①具有适应不同年级学习环境和学习要求的能力，能够主动寻求老师和同学的帮助；②具备学习毅力，能够坚持完成各类学习任务；③具备自主学习能力
	人际交往：①具备正确的人际沟通能力(语言沟通、非语言沟通)；②能够正确处理同伴关系(友谊、竞争与合作、化解冲突、避免不良同伴影响及同伴欺负)；③能够正确处理师生关系；④能够正确处理亲子关系
	情绪管理和压力应对：①能够准确地辨析并合理表达自己的情绪；②能够合理管理自己的情绪；③能够积极地应对压力，提高承受挫折与应对挫折的能力，形成良好的意志品质；④能够察觉到需专业帮助(心理咨询、心理治疗)的焦虑、抑郁等情绪问题

安全应急与避险内容下的三级指标，主要涵盖了危险区域、网络安全和性侵害等内容，具体评估指标见表 5-23。

表 5-23 中学生安全应急与避险内容涵盖的健康素养评估指标

素养维度	三级评估指标内容
获取	危险区域：能够获取目前所处的及即将前往的环境或区域中的可能危险因素相关信息
	网络安全：能够寻找到如何安全使用网络的相关信息
	性侵害：能够获取如何应对和避免的相关信息
理解	危险区域：懂得常见的危险标识的含义(包括高压、易燃、易爆、剧毒、放射性及生物安全)
	网络安全：①懂得安全使用网络的基本方法；②理解网络交友、网络成瘾的潜在危害性；③懂得各种网络欺负行为的表现形式和危害
	性侵害：知道何谓性骚扰、约会性侵害，懂得人与人之间接触的身体界限
评价	危险区域：①能够分析评价日常游戏与运动中的潜在安全风险因素；②能够分析评价道路交通中的安全风险因素；③能够分析评价人员聚集、拥挤场所的安全风险因素
	性侵害：能够分析日常学习和生活环境中可能引致性侵害的危险因素

(续表)

素养维度	三级评估指标内容
应用	危险区域：①能够采取措施远离日常生活环境中的危险区域，避免踩踏；②火灾、地震发生时能采取正确的逃生措施；③能够对小伤病（如轻微外伤、咬伤、烧烫伤等）采取必要的院前处理；④生命危急状态时（如心肺骤停、溺水、大出血等），能够对别人开展紧急援助（包括使用正确的方法拨打求助电话、实施心肺复苏）
	网络安全：①能够采取措施预防和控制网络成瘾；②能够采取措施规避网络诈骗和网络交友陷阱；③能够做到不参与各种网络欺负行为
	性侵害：①能够采取必要的措施保护自己，面对性骚扰、性侵害时具有应变能力，具备危机处理技巧，避免遭受性侵害；②面对色情媒体资讯时，具有适度的自我控制能力；③能够运用得当方法拒绝约会性侵害

医疗常识与合理就医内容下的下三级指标，主要涵盖了常见医学词汇和用语、生命指征的自我检测、安全用药，以及合理就医等内容，具体评价指标见表5-24。

表5-24 中学生医疗常识与合理就医内容涵盖的健康素养评估指标

素养维度	三级评估指标内容
获取	常见医学词汇和用语：能够通过不同途径获取医疗卫生方面的基本常识
	合理就医：能够获取不同医疗机构的服务信息，懂得咨询医疗卫生信息可拨打"12320"热线电话
理解	常见医学词汇和用语：能够理解常见的医学词汇和用语的含义，理解慢性病的含义
	生命指征的自我检测：懂得人体基本生命指征（体温、脉搏、呼吸及血压）的测量意义（含正常值范围）
	安全用药：①懂得处方药、非处方药和保健品的差异；②认识和理解药品说明书中有关药品名称、适应证、用法用量和注意事项、药物不良反应和药物相互作用、有效期、贮藏及批准文号等信息
	合理就医：懂得医疗保险的作用和意义
评价	常见医学词汇和用语：能够评价健康生活四大基石（合理膳食、适量运动、戒烟限酒和心理平衡）对于预防和控制慢性病的重要作用
	合理就医：能够理解当前医学所能解决的健康问题是有限的（理性对待诊疗结果）

(续表)

素养维度	三级评估指标内容
应用	生命指征的自我检测：①掌握人体体温测量的基本方法；②掌握脉搏和呼吸频率测量的基本方法；③掌握血压测量的基本方法
	安全用药：遵从医嘱用药，不擅自服用药物，不滥用药物（镇静类、抗生素、激素类）
	合理就医：①就诊时携带有效身份证件（包括医保卡等）、既往病历及各项检查，文明有序地按流程就医，严格遵守医疗机构的相关规定，维护良好的就医环境；②出现的发热或腹泻症状，首先选择到医疗卫生机构专门设置的发热或肠道门诊就医

在此基础上，课题组联合卫生和教育各相关专业领域的专家，设计编写了基于中学生日常生活实际的并反映其健康素养水平的情境式自评问题，最终形成6套情境式中学生健康素养自评问卷（见附件）：中学生健康素养评估问卷一（青春期生长发育与自我保健）、中学生健康素养评估问卷二（健康相关行为）、中学生健康素养评估问卷三（疾病预防和控制）、中学生健康素养评估问卷四（心理健康）、中学生健康素养评估问卷五（安全应急与避险）及中学生健康素养评估问卷六（医疗常识与合理就医）。

（三）问卷预调查结果

1. 学生定性访谈与问卷修正

(1) 研究实际访谈了初二年级学生共36人，问卷一至六分别为6、5、5、6、6及6人，较共性的观点有：

1) 有关"问卷总体感受"：

"情景设置得很好，做题流畅，和生活贴近"　　　　　　（学生2-04）

"书看得太少，传染病的知识知道太少"　　　　　　　（学生3-02）

"有时答案跟心里的想法不一样，不知道怎么选"　　　（学生4-02）

"每个板块前的小故事可以帮助我们理解问题"　　　　（学生4-04）

"问卷具体直白地询问中学生对安全知识的意识，年龄段比较符合中学生"　　　　　　　　　　　　　　　　　　　　　　　（学生5-03）

"情景题的题目有点长"　　　　　　　　　　　　　　　（学生5-05）

"（第二问中）有的单词不认识，药物无法判断含义"　　（学生6-03）

第五章 中学生健康素养评估指标体系研究

2) 对"出题形式及其改进",学生的看法和建议为:

"适合初中生,可以再添加一点知识"　　　　　　　　　(学生1-04)
"案例情景的设置使答题思路更清晰;可以增添问答题"(学生1-05)
"形式新颖,希望对有些专业术语有解释"　　　　　　(学生2-04)
"题干太长,题目稍微简单些"　　　　　　　　　　　　(学生3-05)
"有些题目可以设置选项,问我们自己的解决方法"　　(学生4-05)
"问卷题目分性别做"　　　　　　　　　　　　　　　　(学生5-02)
"有些题目感觉单选、多选都可以"　　　　　　　　　　(学生6-04)

3) 对"问卷中的不合适问题",学生的看法是:

"发生性关系不适合我们"　　　　　　　　　　　　　　(学生1-04)
"艾滋病方面的问题较难,不适合初中生"　　　　　　(学生3-04)
"医院挂号不一定是自己挂好,也不了解网上预约挂号"(学生6-04)

4) 对"测评遗漏之处",学生的建议如下:

"女生的自我保护问题,如性关系的发生"　　　　　　(学生1-02)
"青春期异性的交往方式;女生外出的注意事项"　　　(学生1-03)
"上学、放学的交通安全"　　　　　　　　　　　　　　(学生3-01)
"对于疾病的防治措施可以多询问"　　　　　　　　　(学生3-03)
"青春期同学关系"　　　　　　　　　　　　　　　　　(学生4-05)
"食品安全问题;早恋"　　　　　　　　　　　　　　　(学生5-04)
"加抗生素等更贴近生活的题目"　　　　　　　　　　(学生6-05)

对于访谈反映的语言表述问题,均在第一次预调查后进行修正。有些需要添加的题目,如"上下学路上的交通安全问题"添加到问卷五情景1。有些学生感觉难度较高,但却是《中小学健康教育指导纲要》等文件明确要求该年龄段掌握的。改进出题思路,例如,在问卷三情景2的艾滋病题目中加入示意图。学生自己有答案的题目设置主观选项,如问卷四情景11等。

(2) 高二学生共访谈32人,问卷一至六分别为6、5、5、6、6及4人。

1) 有关"问卷总体感受":

"可以增进青少年对青春期的了解"　　　　　　　　　(学生1-09)
"总体贴合实际,家庭聚餐的题中,小明应该参考家庭情况准备"

(学生2-10)

"应该早点做这套问卷,可以增强意识"　　　　　　　　(学生 3-10)
"问题比较程式化,答案'标准'"　　　　　　　　　　　(学生 4-09)
"了解相似事件的流程,可以长知识"　　　　　　　　　(学生 6-10)
2) 对"出题形式及其改进",学生的意见和建议为:
"出题形式可以委婉一点"　　　　　　　　　　　　　(学生 1-11)
"出题形式不错,有些题目不用看情景就可以直接写答案"

(学生 2-08)
"出题形式过于统一,要多关注人的多样化处理方式"　(学生 4-10)
"情景题篇幅长,要精简,很少有人看"　　　　　　　　(学生 5-09)
3) 对"问卷中的不合适问题",学生的看法是:
"专业知识强的,很难的"　　　　　　　　　　　　　(学生 2-09)
"具体填写疾病名称和传播途径较难"　　　　　　　　(学生 3-09)
"情景 7 中不知道什么是'性侵害'"　　　　　　　　　(学生 5-11)
"专有名词有些多"　　　　　　　　　　　　　　　　(学生 6-10)
4) 对"测评遗漏之处",学生的建议如下:
"关于青春期的心理健康"　　　　　　　　　　　　　(学生 1-09)
"女生是否懂得自我保护的问题"　　　　　　　　　　(学生 1-11)
"意外伤害时采取的措施"　　　　　　　　　　　　　(学生 3-08)
"理解或价值观取向的问题;心理学的相关问题"　　　(学生 4-09)
"公共安全事件"　　　　　　　　　　　　　　　　　(学生 5-09)
"急诊和门诊的区别"　　　　　　　　　　　　　　　(学生 6-07)

同样,对于高中生访谈反映的语言表述问题,也均在第一次预调查后进行修正。去掉了答案选项明显的题目;将问卷一情景 8 设置为高中生回答;将"性侵害"的定义补充入问卷五情景 7;问卷六添加"急诊、门诊"的题目等。

2. 问卷的测量属性　　两轮预调查完成后,问卷进行统一录入和评分,分析并计算了问卷的多种测量属性指标。

(1) 难度:难度是指测验试题或测量项目的难易程度,通常用 P 表示,$P = \dfrac{\bar{x}}{w}$,$\bar{x}$ 为某测验试题或测量项目的平均得分,满分记为 w。P 值为 0~1。P 值越大,则表示测验试题或测验项目越简单;P 值越小,则表示

表 5-25 初中生健康素养评估问卷各维度 P 值及权数值

维度	生长发育与自我保健(男生)		生长发育与自我保健(女生)		健康相关行为		疾病预防与控制		心理健康		安全应急与避险		医疗常识与合理就医	
	P_i	w_i	P_i	w_i	P_i	w_i	P_i	w_i	P_i	w_i	P_i	w_i	P_i	w_i
获取	0.45	0.08	0.45	0.07	0.63	0.06	0.83	0.13	0.59	0.05	0.85	0.06	0.70	0.13
理解	0.75	0.50	0.72	0.48	0.69	0.54	0.76	0.57	0.70	0.33	0.87	0.36	0.75	0.45
分析评价	0.90	0.07	0.94	0.04	0.89	0.08	0.86	0.04	0.63	0.16	0.86	0.12	0.93	0.05
应用	0.64	0.35	0.69	0.41	0.69	0.32	0.77	0.32	0.75	0.46	0.90	0.45	0.80	0.37
整体难度系数(P)	0.70		0.70		0.70		0.82		0.71		0.88		0.77	

表 5-26 高中生健康素养评价问卷各维度 P 值及权数值

维度	生长发育与自我保健(男生)		生长发育与自我保健(女生)		健康相关行为		疾病预防与控制		心理健康		安全应急与避险		医疗常识与合理就医	
	P_i	w_i	P_i	w_i	P_i	w_i	P_i	w_i	P_i	w_i	P_i	w_i	P_i	w_i
获取	0.36	0.06	0.37	0.05	0.75	0.06	0.75	0.07	0.72	0.05	0.86	0.06	0.64	0.13
理解	0.75	0.47	0.71	0.45	0.73	0.54	0.67	0.58	0.86	0.33	0.86	0.36	0.76	0.45
分析评价	0.65	0.17	0.64	0.13	0.90	0.08	0.76	0.04	0.75	0.16	0.89	0.12	0.89	0.05
应用	0.65	0.30	0.63	0.37	0.80	0.32	0.73	0.31	0.89	0.46	0.92	0.45	0.81	0.37
整体难度系数(P)	0.68		0.65		0.76		0.70		0.85		0.89		0.77	

测验试题或测验项目越难。

根据预调查数据结构，我们采用平均值法计算难度，计算方法为平均得分占满分的比例，计算公式同定义。由于分为 6 个一级指标，每个一级指标下又包含 4 个二级指标，采用以测量项目（二级指标）为计算单位，以受试者在每个项目的难度（P_i）为对象，以每个项目满分占测量总分的比例为权数（w_i），计算得到的加权算术平均数为各一级指标的整体难度系数（P）。$P = P_1 \times w_1 + P_2 \times w_2 + P_3 \times w_3 + P_4 \times w_4$，其中 $w_1 \sim w_4$ 为 4 个二级指标分数占总分的比例。

从表 5-25 和表 5-26 可以看出，初中和高中 6 个内容的问卷 P 值为 0.7~0.8，说明问卷普遍较容易。初中生的分析评价能力的分数要好于应用，高中生应用能力分数相较初中生有提高。这说明随年龄的增长，高中生的实践能力已增强，能够处理一些常见的医疗事务。随着中学生语言能力的发育和培养，他们的理解能力 P 值较高，说明这部分题目对他们不是很难。然而获取能力分数均较低，这提示我们中学生主动获取维持和促进健康的信息能力较差。

(2) 区分度：项目区分度是项目能区分受测者能力水平高低的程度。若高水平的受测者，在测验项目上能得高分，而低水平者只能得低分，那么该测验项目区分受测者水平的能力就强。区分度是检验测验项目质量的主要指标，测验项目区分度越大，测验越准确，项目区分度越大，越能准确地测量出受测者的真实水平。

项目区分度的计算方法分为分组计算法和不分组计算法，由于测验中的题目有的得分为连续性变量，无法得知通过与否，故采用不分组计算法。以二级指标的原始分数、素养分数为测试项目，总分由原始分数或素养分数加和计算而来，分别计算各二级指标的原始分数与原始总分、素养分数与素养总分的 Pearson 相关系数。若结果具有显著意义，则说明该项目（二级指标）区分度达到显著水平。

从表 5-27 和表 5-28 中可以看出，除内容二分析评价维度，其余各问卷，无论原始分数还是经过权重换算的素养分数，每个素养维度的分数均与问卷总分之间呈现相关性，结果具有显著意义。说明各个问卷中二级指标具有很好的区分度。

表 5‑27　中学生健康素养评估问卷各维度原始分数与
原始总分 Pearson 相关系数值

维度	生长发育与自我保健	健康相关行为	疾病预防与控制	心理健康	安全应急与避险	医疗常识与合理就医
获取	0.308*	0.419**	0.654**	0.550**	0.481**	0.538**
理解	0.897**	0.840**	0.967**	0.905**	0.879**	0.858**
评价	0.697**	0.228	0.744**	0.703**	0.744**	0.459**
应用	0.727**	0.824**	0.913**	0.962**	0.893**	0.809**

注：*表示 $P<0.05$；**表示 $P<0.01$

表 5‑28　中学生健康素养评估问卷各维度素养分数与
素养总分 Pearson 相关系数值

维度	生长发育与自我保健	健康相关行为	疾病预防与控制	心理健康	安全应急与避险	医疗常识与合理就医
获取	0.672**	0.717**	0.702**	0.654**	0.654**	0.539**
理解	0.855**	0.676**	0.942**	0.874**	0.771**	0.730**
评价	0.515**	0.218	0.828**	0.692**	0.759**	0.475**
应用	0.757**	0.746**	0.882**	0.953**	0.855**	0.894**

注：*表示 $P<0.05$；**表示 $P<0.01$

(3) 信度：信度分为内在信度和外在信度。外在信度指在不同时间进行测量时问卷结果的一致性程度，最常用的是重测信度（test-retest reliability）。内在信度指问卷中的一组问题（或整个调查表）是否测量一个概念，即这些问题的内在一致性如何，常用的内在信度系数为 Cronbach's α 系数。

重测信度是指用同一个量表（测评或评估表）对同一组被试实施两次测验所得结果的一致程度，其大小等于同一组被试在两次测验上所得分数的相关系数。重测信度的高低与两次测量的时间间隔长短有密切关系，一般而言，两周是较为适合的间隔时间。表 5‑29 为初中生和高中生前后两次测量根据健康素养总分计算而来的 Pearson 相关系数值。

表 5-29　两次预调查初中和高中学生 6 个一级指标重测一致性系数

一级指标	初中生	高中生
生长发育与自我保健	0.673	0.706
健康相关行为	0.613	0.739
疾病预防与控制	0.723	0.680
心理健康	0.773	0.368
安全应急与避险	0.448	0.594
医疗常识与合理就医	0.653	0.589

同质性信度是用 Cronbach's α 系数考察各一级指标一致性反应，考察每套问卷是否具有内部一致性。下表 5-30 为前后两次调查的初中生和高中生一级指标的 Cronbach's α 系数值。

表 5-30　两次预调查初中和高中学生 6 个一级指标内部一致性检验系数

一级指标	初中生		高中生	
	第一次	第二次	第一次	第二次
生长发育与自我保健	男 0.483	男 0.587	男 0.791	男 0.785
	女 0.378	女 0.848	女 0.774	女 0.789
健康相关行为	0.576	0.611	0.705	0.451
疾病预防与控制	0.858	0.803	0.653	0.925
心理健康	0.840	0.897	0.776	0.822
安全应急与避险	0.397	0.789	0.684	0.648
医疗常识与合理就医	0.608	0.673	0.641	0.741

（4）效度：分为内容效度和区分效度两种。

内容效度指测量内容是否足以代表测量目标内容的范畴，关注的是测量题目对所测量内容的全领域取样的代表性。逻辑分析法是一种验证内容效度的典型方法，要求相关专家根据所测量特性的定义和对测量内容范围的界定，以及各部分内容所占比重，以逻辑分析的方法判断测验题目与应测内容范围的符合程度。

首先,本研究根据教育部、国家卫计委或上海市教委颁布的相关文件如《中小学健康教育指导纲要》《上海市中小学健康教育实施方案》等,进行全面和系统的分析,结合国内外经典量表(HLS-EU-Q),经过专家和中学教师小组访谈,拟定三级指标条目框架。其次,本研究通过德尔菲专家咨询让专家根据健康素养的定义、内涵和结构,结合多年的工作经验,分别对各一级指标下二级指标的权重进行评分,请专家对指标体系提出修改意见和建议,经过两轮最终形成三级评估指标条目池。此外,研究邀请熟知中学生身心发展规律的专家、学者、临床医师和一线教师进行编写评估问卷,并且通过两轮预调查调整评估问卷,保障了内容效度。

区分效度,即开发的问卷应具有区分高低分组的能力。取得分高的25%为高分组,得分低的25%为低分组,高低分组均值若差异有统计学意义,则问卷具有区分、判别高低分的能力。由表5-31可知,对每套问卷进行分析,低分组和高分组均值差异有统计学意义,6套问卷具有较好的区分效度。

表5-31 中学生健康素养评估问卷的区分效度

问卷	平均值	F	P
生长发育与自我保健			
低分组	48.52±8.80	56.67	<0.001
高分组	80.07±4.76		
健康相关行为			
低分组	51.87±8.46	196.99	<0.001
高分组	82.72±3.00		
疾病预防与控制			
低分组	48.65±9.71	427.98	<0.001
高分组	86.59±2.44		
心理健康			
低分组	40.64±9.67	415.36	<0.001

(续表)

问卷	平均值	F	P
高分组	89.43±2.80		
安全应急与避险			
低分组	53.61±17.61	856.42	<0.001
高分组	95.98±1.48		
医疗常识与合理就医			
低分组	48.60±11.63	400.06	<0.001
高分组	85.90±2.81		

(四) 扩大样本调查得到的标准化评估分数体系

健康素养与认知和年级水平有重要关联,用同一个评估问卷测评初中一年级至高中三年级学生,卷面分数往往难以直接进行比较。为克服不同年级中学生问卷间分数不可比的问题,参考智商常模的制定方法,把健康素养也看作一个人随年龄不断发展的能力,探索更为科学的中学生健康素养分数评估体系非常必要。

智力测验常模一般用百分等级和标准分数相对分数来表示,主要目的是把测验分数做横向比较,决定该生的位次。测验得分跟所在团体常模比较后,才能显出该生的水平。百分等级数据不仅可以反映一个数据在全体数据中所处位置,还可以比较同一个人的两次或多次不同测验成绩的优劣变化。表 5-32～表 5-37 为本研究在上海市扩大样本中学生健康素养评估结果计算得到的百分等级表。

四、分析与讨论

本研究通过文献回顾、政策查阅和德尔菲专家咨询建立内容全面的中学生健康素养评估三级指标体系。依据体系形成信效度良好的中学生健康素养评估系列问卷,该系列评估问卷采用情景题的形式呈现测评内容,被调查学生接受的程度高。探索建立分年级的标准化评估分数体系,便于不同年级学生查阅健康素养水平,也为进一步建立常模奠定基础。

表 5-32 不同年级中学生"生长发育与自我保健"健康素养评估问卷分数对应的百分等级（N=858）

素养问卷分数	初中问卷			素养问卷分数	高中问卷		
	初一 $\bar{x}\pm s$: 70.25±12.40	初二 $\bar{x}\pm s$: 68.18±13.29	初三 $\bar{x}\pm s$: 68.18±13.60		高一 $\bar{x}\pm s$: 62.86±10.04	高二 $\bar{x}\pm s$: 60.58±12.10	高三 $\bar{x}\pm s$: 64.15±12.63
40	2.6	3.2	4.1	35	2.7	4.4	2.4
45	6.0	7.6	7.0	40	3.9	7.8	3.7
50	9.9	11.4	11.0	45	5.5	12.2	6.1
55	13.9	15.8	16.9	50	13.8	17.8	9.8
60	19.2	24.7	25.6	55	21.5	25.6	18.3
65	27.8	36.7	33.1	60	29.8	40.6	34.1
70	41.7	50.0	49.4	65	47.0	56.7	51.2
75	66.9	65.2	68.0	70	79.0	77.2	67.1
80	77.5	81.0	83.1	75	91.7	91.1	85.4
85	93.4	92.4	94.2	80	97.8	98.9	95.1
90	96.7	97.5	98.3	85	99.4	99.4	98.8

表 5-33 不同年级中学生"健康相关行为"健康素养评估问卷分数对应的百分等级 ($N=968$)

素养问卷分数	初中问卷				素养问卷分数	高中问卷		
	初一 $\bar{x} \pm s$: 69.69±12.39	初二 $\bar{x} \pm s$: 70.32±11.96	初三 $\bar{x} \pm s$: 68.47±12.46			高一 $\bar{x} \pm s$: 68.81±12.42	高二 $\bar{x} \pm s$: 67.30±12.72	高三 $\bar{x} \pm s$: 69.03±12.33
40	3.3	3.7	2.5		40	2.7	3.7	4.6
45	6.6	5.0	6.3		45	6.9	6.3	7.2
50	9.9	6.2	10.1		50	10.6	11.0	11.1
55	13.7	11.2	15.7		55	15.4	17.8	15.0
60	18.1	15.5	24.5		60	22.3	26.2	21.6
65	29.7	31.1	34.6		65	35.1	36.1	29.4
70	46.2	42.2	52.8		70	49.5	53.4	41.8
75	65.4	59.6	66.7		75	67.0	69.6	56.2
80	77.5	78.9	77.9		80	79.3	85.9	76.5
85	93.4	96.3	91.8		85	93.6	95.3	94.8
90	99.5	99.4	98.8		90	99.5	99.5	98.7

表 5-34　不同年级中学生"疾病预防与控制"健康素养评估问卷分数对应的百分等级（$N=1\,300$）

素养问卷分数	初中问卷			素养问卷分数	高中问卷		
	初一 $\bar{x}\pm s$: 64.99±17.23	初二 $\bar{x}\pm s$: 74.08±11.97	初三 $\bar{x}\pm s$: 72.79±14.22		高一 $\bar{x}\pm s$: 72.73±15.49	高二 $\bar{x}\pm s$: 75.44±13.37	高三 $\bar{x}\pm s$: 71.71±17.64
35	6.6	1.4	1.9	35	1.7	1.8	2.9
40	10.7	2.5	5.6	40	6.0	3.6	8.7
45	16.9	3.9	9.3	45	8.6	6.5	19.2
50	24.8	6.5	13.0	50	11.6	8.6	17.6
55	31.7	9.3	16.7	55	17.3	11.2	26.0
60	37.3	13.3	21.3	60	24.3	13.7	32.7
65	43.6	24.4	25.0	65	27.6	19.8	35.6
70	48.9	31.9	32.4	70	32.2	24.5	41.3
75	59.2	43.7	46.3	75	41.2	38.8	47.1
80	75.5	61.3	63.9	80	57.1	56.1	56.7
85	94.4	83.9	84.3	85	79.1	77.0	74.0
90	98.4	98.2	97.2	90	95.7	95.3	97.1
95	100.0	100.0	100.0	95	100.0	100.0	100.0

表 5 - 35 不同年级中学生"心理健康"健康素养评估问卷分数对应的百分等级（$N=1100$）

素养问卷分数	初中问卷			素养问卷分数	高中问卷		
	初一 $\bar{x}\pm s$: 72.00±17.00	初二 $\bar{x}\pm s$: 63.41±22.34	初三 $\bar{x}\pm s$: 66.09±23.20		高一 $\bar{x}\pm s$: 71.25±15.43	高二 $\bar{x}\pm s$: 69.37±19.04	高三 $\bar{x}\pm s$: 72.96±15.35
30	2.3	7.4	9.1	30	1.7	5.2	1.0
35	4.1	17.0	18.7	35	3.5	7.7	2.5
40	6.8	22.9	22.5	40	5.2	10.8	4.0
45	9.9	29.8	28.2	45	9.3	15.5	6.5
50	14.9	34.0	30.6	50	12.8	19.6	12.6
55	20.7	36.2	33.0	55	17.4	24.7	16.6
60	26.1	41.5	38.3	60	23.8	30.9	22.6
65	29.7	46.3	41.1	65	30.8	37.6	30.2
70	36.5	51.6	44.0	70	43.6	43.3	38.2
75	48.6	60.6	49.3	75	53.5	53.1	47.7
80	61.3	69.7	59.3	80	69.2	64.4	60.8
85	75.2	77.1	70.8	85	80.2	75.8	75.9
90	88.7	91.0	88.0	90	91.9	89.2	89.9
95	99.1	100.0	99.5	95	98.8	99.5	100.0

表 5-36 不同年级中学生"安全应急与避险"健康素养评估问卷分数对应的百分等级（$N = 1093$）

素养问卷分数	初中问卷			素养问卷分数	高中问卷		
	初一 $\bar{x} \pm s$: 79.36±19.51	初二 $\bar{x} \pm s$: 79.83±20.00	初三 $\bar{x} \pm s$: 72.13±23.91		高一 $\bar{x} \pm s$: 83.84±13.12	高二 $\bar{x} \pm s$: 83.69±14.96	高三 $\bar{x} \pm s$: 87.50±12.98
30	3.6	4.1	6.7	30	1.5	1.7	1.1
35	6.8	7.7	11.4	35	2.0	5.1	1.6
40	8.6	10.7	15.2	40	4.0	5.6	3.8
45	10.5	11.7	20.5	45	5.0	6.7	4.3
50	11.8	14.8	25.2	50	6.0	7.9	5.9
55	14.9	16.8	27.1	55	7.5	9.0	7.0
60	17.2	18.4	30.5	60	8.5	10.7	8.6
65	20.8	19.9	34.3	65	10.9	12.4	10.3
70	25.3	22.4	36.7	70	12.9	15.7	11.4
75	32.1	28.1	42.4	75	19.9	20.2	13.5
80	38.0	35.2	49.0	80	28.9	26.4	18.4
85	47.1	44.4	58.1	85	44.8	38.8	25.9
90	62.4	62.2	68.6	90	65.7	62.4	45.9
92.5	70.9	72.7	73.8	92.5	75.6	73.0	60.0
95	85.7	80.8	88.1	95	83.6	86.5	74.1
97.5	96.0	93.4	96.7	97.5	96.5	97.8	93.5
99	99.6	99.0	99.0	99	100.0	100.0	99.5

表 5-37 不同年级中学生"医疗常识与合理就医"健康素养评估问卷分数对应的百分等级（$N = 1\,161$）

素养问卷分数	初中问卷			素养问卷分数	高中问卷		
	初一 $\bar{x} \pm s$: 66.12±18.01	初二 $\bar{x} \pm s$: 74.62±14.52	初三 $\bar{x} \pm s$: 76.90±11.52		高一 $\bar{x} \pm s$: 71.31±12.00	高二 $\bar{x} \pm s$: 69.65±15.35	高三 $\bar{x} \pm s$: 61.43±9.52
30	4.7	2.7	1.3	30	0.8	2.5	2.9
35	9.0	3.8	3.8	35	2.1	4.3	3.8
40	12.0	6.1	5.1	40	3.0	6.8	4.8
45	16.7	8.0	7.6	45	4.2	7.9	10.5
50	23.0	9.5	8.9	50	5.9	9.3	13.3
55	27.3	12.2	11.4	55	10.2	15.0	18.1
60	31.3	14.1	15.2	60	16.5	26.1	32.4
65	36.7	20.5	20.3	65	31.4	37.1	56.2
70	47.7	26.2	24.1	70	43.6	49.6	82.9
75	61.0	36.1	39.2	75	57.6	55.4	93.3
77.5	66.0	44.9	44.3	77.5	64.0	61.4	94.3
80	74.0	54.8	59.5	80	70.8	67.1	95.2
82.5	79.7	68.4	69.6	82.5	80.9	75.0	96.2
85	88.3	78.3	77.2	85	88.6	83.6	97.1
87.5	94.3	90.5	86.1	87.5	93.6	91.8	98.1
90	98.0	96.2	97.5	90	99.2	96.1	99.0
95	100.0	100.0	100.0	95	100.0	100.0	100.0

(一) 基于 WHO 健康素养概念、着眼于健康促进视角的中学生健康素养评估指标体系

本研究采用 WHO 健康素养定义,依据欧洲健康素养调查采用的健康素养概念整合模型,将健康素养维度分为获取、理解、评价和应用。这 4 种能力应贯穿在青少年生长发育的始终,是处理健康信息的核心过程。健康素养涉及医疗服务、疾病预防和健康促进 3 个领域。即学生接触医疗卫生信息后到医疗机构就医,有准确判断能力,并遵从医嘱;学生主动获取健康危险因素信息,并规避这些危险因素;学生主动寻求健康促进相关信息,并做出促进自身健康的决策。同时,素养的 4 个能力维度还融合了 Nutbeam 提出的健康素养三水平:功能性健康素养、互动性健康素养和评判性健康素养,以及 Norman 提出的电子媒介素养。这些国际理论保证了健康素养内涵的科学性。此外,我们通过研读相关中学生健康教育规范性文件,如《中小学健康教育指导纲要》《中小学健康教育规范》等,构建三级评估指标内容,以此保证开发的评估内容对中学生有较好的适应性。我们还通过两轮德尔菲专家咨询讨论该三级指标体系的内容,并进行适合初中和高中学段的内容划分,最终制定具有科学性、可操作性、内容全面的中学生健康素养评估三级指标体系。该指标体系与中学健康教育的目的、宗旨保持一致,为中学健康教育教材与内容的制订提供了依据,也为后期开发中学生健康素养评估问卷提供了理论基础。

(二) 贴合中学生日常生活的情景式健康素养评估问卷

依据前述中学生健康素养评估三级指标体系,我们联合儿少卫生、健康教育与健康促进、心理健康及儿童眼保健牙保健等多领域专家学者共同编写评估问卷。为增强问卷的可接受性,在开发评估问卷时,采用情景案例题的评估方式。即根据指标体系的相关内容,将这些相关内容涵盖在一个情景之下,辅助配图的方式,帮助学生理解,引导学生作答,增强问卷的接受性。预调查时,对学生填写问卷的意见进行收集,大部分学生反映"情景设置得很好,做题流畅,和生活贴近""能告诉我们疾病的严重性,提高防治措施"等。

初中和高中 6 个内容的问卷难度系数为 0.7~0.8。一般来说,作为测验试题,其难度应为 0.3~0.7。而本研究的最终目的是让学生掌握正确的医疗卫生常识、科学的生活习惯,并非是测试性项目,很多题目的设置是出于满足基本掌握要求。

一般来说,项目区分度0.4以上表明非常良好,说明测验项目能非常好地区分受测者水平高低。本研究二级指标的项目区分度大多在0.4以上,仅有健康相关行为问卷的分析评价维度项目区分度较低,可能的原因是当下学校健康教育不完善,不注重评估学生的能力,只注重知识掌握情况,由此导致学生分析评价能力欠缺。

信度系数值为0.65~0.70,这也是可以接受的。本研究6个一级指标的重测信度值大部分在0.65以上。但也可以看出内容五和内容六重测信度较低。第二次预调查的分数高于第一次,有可能是学生存在自主学习行为,在第一次测评后查询了正确答案。各一级指标的第二次结果显示,Cronbach's α 系数>0.70,与第一次测量结果相比有所提高或保持稳定。说明经过调整后的问卷具有更好的稳定性,信度较好。健康相关行为高中第二次测量的Cronbach's α 系数偏小,考虑第一次结果良好,故认为问卷调整之前更具有良好稳定性。

区分效度检验结果显示,6套测评问卷能很好区分素养分数高低不同的学生。用逻辑分析方法探讨问卷具有良好的内容效度。本研究未采用因子分析的方法讨论问卷的结构效度,主要原因如下:评估指标的设计严格按照WHO提出的健康素养整合概念框架,并且框架内的具体评估指标已经过多轮多学科专家的研讨和德尔菲咨询,因此已经具备清晰的结构分布。同时,问卷题目的设计严格忠实于指标条目,也经过专家的表面效度论证。若采用探索性的因子分析,很有可能打乱原有的评估指标框架体系。可在今后的研究中,通过另外选择中学生样本,进行各评估问卷的验证性因子分析。

综上,6套问卷具有良好的信度、效度,可以较好地测评学生健康素养水平。

(三)评分方法的改良

本研究参考了国家居民健康素养调查后推出的《中国公民健康素养——基本知识与技能(2015年版)》,在评估分数体系上有所创新。

首先,根据德尔菲专家咨询的结果给予每个一级指标下的二级指标权重,根据权重的大小进行评分,这样利于体现不同内容维度下的侧重点。例如,对于中学生来说,"安全应急与避险"的技能应该侧重于运用知识,提高实际中的操作能力;而对于"疾病预防与控制"则应侧重于理解疾病机制,进而避免疾病。其次,本研究不采用分数"通过与否"的评分原则,而是采用标准分数评估表的结果输出方式,采用常模的计算方法,利用其意义直观、容易理解、便于解释的优点,解释学生单一能力测验的成绩,方便学生了解健康素养水平在其所属团体中的相对位置。同时,学生也可以对自己不同年龄阶段、不同内容维度的健康素养水平的发展进行监测,以达到补齐短板、全面发展的目的。

总体来说,该评分体系有以下优点:①方便学生通过查表的方法得知自己在该年龄段或年级段的百分位次;②学生可检测自己随着年龄或年级的升高,健康素养水平的变化;③学生获知自己六大健康素养内容的掌握情况;④统一6套问卷的分数标准,不同年级和(或)年龄之间可以相互比较,方便教育系统进行健康教育分数的评估。常模的制作需要大样本量的设计和广范围、多层次的抽样。本研究仅选取了上海市内某些初中和高中学生进行调查,采用常模的计算方法制作健康素养分数评估表。其结果为将来在全上海,乃至全中国进行大范围抽样调查做铺垫。

(四) 本研究的优缺点

1. **本研究的优点** 通过文献查阅、专家咨询及政策研究等方式建立中学生健康素养三级指标条目池,通过德尔菲专家咨询最终确立评估内容,是内容全面、结构完整的中学生健康素养指标体系。该指标体系的构建为后期开发评估问卷提供了坚实的基础。

根据指标体系设计的情景式评估问卷,贴合中学生生活实际与思维习惯。情景式问卷不仅可以测评中学生健康知识、态度、行为与技能,更可以通过文字、题目启发的方式促使学生进行思考,帮助其将知识转化为实际行动。另外,此套问卷根据内容全面的指标体系设计而来,不仅考查学生健康知识的掌握情况,而且侧重对健康问题的思考、实践中的行为,为教育工作者对健康教育课进行效果的评估提供参考。

本研究初步探索并建立了标准化评估分数体系,采用常模参照试验的方法建立了标准化评估分数体系,能较好地帮助问卷使用者了解所测分数的位次,有效评估健康素养水平。

2. **本研究的局限性及建议** 本文采用常模的计算方法探索标准化评估分数体系,但人群的选择是上海市中学生。因此,在全国范围的外推性上具有一定的限制,应在全国范围内严格遵守分层抽样的方法,选取经济发展不同、文化背景多样的地区扩大样本量,使研究人群更具有代表性,制作常模。

五、结语

本研究建立了以内容维度、素养维度和学段维度为支撑的中学生健康素养评估三级指标体系,为后期开发中学生健康素养评估问卷提供了理论依据。情景式中学生健康素养评估问卷的信效度检验良好。研究建立的中学生健康素养标准化评估分数体系,便于使用者通过卷面分数查询个体在同年级和(或)年龄中学生人群中的位次,进行百分位数的直接对比。目前,我国中学生健康素养的评估没有标准量表,因此没有分析本研究问卷的效标效度。在今后的研究中,将跟进中学生健康素养相关研究的进展,完善效度的评估。

(王亚宁 史慧静)

参考文献

[1] 中华人民共和国国家卫生和计划生育委员会. 国家卫生计生委办公厅关于印发《中国公民健康素养——基本知识与技能(2015年版)》的通知[J]. 中国健康教育, 2016, 32(1): 94 - 95.

[2] 中华人民共和国国家卫生和计划生育委员会. 中小学健康教育规范[EB/OL]. [2017 - 02 - 07]. http://www.moh.gov.cn/zwgkzt/pqt/201207/55285.shtml.

[3] 中华人民共和国教育部. 教育部关于印发《中小学心理健康教育指导纲要(2012年修订)》的通知[EB/OL]. [2016 - 12 - 24]. http://www.moe.edu.cn/publicfiles/business/htmlfiles/moe/s3325/201212/145679.html.

[4] 中华人民共和国教育部. 教育部关于印发《中小学健康教育指导纲要》通知[EB/OL]. [2016 - 12 - 24]. http://www.gov.cn/gzdt/2008-12/27/content_1189107.htm.

[5] 朱德全. 教育测量与评价[M]. 北京: 高等教育出版社, 2016.

[6] 李玉革, 曹明芹, 刘金宝. 德尔菲法在新疆艾滋病综合评价指标筛选中的应用[J]. 中国卫生统计, 2013, 30(1): 102 - 107.

[7] 张文彤, 董伟. SPSS统计分析高级教程[M]. 2版. 北京: 高等教育出版社, 2013.

[8] 张诗晨, 万宇辉, 陶舒曼, 等. 中国青少年互动性健康素养问卷的信度和结构效

度评价[J].中国学校卫生,2014,35(03):332-336.
[9] 陈英耀,倪明,胡献之,等.公立医疗机构公益性评价指标筛选——基于德尔菲专家咨询法[J].中国卫生政策研究,2012,5(1):6-10.
[10] 唐增.医疗服务中健康素养快速评估工具的开发及应用[D].复旦大学,2016.
[11] 浦震梅,谭晖,谢静波,等.德尔菲法在上海市青春期女性生殖健康保健服务政策拓展中的应用研究[J].中国妇幼保健,2015,30(31):5399-5403.
[12] 曾光,李辉.现代流行病学方法与应用[M].北京:北京医科大学与中国协和医科大学联合出版社,1994.
[13] 简党牛,史建平.Delphi法在住院医师规范化培训考核指标体系建立中的应用[J].新疆医科大学学报,2006,29(5):459-462.
[14] 樊落,席淑华.急诊专科护士核心能力评价指标体系的构建研究[J].中华护理杂志,2011,46(2):144-146.
[15] Deborah H, Carolyn H. The ideal attributes of chief nurses in Europe: a Delphi study [J]. Advanced Nursing, 2003,43(5):441-448.
[16] DeVellis R F. Scale development: theory and applications [M]. Newbury Park, CA: Sage Publications, 1991.
[17] Norman, C. D., H. A. Skinner, eHEALS: the eHealth literacy scale. Journal of medical Internet research [J]. 2006,8(4):e27.
[18] Nutbeam D. Health literacy as a public health goal: a challenge for contemporary health education and communication strategies into the 21st century [J]. Health Promot Int, 2000,15(3):259-267.

第六章

大学生健康素养评估指标体系研究

一、研究背景及研究目的

高等教育在中国具有特殊重要的地位，一直是教育系统中发展最快的部分。1999年全国共有普通高等学校1 071所，成人高等学校871所。高等学校本专科在校生共718.91万人；其中普通高等学校在校生413.42万人，成人高等教育在校生305.49万人，在校研究生23.4万人，高等教育毛入学率达到10.5%。2000年普通高校实际招生220万人，高等教育毛入学率达到11%。2010年党中央、国务院颁布了国家中长期教育改革和发展规划纲要，召开了新世纪第一次全国教育工作会议，中国教育改革和发展进入新的阶段。2016年教育部首次发布《中国高等教育质量报告》。报告称2015年中国在校大学生规模达到3 647万人（其中普通高校本专科2 625万人），位居世界第一；各类高校2 852所，位居世界第二；毛入学率40%，高于全球平均水平。预计到2019年，高等教育毛入学率将达到50%以上，中国将进入高等教育普及化阶段。

一方面，随着我国教育体系的发展，我国大学生（含研究生）人数越来越多，所占人口比例越来越大，另一方面随着经济、社会的逐步发展，大学生所面临的社会环境也越来越复杂。高等教育学府（高校）肩负着重要的育人功能，不仅是要培养在各领域有专业技能的人才，更为基础并且重要的是培养身心健康的社会主义建设人才。因此，大学生的身心健康问题日渐成为一个不可忽视的关注点。

本研究以高校学生为研究对象，开展了大学生健康素养评估指标体系研究。在此基础上，进行大学生健康素养问卷开发，并通过实际应用，了解目前我国大学生中健康素养的现况，确定大学生健康素养需求的核心内容,从而为有针对性地在大学生中开展有效和科学的健康教育提供科学依据,提高大学生健康素养水平。

二、研究工作流程和方法

本研究首先通过最近10年国内外文献回顾,全面分析现有的健康素养理论的相关文献,对于现有健康素养量表的内容、维度、分类、等级评分等进行整理,对健康素养的理论体系、评估指标进行全面的梳理,从而形成量表体系的结构框架。通过组织在校大学生,高校教育工作者和青少年健康专业人员进行焦点小组访谈,分析目前学生健康素养的现况,目前存在的问题等,形成大学生健康素养评估条目池。将形成的条目池,通过德尔菲专家咨询法和学生的问卷预实验,对条目池的条目进行调整和删减,形成预问卷。再次通过问卷形式进行多中心调研和信效度分析,最终形成大学生健康素养评估问卷。

根据上述研究思路和研究方法,本研究概括出的技术路线图见图6-1。

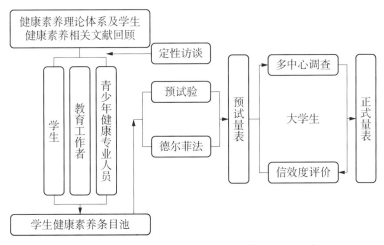

图6-1 大学生健康素养评估指标和评估问卷研究流程图

(一) 梳理大学生健康素养评估内容与方法

根据《大学生健康教育基本要求》《上海市高校学生健康教育指导纲要》《普通高等学校学生心理健康教育工作基本建设标准》以及新时代学生特点,梳理出我国大学生人群应该具备的健康素养。

课题组选取10位大学生,采用个人深入访谈与座谈讨论的方式,了解了以下4个方面的信息:①对于大学生健康素养概念的看法与理解;②当前大学生通常通过哪些途径获取健康信息;③为了保持健康生活方式/预防身心健康问题/合理利用卫生保健服务,大学生在获取、理解、评价和运用健康信息方面的意愿及需求、遇到的困难和困惑;④如何才能相对简便而客观地评估大学生在获取、理解、评价和运用健康信息方面能力等。

(二)确定学生健康素养评估指标体系的结构和维度

通过文献查阅、课题组内部专题讨论等形式,分析健康素养各维度的内涵意义,并梳理比较,形成了初步的学生健康素养评估指标体系结构。

课题组邀请了上海市卫生、教育、传播等领域的专家9人,就大学生健康素养评估指标体系构建这一主题召开专家咨询会。会上,专家们就大学生健康素养含义、大学生健康素养三级指标及评估指标内容和合理的评估工具等,达成了共识,形成了以素养维度、健康内容维度为框架的指标体系。

(三)编写、论证大学生健康素养评估的四级指标条目池

1. 专家咨询会　课题组邀请来自多个健康相关领域的专家,分别针对不同的健康领域内容,按照获取、理解、评价和应用健康相关信息的能力,编写大学生健康素养评估四级指标体系中的末级条目池,力求尽可能地评估大学生应对各种健康相关生活事件的能力,反映其健康素养水平。

2. 学生座谈会以及预调查

(1) 大学生焦点小组讨论:2015年3月—5月邀请大学生代表20人,针对健康素养评估四级指标体系认知性修正,从受众角度出发对健康素养体系提出建议,对三级指标的条目进行增减。

(2) 大学生健康素养体系预调查:根据分层抽样和立意抽样相结合,制定问卷样本数最少为条目数的5倍,共找到文、理、医本科生和研究生各200人(共800人)做预试对象,对大学生健康素养评估体系进行了抽样调查。调查采用EpiData 3.1软件进行数据录入,采用Excel 2010软件和SPSS 22.0软件进行数据统计与分析。从而制定了大学生健康素养评估维度,进一步进行德尔菲专家咨询。

3. 德尔菲专家咨询

(1) 德尔菲专家组成员组成:在学生预调查的基础上,分别邀请来自全国的从事多个学科领域研究,具有较高的学术水平或丰富的工作经验专家组成德尔菲专家咨询组。专家学者来自高校思政、健康传播、疾病预防、健康教育和健康促进这些专业领域,均为副高级职称以上。课题组共邀请13位专家进行2次德尔菲专家咨询。

(2) 德尔菲咨询表的编制:研究人员通过文献查阅、课题组内部专题讨论等形式,分析了健康素养各维度的内涵意义;参考《大学生健康教育基本要求》《上海市高校学生健康教育指导纲要》《普通高等学校学生心理健康教育工作基本建设标准》,以梳理大学生人群应该掌握的健康知识和行为技能;同时通过个人深入访谈、邮件咨询或座谈讨论的方法,采纳数位高校思政、卫生领域和健康教育领域的专家的意见,形成了由两个维度构成的素养体系。

1) 健康内容维度:主要针对当前我国大学生人群面临的主要健康问题和从事的工作领域来划分,确定了5个方面的内容:①青春期保健与性健康卫生;②健康生活方式;③医疗卫生常识与疾病预防;④心理健康;⑤安全应急与避险。

2) 素养维度:主要根据健康素养的概念,分为获取、理解、评价和应用健康信息4个方面,整合了功能性素养、交互性素养、评判性素养和新媒体素养。

(3) 实施德尔菲专家咨询:本研究共进行了两轮德尔菲专家咨询。第一轮咨询要求专家对大学生健康素养5个内容维度的健康素养评估末级指标的重要性进行评分,若有需要增删的条目则需标注在备注框。专家还需要对熟悉程度、判断依据进行评判,同时对健康内容维度和素养维度的比重进行打分。第二轮咨询是在第一轮咨询的基础上进行分析总结,对健康内容维度的素养评估指标进行逐条修改,并删除了健康素养代表性评分、可获得性评分低于3.5分的部分指标条目,并将初步的分析结果随第二轮调查表反馈给各位专家,要求专家对上轮咨询的情况重新认识,并再次打分。

两轮咨询表均以电子邮件的形式进行发放和回收。

(4) 统计方法:采用 EpiData 3.1 软件进行数据录入;采用 Excel 2010 软件和 SPSS 22.0 软件进行数据统计与分析。以问卷的回收率来反映专家的积极性,以权威系数反映专家权威性,以满分率和相对重要性评分的均数表示专家集中意见程度,以变异系数和协调系数表示专家意见协调程度,并对协调程度进行多个相关样本的非参数检验。最后计算各指标权重系数。

(四)制定大学生健康素养四级指标

在完成两轮德尔菲咨询后,根据专家的意见将原本的条目设计调整为四级指标,课题组邀请大学生代表和健康相关多领域专家,再次召开专家讨论会,将大学生健康素养体系改为四级指标,针对不同的健康领域内容,按照获取、理解、评价和应用健康相关信息的能力,形成大学生健康素养评估四级指标体系中的末级条目池,力求更为详尽地评估大学生应对各种健康相关生活事件的能力,反映其健康素养水平。

(五)编写大学生健康素养自评问卷,并进行测量学检验

根据德尔菲专家咨询会以及专家两次讨论会结果,形成了形成大学生健康素养评估四级指标体系中的末级条目池,抽取其中的条目,进行了全国范围5所高校,2 000人的测试评估。

三、研究结果

(一)大学生健康素养评估体系学生焦点小组分析结果

1. 学生基本情况　本研究共邀请来自文、理、医的本科生和研究生共20人,参加了大学生健康素养体系焦点小组讨论,针对健康素养评估三级指标体系进行认知性修正,从受众角度出发对健康素养体系提出建议,对三级指标的条目进行增减。其中医科生8人,文科生6人,理科生6人;本科生10人,研究生10人;男生8人,女生12人。

2. 焦点讨论中对大学生健康素养评估指标的认知性修正　根据焦点小组访谈中高校学生对健康素养评估体系各指标的意见和建议,课题组对4个健康素养维度的评估指标进行逐条修改,删除了健康素养代表性评分或者恰当性评分低于3.5分的部分指标条目,并对讨论中学生提出的关心的问题进行了条目的增补,汇总如下。

(1)在"信息获取"维度中删除条目"获取应对急症的相关信息";将条目"获取有益于您心理健康的生活方式"修改为"获取改善心理健康的信息";删除条目"获取相关的预防接种和疾病筛检的信息";将条目"获取预防传染病(如乙型肝炎,结核病)的信息"修改为"知道传染病(如乙肝)预防的信息";删除条目"获取可能医疗卫生相关的政策信息";将条目"知道艾滋病的传播途径和预防方式"修改为"获取艾滋病相关的信息",增加条目"知道人工流产对健康的危害"。

（2）在"信息理解"维度中,将条目"理解媒体上的有关保健的信息"修改为"理解媒体上的保健相关的信息";将条目"了解自己的家族病史"修改为"知道自己是否有如高血压,糖尿病等的家族疾病"和"知道如何预防高血压,糖尿病等家族病";将条目"知道性传播疾病的预防方式"修改为"知道哪些是性传播疾病,并知道这类疾病是怎么传播的";增加"知道人工流产对健康的危害";将条目"读懂体检报告"修改为"能看懂体检报告"。

（3）在"信息评价"维度中删除条目"判断医生所提供的信息是否适用于自己";将条目"判断媒体上与健康风险相关信息的可靠性"修改为"能判断媒体上哪些健康相关的信息是可靠的";将条目"判断与您健康相关的日常生活习惯有哪些"修改为"能判断哪些生活习惯有益于健康";删除条目"判断何时需要做健康检查"。

（4）在"信息利用"维度中将条目"理解膳食金字塔的构成,合理选择和搭配早餐的重要性"修改为"根据营养配比,合理选择和搭配每天的饮食";删除条目"在急救时拨打'120'呼叫救护车";将条目"当你心情低落时,知道找谁倾诉"和"受挫时,有亲人或朋友进行倾诉和讨论"两条合并修改为"遇到挫折时,有人可以倾诉"一条;将条目"决定改善健康"改为"开始采取行动改善自己的健康";删除条目"参加改善身心健康的集体活动";删除条目"改善影响您身心健康的居住环境";增加条目"理解避孕措施的信息";增加条目"知道如何处理意外怀孕";将条目"知道外生殖器/月经和乳房的卫生护理方法"修改为"如果你是男生,知道如何护理外生殖/如果你是女生,知道经期和乳房的线管护理方法";删除条目"接受不同的性取向";删除条目"尽量减少二手烟的暴露";删除条目"从人群中得到支持",删除条目"感动亲近的人或被他们所感动";将条目"有固定的朋友圈"和"有不同性别和不同年龄段的朋友"两条合并修改为一条"有稳定的朋友圈";将条目"控制糖分的食用"修改为"控制糖的摄入量";将条目"食用足量的碳水化合物（米饭、面食、面包等）"修改为"每餐保证足量的主食";删除条目"采用讨论与妥协的办法与他人妥善解决矛盾";

删除条目"愿意表扬他人";删除条目"有持久的信念系统和个人宗教信仰";将条目"每周能进行几次每次20分钟以上的激烈锻炼(如散步、骑自行车、有氧跳舞、爬楼梯)"、"参加娱乐性锻炼(如游泳、跳舞和骑自行车等)"和"每周能进行几次轻到中度的身体锻炼(如每次30~40分钟持久步行)"修改合并为一条"进行有计划的体育锻炼";删除条目"清楚自己人生中重要的事情";删除条目"知道怎样获得有效的健康信息";删除条目"知道如何选择医生/医院";删除条目"与同学和老师相处融洽";删除条目"能平衡自己的热量摄入和消耗";删除条目"挑选食物时考虑食物的营养比例",将条目"食用足量的肉食和鸡蛋"修改为"保证每天的饮食中肉类和蛋类的食用";将条目"在选择食品时是否会阅读食品包装上的营养、热量和钠盐等信息"修改为"会关注食品包装上的成分信息"。

(二) 大学生健康素养评估指标体系的德尔菲分析结果

1. 专家基本情况　本研究邀请的专家来自多个学科领域,包括预防医学、健康教育与健康传播、心理学、传播学、临床医学、社会学、儿少卫生、高校思想政治等。参与第一轮德尔菲专家咨询的专家共13人,其中预防医学2人、健康教育与健康传播专家5人,心理学、高校思想政治、传播学、临床医学、社会学、儿少卫生各1人,专家的相关工作年数、职称情况见表6-1。

表6-1　两轮德尔菲法咨询专家的基本情况

项　　目		德尔菲咨询	
		人数	构成比(%)
合计		13	100.0
职称	副高级技术职称	8	61.54
	高级技术职称	5	38.46
相关工作年数	10年及10年以下	1	7.69
	10年以上20年以下(含20年)	9	69.23
	20年以上30年以下(含30年)	2	15.38
	30年以上	1	7.69

2. 两轮函询的专家积极性　专家的积极系数是专家对某研究的关心程度,计算方法为参与的专家数占全部专家数的百分比,也称回收率。

研究共选定专家 13 名,第一轮函询实际参与 13 名,第二轮函询实际参与 13 名,从表 6-2 中可以看出本次调查两轮专家咨询有效回表率均为 100%,表明在两轮调查中专家对本次咨询内容感兴趣。

表 6-2　两轮德尔菲专家咨询回表率

	发出问卷数	收回问卷数	有效回收率(%)
第 1 轮	13	13	100
第 2 轮	13	13	100

3. 两轮函询的专家权威程度　专家权威程度用专家权威系数表示。专家权威系数(Cr)由专家对问题的熟悉程度系数(Ca)及专家的判断系数(Cs)的算术均数来表示。专家的权威程度以自我评估为主,专家权威程度越大,说明其判断的科学性越大,其结果可信度越高。根据表 6-3 的熟悉程度及判断依据的量化赋值,计算发现(表 6-4),在调查中专家的判断系数为 0.89,熟悉程度为 0.84,权威系数为 0.86。函询的权威系数均大于 0.7 表示专家对研究涉及领域的权威程度均较高,咨询结果可信。

表 6-3　熟悉程度及判断依据的量化赋值

熟悉程度	量化值	判断依据	影响程度		
			大	中	小
很熟悉	1.0				
熟悉	0.8	理论分析	0.3	0.2	0.1
一般	0.6	实践经验	0.5	0.4	0.3
不熟悉	0.4	国内外同行的了解	0.1	0.1	0.1
很不熟悉	0.2	直觉	0.1	0.1	0.1

表 6-4 德尔菲咨询专家判断系数、熟悉程度及权威系数分值

	专家编号													均数	权威系数(Cr)
	01	02	03	04	05	06	07	08	09	10	11	12	13		
判断系数(Cs)	1.0	0.9	0.8	1.0	0.9	0.8	1.0	0.9	0.9	1.0	0.7	0.8	0.9	0.89	0.86
熟悉程度(Ca)	1.0	0.8	0.8	0.8	0.9	0.8	1.0	0.8	0.7	1.0	0.8	0.7	0.8	0.84	

4. 两轮咨询中对大学生健康素养评估指标的专家意见集中程度 专家意见的集中程度主要用重要性得分的均数和满分比表示。根据两轮咨询结果,相对重要性分数=代表性分数×0.55+可获得性分数×0.45。

均数的计算公式为:$M_j = \frac{1}{m_j}\sum_{j=1}^{m}C_{ij}$

其中,m_j:表示 j 指标的专家数;C_{ij}:表示 i 专家对 j 指标的评分值。M_j 越大,则对应的 j 指标的重要性越高。满分比计算公式为:$K_j = \frac{m'_j}{m_j}$。其中,m'_j:表示给满分的专家数。权重的计算由各条目的秩和而来,专家对各Ⅲ级指标评分排秩,遇到相等评分时,取平均等级,最终计算各条目的等级和 S_j,秩和的计算公式为:$S_j = \sum_{i=1}^{m_j}R_{ij}$,其中 S_j 表示 j 指标的等级和;R_{ij}:表示 i 专家对第 j 指标的评价等级。权重=$S_j/\sum S_j$,也可以推算,S_j 越大,该指标就越重要。

根据函询专家对大学生健康素养评估体系各指标的意见和建议,课题组对 4 个健康素养维度的评估指标进行逐条修改,并删除了健康素养代表性评分或者可获得性评分低于 3.5 分的部分指标条目。具体汇总如下。

在"信息获取"维度中将"常见病及传染病"改为"预防常见疾病","获取防治肥胖、高血压或者高胆固醇血症等慢性病的信息"改为"获取防治肥胖、高血压或者糖尿病等慢性病的信息";"通过电视节目或者网络获得疾病的相关信息"改为"通过电视节目或者网络获得权威的疾病相关信息",见表 6-5。

在"信息理解"维度中,将文字中"了解"的表述改为"知道";将"了解结核病的相关预防措施"改为"知道结核病的传播方式和预防措施";将"理解有关吸烟、缺乏运动及过量饮酒行为的健康警示"改为"理解有关吸烟、缺乏运动及过量饮酒等不健康生活方式的健康警示",删除三级指标"卫生保健的消费"下的条目"理解那些已经被科学研究证明是有效的健康信息";三级指标"常见病及传染病"改为"预防常见疾病",见表6-6。

在"信息评价"维度中,将"心理疾病"二级指标中的"判断何时咨询心理咨询师或者精神科医生"的条目删除,见表6-7。

在"信息利用"维度中,将"客观对待传染病,自觉接受隔离"改为"在流感流行季节能采取正确的防护措施";将三级指标"新媒体健康素养"下的条目"决定如何应用从媒体获取的信息来预防疾病"删除;将三级指标"自我管理"下的条目"能面对挫折与挑战"改为"能对郁闷、挫折感进行自我调适","满足生活现状"改为"能适应校园的生活环境";将三级指标"压力应对"下的条目"在压力大的时候,避免过激的或攻击性的行为"改为"在压力大的时候,能避免过激的或攻击性的行为";将条目"在压力大的时候,避免酒精或药物滥用"改为"在压力大的时候,能避免酒精或药物滥用",将三级指标"青春期保健"下条目"能正确面对分手"改为"能正确对待恋爱与分手";将三级指标"性健康"下的条目"接受婚前性行为"删除;将三级指标"营养"下的条目"有意识地选择低脂和低胆固醇的饮食"改为"有意识地能够根据自身营养状况来选择食品";将三级指标"体力活动"下的条目"开展有计划的体育健身项目"改为"能有规律地参加体育健身活动",将三级指标"远离危险生活方式"下的条目"服用毒品"删除,见表6-8。

由表6-9可见"信息获取"维度中第一轮咨询所有条目的重要性平均得分最小为3.93,最大为4.55,满分比最小为0,最大为0.46;第二轮咨询所有条目的重要性平均得分最小为3.97,最大为4.71,满分比最小为0,最大为0.54。综合一、二轮咨询结果,Ⅱ级指标的权重如下:医疗卫生常识与疾病预防0.337,心理健康0.100,青春期保健与性健康0.146,健康促进0.322,安全应急与避险0.095。

由表6-6可见"信息理解"维度中第一轮咨询所有条目的重要性平均得分最小为3.36,最大为4.57,满分比最小为0,最大为0.54;第二轮咨询所有条目的重要性平均得分最小为4.04,最大为4.62,满分比最小为0.07,

表 6-5 信息获取健康素养评估指标重要性及权重系数

I级指标	II级指标	III级指标	第一轮咨询					第二轮咨询				
			相对重要性均分(M_j)	满分比(K_j)	等级秩和(S_j)	权重		相对重要性均分(M_j)	满分比(K_j)	等级秩和(S_j)	权重	
信息获取	医疗卫生常识与疾病预防	Y-1	4.546 154	0.461 538	143.5	0.334 559		4.56		137	0.339 649	
		Y-2	4.496 154	0.384 615	129.5	0.081 165		4.715 385	0.230 769	150.5	0.077 489	
		Y-3	4.307 692	0.153 846	115	0.073 247		4.584 615	0.538 462	143.5	0.085 124	
		Y-4	4.35	0.384 615	129.5	0.065 045		4.334 615	0.384 615	108.5	0.081 165	
		Y-5	3.938 462	0.153 846	74	0.073 247		3.969 231	0.153 846	61	0.061 369	
	心理健康	X-1	4.188 462	0.153 846	100	0.041 855		4.125 385	0	81	0.034 502	
		X-2	4.011 538	0	77	0.100 113		4.180 769	0.153 846	96.5	0.100 395	
	青春期保健与性健康	Q-1	4.476 923	0.461 538	134.5	0.056 561		4.580 769	0.153 846	138.5	0.045 814	
		Q-2	4.288 462	0.230 769	115.5	0.043 552		4.426 923	0.538 462	128	0.054 581	
	健康促进	J-1	4.484 615	0.461 538	145	0.141 403		4.263 077	0.461 538	103.5	0.150 735	
						0.076 075					0.078 337	
						0.065 328					0.072 398	
						0.317 873					0.326 359	
						0.082 014					0.058 541	

（续表）

I级指标	II级指标	III级指标	第一轮咨询 相对重要性均分(M_j)	满分比(K_j)	等级秩和(S_j)	权重	第二轮咨询 相对重要性均分(M_j)	满分比(K_j)	等级秩和(S_j)	权重
		J-2	4.134 615	0.230 769	102.5	0.057 975	4.256 154	0.230 769	101	0.057 127
		J-3	4.4	0.307 692	130.5	0.073 812	4.630 769	0.461 538	150	0.084 842
		J-4	4.184 615	0.076 923	104.5	0.059 106	4.384 615	0.384 615	111	0.062 783
		J-5	3.976 923	0.076 923	79.5	0.044 966	4.342 308	0.076 923	111.5	0.063 066
	安全应急与避险					0.106 052				0.082 862
		A-1	4.134 615	0.230 769	95.5	0.054 016	4.05	0.076 923	76	0.042 986
		A-2	4.084 615	0	92	0.052 036	3.992 308	0.153 846	70.5	0.039 876

表 6-6　信息理解健康素养评估指标重要性及权重系数

I级指标	II级指标	III级指标	第一轮咨询 相对重要性均分(M_j)	满分比(K_j)	等级秩和(S_j)	权重	第二轮咨询 相对重要性均分(M_j)	满分比(K_j)	等级秩和(S_j)	权重
信息获取	医疗卫生常识与疾病预防					0.360 623				0.379 757
		Y-1	4.280 769	0.230 769	136.5	0.05	4.328 462	0.153 846	125.5	0.050 81
		Y-2	4.35	0.153 846	146.5	0.053 663	4.573 077	0.461 538	151.5	0.061 336

(续表)

I级指标	II级指标	III级指标	第一轮咨询 相对重要性均分(M_j)	满分比(K_j)	等级秩和(S_j)	权重	第二轮咨询 相对重要性均分(M_j)	满分比(K_j)	等级秩和(S_j)	权重
		Y-3	4.3	0.076 923	131.5	0.048 168	4.469 231	0.384 615	143	0.057 895
		Y-4	4.446 154	0.307 692	162	0.059 341	4.398 462	0.307 692	127.5	0.051 619
		Y-5	4.384 615	0.307 692	152.5	0.055 861	4.323 077	0.076 923	118	0.047 773
		Y-6	4.280 769	0.076 923	136	0.049 817	4.230 769	0.230 769	105.5	0.042 713
		Y-7	4.180 769	0.153 846	119.5	0.043 773	4.642 308	0.153 846	167	0.067 611
	心理健康	X-1	3.896 154	0.076 923	95	0.034 799	4.230 769	0.153 846	103	0.041 7
						0.298 352				0.285 02
	青春期保健与性健康	Q-1	4.511 538	0.384 615	173.5	0.063 553	4.126 923	0.153 846	106.5	0.043 117
		Q-2	4.238 462	0.230 769	137	0.050 183	4.476 923	0.384 615	144	0.058 3
		Q-3	4.434 615	0.307 692	169	0.061 905	4.223 077	0.153 846	127	0.051 417
		Q-4	4.561 538	0.384 615	189	0.069 231	4.596 154	0.384 615	168	0.068 016
		Q-5	4.419 231	0.230 769	146	0.053 48	4.615 385	0.384 615	158.5	0.064 17
						0.210 44				0.212 752
健康促进		J-1	4.307 692	0.230 769	140.5	0.051 465	4.530 769	0.461 538	148.5	0.060 121

(续表)

Ⅰ级指标	Ⅱ级指标	Ⅲ级指标	第一轮咨询 相对重要性均分(M_j)	第一轮咨询 满分比(K_j)	第一轮咨询 等级秩和(S_j)	第一轮咨询 权重	第二轮咨询 相对重要性均分(M_j)	第二轮咨询 满分比(K_j)	第二轮咨询 等级秩和(S_j)	第二轮咨询 权重
		J-2	4.130 769	0.153 846	115.5	0.042 308	4.496 154	0.384 615	142.5	0.057 692
		J-3	4.246 154	0.307 692	129	0.047 253	4.353 846	0.153 846	112	0.045 344
		J-4	3.357 692	0	75	0.027 473	—	—	—	—
		J-5	4	0.076 923	114.5	0.041 941	4.369 231	0.230 769	122.5	0.049 595
	安全应急与避险					0.095 788				0.080 769
		A-1	4.573 077	0.538 462	169	0.061 905	4.084 615	0.307 692	110	0.044 534
		A-2	3.715 385	0.076 923	92.5	0.033 883	4.042 308	0.538 462	89.5	0.036 235

表 6-7 信息评价健康素养评估指标重要性及权重系数

Ⅰ级指标	Ⅱ级指标	Ⅲ级指标	第一轮咨询 相对重要性均分(M_j)	第一轮咨询 满分比(K_j)	第一轮咨询 等级秩和(S_j)	第一轮咨询 权重	第二轮咨询 相对重要性均分(M_j)	第二轮咨询 满分比(K_j)	第二轮咨询 等级秩和(S_j)	第二轮咨询 权重
信息获取	医疗卫生常识与疾病预防					0.292 027				0.332 168
		Y-1	4.111 538	0.153 846	86	0.082 613	4.203 846	0.076 923	94	0.109 557
		Y-2	4.469 231	0.307 692	115.5	0.110 951	4.238 462	0.230 769	92.5	0.107 809
		Y-3	4.253 846	0.076 923	102.5	0.098 463	4.315 385	0.307 692	98.5	0.114 802

(续表)

I级指标	II级指标	III级指标	第一轮咨询				第二轮咨询			
			相对重要性均分(M_j)	满分比(K_j)	等级秩和(S_j)	权重	相对重要性均分(M_j)	满分比(K_j)	等级秩和(S_j)	权重
	心理健康	X-1	3.457 692	0	58	0.055 716	—	—	—	0.063 52
	青春期与保健	Q-1	3.873 077	0.076 923	91.5	0.087 896	3.615 385	0	54.5	
	健康促进	J-1	3.888 462	0	86	0.082 613	3.769 231	0.076 923	56.5	0.427 156 0.065 851
		J-2	4.092 308	0.153 846	88.5	0.085 014	4.071 538	0	85.5	0.099 65
		J-3	3.938 462	0	74	0.071 085	3.838 462	0.076 923	62.5	0.072 844
		J-4	3.965 385	0	70	0.067 243	3.819 231	0.076 923	63.5	0.074 009
		J-5	4.057 692	0.153 846	81.5	0.078 29	4.211 538	0.076 923	98.5	0.114 802
	安全应急与避险	A-1	4.092 308	0.153 846	83.5	0.080 211	3.930 769	0.076 923	65.5	0.177 156 0.076 34
		A-2	4.069 231	0.076 923	77	0.073 967	4.126 923	0.153 846	86.5	0.100 816

第六章 大学生健康素养评估指标体系研究

表6-8 信息利用健康素养评估指标重要性及权重系数

I级指标	II级指标	III级指标	第一轮咨询 相对重要性均分(M_j)	第一轮咨询 满分比(K_j)	第一轮咨询 等级秩和(S_j)	第一轮咨询 权重	第二轮咨询 相对重要性均分(M_j)	第二轮咨询 满分比(K_j)	第二轮咨询 等级秩和(S_j)	第二轮咨询 权重
信息获取	医疗卫生常识与疾病预防					0.167 079				0.215 683
		Y-1	3.942 308	0.076 923	178.5	0.024 476	4.3	0.153 846	203	0.041 999
		Y-2	4.246 154	0.153 846	256.5	0.035 171	4.261 538	0.153 846	216	0.044 688
		Y-3	4.546 154	0.384 615	289.5	0.039 696	4.426 923	0.307 692	229.5	0.047 481
		Y-4	4.384 615	0.307 692	255	0.034 965	4.330 769	0.153 846	224.5	0.046 447
		Y-5	4.273 077	0.230 769	239	0.032 771	4.126 923	0.153 846	169.5	0.035 068
	心理健康					0.143 768				0.190 132
		X-1	3.938 462	0.153 846	177	0.024 27	4.057 692	0.153 846	169	0.034 964
		X-2	4.357 692	0.153 846	276.5	0.037 913	4.196 154	0.230 769	204.5	0.042 309
		X-3	4.134 615	0.076 923	223.5	0.030 646	4.030 769	0.076 923	157	0.032 482
		X-4	3.865 385	0.076 923	155.5	0.021 322	4.184 615	0.230 769	208	0.043 033
		X-5	4.134 615	0.076 923	216	0.029 617	4.057 692	0.076 923	180.5	0.037 344
	青春期保健与性健康					0.059 304				0.066 619
		Q-1	3.434 615	0.076 923	108	0.014 809	—	—	—	—

(续表)

Ⅰ级指标	Ⅱ级指标	Ⅲ级指标	第一轮咨询 相对重要性均分(M_j)	第一轮咨询 满分比(K_j)	第一轮咨询 等级秩和(S_j)	第一轮咨询 权重	第二轮咨询 相对重要性均分(M_j)	第二轮咨询 满分比(K_j)	第二轮咨询 等级秩和(S_j)	第二轮咨询 权重
		Q-2	3.923 077	0	158.5	0.021 733	3.988 462	0.076 923	162.5	0.033 62
		Q-3	3.976 923	0	166	0.022 762	3.992 308	0.153 846	159.5	0.032 999
						0.444 122				0.536 569
	健康促进	J-1	4	0	193.5	0.026 532	3.742 308	0	156.5	0.032 378
		J-2	4.05	0	193.5	0.026 532	3.973 077	0.076 923	148	0.030 62
		J-3	3.211 538	0	81.5	0.011 175	—	—	—	—
		J-4	4.573 077	0.307 692	291	0.039 901	4.546 154	0.307 692	256	0.052 964
		J-5	4.384 615	0.230 769	258	0.035 376	4.342 308	0.230 769	210.5	0.043 55
		J-6	4.211 538	0.153 846	242.5	0.033 251	4.315 385	0.230 769	215.5	0.044 585
		J-7	4.161 538	0.153 846	219.5	0.030 097	4.084 615	0.230 769	167	0.034 551
		J-8	4.496 154	0.384 615	289	0.039 627	4.580 769	0.461 538	279.5	0.057 826
		J-9	4.546 154	0.384 615	309	0.042 369	4.573 077	0.461 538	259.5	0.053 688
		J-10	4.615 385	0.461 538	324	0.044 426	4.726 923	0.615 385	286.5	0.059 274
		J-11	4.357 692	0.230 769	282	0.038 667	4.484 615	0.307 692	250.5	0.051 826

(续表)

I级指标	II级指标	III级指标	第一轮咨询				第二轮咨询			
			相对重要性均分(M_j)	满分比(K_j)	等级秩和(S_j)	权重	相对重要性均分(M_j)	满分比(K_j)	等级秩和(S_j)	权重
		J-12	3.273 077	0	118.5	0.016 248	—	—	—	—
		J-13	4.057 692	0.076 923	218	0.029 892	4.134 615	0.076 923	182.5	0.037 757
		J-14	4.126 923	0	219	0.030 029	4.161 538	0	181.5	0.037 55
	安全应急与避险					0.185 725				0.241 645
		A-1	4	0	173	0.023 721	4.111 538	0.153 846	191.5	0.039 619
		A-2	4.05	0.076 923	216	0.029 617	3.769 231	0	130.5	0.026 999
		A-3	4.453 846	0.307 692	265.5	0.036 405	4.392 308	0.307 692	235.5	0.048 722
		A-4	4.503 846	0.230 769	282	0.038 667	4.538 462	0.461 538	242	0.050 067
		A-5	4.1	0.230 769	218.5	0.029 96	4.015 385	0.076 923	172.5	0.035 688
		A-6	4.05	0.153 846	199.5	0.027 355	4.065 385	0.230 769	196	0.040 55

最大为0.54。综合一、二轮咨询结果，Ⅱ级指标的权重如下：医疗卫生常识与疾病预防0.371，心理健康0.039，青春期保健与性健康0.291，健康促进0.211，安全应急与避险0.088。

由上表6-7可见"信息评价"维度中第一轮咨询所有条目的重要性平均得分最小为3.46，最大为4.46，满分比最小为0，最大为0.31；第二轮咨询所有条目的重要性平均得分最小为3.77，最大为4.32，满分比最小为0.07，最大为0.54。综合一、二轮咨询结果，Ⅱ级指标的权重如下：医疗卫生常识与疾病预防0.312，青春期保健与性健康0.076，健康促进0.406，安全应急与避险0.166。

由表6-8可见"信息评价"维度中第一轮咨询所有条目的重要性平均得分最小为3.21，最大为4.57，满分比最小为0，最大为0.38；第二轮咨询所有条目的重要性平均得分最小为3.74，最大为4.73，满分比最小为0，最大为0.62。综合一、二轮咨询结果，Ⅱ级指标的权重如下：医疗卫生常识与疾病预防0.192，心理健康0.167青春期保健与性健康0.063，健康促进0.491，安全应急与避险0.212。

纵观表6-5～表6-8，相对第一轮结果而言，第二轮大部分条目的重要性均分均有所提高，虽分数仍有高低，但所有条目的重要性均分均大于3.5。在构建评价指标时，应根据各主题内容和不同维度的侧重点不同。

5. 两轮咨询中对大学生健康素养评估指标的专家意见协调程度　专家意见的协调程度主要用变异系数V和协调系数W来表示，各条目的变异系数说明专家对这一服务内容重要性评价的波动程度，变异系数越小，说明专家的协调程度越高，协调系数W反映了全部专家对所有条目的评价意见的一致性，取值范围在0～1，W越大，表明专家的意见越统一，协调程度越高。

变异系数（V_j）的计算公式为：$V_j = \dfrac{\sigma_j}{M_j}$。其中，$\sigma_j$：表示$j$条目的标准差；$M_j$：表示$j$条目的均数。变异系数说明$m$个专家对于$j$个条目的协调程度。变异系数越小，说明专家协调程度越高。专家意见协调系数（W）的计算公式为：$W = \dfrac{12}{m^2(n^3-n)}\sum_{j=1}^{n} d_j^2$，$n$表示条目数，$m$表示专家数，$d_j$表示第$j$个指标重要性评分的等级和（$S_j$）与全部指标重要性评分等级和（S）的算术平均值之差，即，$d_j = S_j - \overline{S}$。协调系数说明全部m个

专家对全部 n 个指标的协调程度,协调系数 W 在 0~1,W 越大,表示协调程度越好。

两轮咨询各评估指标变异系数和Ⅰ级指标协调系数:根据计算可得,"信息获取健康素养评估指标的评判"中第一轮各条目变异系数最小为 0.07,最大为 0.15,协调系数为 0.14,第二轮变异系数最小为 0.03,最大为 0.13,协调系数为 0.22,见表 6-9。

表 6-9 信息获取健康素养评估指标变异系数与协调系数

Ⅰ级指标	Ⅱ级指标	Ⅲ级指标	第一轮咨询		第二轮咨询	
			变异系数 V	协调系数 W	变异系数 V	协调系数 W
信息获取				0.143		0.217
	医疗卫生常识与疾病预防	Y-1	0.09		0.06	
		Y-2	0.11		0.07	
		Y-3	0.10		0.03	
		Y-4	0.11		0.05	
		Y-5	0.12		0.08	
	心理健康	X-1	0.09		0.07	
		X-2	0.15		0.11	
	青春期保健与性健康	Q-1	0.13		0.13	
		Q-2	0.09		0.08	
	健康促进	J-1	0.08		0.07	
		J-2	0.11		0.05	
		J-3	0.05		0.05	
		J-4	0.12		0.04	
		J-5	0.07		0.04	
	安全应急与避险	A-1	0.14		0.09	
		A-2	0.11		0.07	

根据计算可得,"信息理解健康素养评估指标的评判"中第一轮各条目变异系数最小为 0.09,最大为 0.17,协调系数为 0.16;第二轮变异系数

最小为 0.07,最大为 0.14,协调系数为 0.098,见表 6-10。

表 6-10 信息获取健康素养评估指标变异系数与协调系数

Ⅰ级指标	Ⅱ级指标	Ⅲ级指标	第一轮咨询		第二轮咨询	
			变异系数 V	协调系数 W	变异系数 V	协调系数 W
信息理解				0.157		0.098
	医疗卫生常识与疾病预防	Y-1	0.15		0.13	
		Y-2	0.17		0.14	
		Y-3	0.14		0.14	
		Y-4	0.12		0.12	
		Y-5	0.15		0.11	
		Y-6	0.14		0.10	
		Y-7	0.09		0.09	
	心理健康	X-1	0.13		0.11	
	青春期保健与性健康	Q-1	0.11		0.07	
		Q-2	0.09		0.08	
		Q-3	0.15		0.11	
		Q-4	0.17		0.09	
		Q-5	0.13		0.11	
	健康促进	J-1	0.09		0.09	
		J-2	0.16		0.13	
		J-3	0.11		0.12	
		J-4	0.27			
		J-5	0.07		0.08	
	安全应急与避险	A-1	0.09		0.11	
		A-2	0.11		0.12	

根据计算可得,"信息获取健康素养评估指标的评判"中第一轮各条目变异系数最小为 0.09,最大为 0.25,协调系数为 0.10;第二轮变异系数最小为 0.05,最大为 0.15,协调系数为 0.16,见表 6-11。

表 6-11　信息评价健康素养评估指标变异系数与协调系数

Ⅰ级指标	Ⅱ级指标	Ⅲ级指标	第一轮咨询		第二轮咨询	
			变异系数 V	协调系数 W	变异系数 V	协调系数 W
信息理解				0.101		0.164
	医疗卫生常识与疾病预防	Y-1	0.15		0.15	
		Y-2	0.13		0.14	
		Y-3	0.09		0.10	
	心理健康	X-1	0.25			
	青春期保健与性健康	Q-1	0.17		0.11	
	健康促进	J-1	0.14		0.15	
		J-2	0.12		0.11	
		J-3	0.13		0.12	
		J-4	0.11		0.06	
		J-5	0.16		0.11	
	安全应急与避险	A-1	0.10		0.09	
		A-2	0.11		0.05	

根据计算可得"信息获取健康素养评估指标的评判"中第一轮各条目变异系数最小为 0.07,最大为 0.17,协调系数为 0.22;第二轮变异系数最小为 0.05,最大为 0.14,协调系数为 0.22,见表 6-12。

表 6-12　信息利用健康素养评估指标变异系数与协调系数

Ⅰ级指标	Ⅱ级指标	Ⅲ级指标	第一轮咨询		第二轮咨询	
			变异系数 V	协调系数 W	变异系数 V	协调系数 W
信息理解	医疗卫生常识与疾病预防			0.221		0.218
		Y-1	0.15		0.11	
		Y-2	0.13		0.14	

(续表)

Ⅰ级指标	Ⅱ级指标	Ⅲ级指标	第一轮咨询		第二轮咨询	
			变异系数 V	协调系数 W	变异系数 V	协调系数 W
		Y-3	0.08		0.12	
		Y-4	0.11		0.07	
		Y-5	0.17		0.08	
	心理健康	X-1	0.08		0.06	
		X-2	0.11		0.07	
		X-3	0.16		0.10	
		X-4	0.14		0.11	
		X-5	0.11		0.09	
	青春期保健与性健康	Q-1	0.21		—	
		Q-2	0.15		0.13	
		Q-3	0.14		0.11	
	健康促进	J-1	0.09		0.06	
		J-2	0.10		0.11	
		J-3	0.16		—	
		J-4	0.14		0.13	
		J-5	0.17		0.09	
		J-6	0.13		0.10	
		J-7	0.14		0.13	
		J-8	0.13		0.14	
		J-9	0.15		0.11	
		J-10	0.08		0.11	
		J-11	0.14		0.14	
		J-12	0.13		—	

(续表)

Ⅰ级指标	Ⅱ级指标	Ⅲ级指标	第一轮咨询		第二轮咨询	
			变异系数 V	协调系数 W	变异系数 V	协调系数 W
	安全应急与避险	A-1	0.17		0.09	
		A-2	0.16		0.08	
		A-3	0.11		0.11	
		A-4	0.13		0.05	
		A-5	0.07		0.12	
		A-6	0.16		0.09	

对4个Ⅰ级指标结果分析,相对第一轮咨询而言,第二轮咨询各条目变异系数均有所减小。这说明,在第一轮咨询中,专家之间对各条目的相对重要性认识仍存在一定分歧。

(三) 大学生健康素养评估四级指标体系

本研究共形成了大学生健康素养评估的四级指标体系。根据健康素养获取、理解、评价和应用4个维度的能力,分别列于表6-13～表6-16。

表6-13 大学生健康素养评估指标维度1——信息的获取

一级指标	二级指标	三级指标	四级指标
信息获取	医疗卫生常识与疾病预防	预防常见疾病	获取您所关注疾病的相关信息
			获取常见传染病预防的相关信息
			获取防治慢性病的信息
		合理就医用药	获取日常健康建议
		新媒体健康素养	通过新媒体媒介获得权威的疾病相关信息
	心理健康	心理保健	获取有益于您心理健康生活方式的信息
		心理疾病	获取有关解决心理问题的信息

(续表)

一级指标	二级指标	三级指标	四级指标
	青春期保健与性健康	青春期保健	获取你所关注的青春期性知识
		性健康	获取安全性行为的信息
	健康促进	营养/体力活动	获取健康生活方式的相关信息
		远离危险生活方式	获取有关改善不良生活方式的信息
		卫生保健的消费	获取大学生医保及其他保健消费的相关信息
		新媒体健康素养	通过新媒体获取与健康保健信息
			通过新媒体获取与健康相关的研究进展
	安全应急与避险	危险区域	获取相关环境或区域中的可能危险因素信息
		网络安全	获取安全使用网络的相关信息

表6-14 大学生健康素养评估指标维度2——信息的理解

一级指标	二级指标	三级指标	四级指标
信息理解	医疗卫生常识	预防常见疾病	理解家族疾病史的情况
			知道常见外伤的应急处理
			知道常见内科疾病的处理方式
			知道常见传染病的传播方式和预防手段
		合理就医用药	理解用药指导和药品说明书
			理解医嘱
		医疗常识	能看懂体检报告
	心理健康	心理疾病	知道常见心理疾病的症状
	青春期保健与性健康卫生	青春期保健	知道个人卫生护理方法
			知道意外怀孕的危害
		性健康	知道常见的性卫生知识
			理解避孕措施的信息
			知道性传播疾病的传播途径和预防方式

(续表)

一级指标	二级指标	三级指标	四级指标
	健康促进	营养	理解日常生活中营养摄取的信息
			理解 BMI 指数的意义
		远离危险生活方式	理解不健康生活方式的健康警示
		新媒体健康素养	理解媒体上宣传的保健信息
	安全应急与避险	危险区域	懂得常见的危险标识的含义
		网络安全	理解网络行为的潜在危害性

表 6-15 大学生健康素养评估指标维度 3——信息的评价

一级指标	二级指标	三级指标	四级指标
信息评价	医疗卫生常识与疾病预防	预防常见疾病	判断哪些疾病筛检是你所需的
			判断哪些疫苗是你所需的
		合理就医用药	判断是何时就医
	青春期保健与性健康	性健康	从正确的渠道获取性知识
	健康促进	健康生活方式(营养/体力活动)	判断生活中影响身心健康的因素
		远离危险生活方式	判断健康的相关信息的可靠性
		环境卫生	判断生活场所的健康不利因素情况
		卫生保健的消费	判断健康服务产品是否可靠
		新媒体健康素养	判断媒体上与健康相关信息的可靠性
	安全应急与避险	危险区域	能够分析评价日常游戏与运动中的潜在安全风险因素
			能够分析评价道路交通中的安全风险因素

表 6-16 大学生健康素养评估指标维度 4——信息的利用

一级指标	二级指标	三级指标	四级指标
信息利用	医疗卫生常识与疾病预防	预防常见疾病	采取正确的防护措施预防常见传染病
		合理就医用药	根据医生提供的信息,作出与疾病相关的决定
			严格根据医生的用药指导或者药品说明书服药
			遵医嘱
		医疗常识	定期体检
	心理健康	社会支持	有稳固的社会支持系统
		自我管理	能自我调节
			有人生规划
		压力应对	能正确缓解压力
		职业规划	有正确的职业规划
	青春期保健与性健康	青春期保健	能正确处理意外怀孕
			能正确对待恋爱与分手
	健康促进	营养	规律日常作息饮食
			注重营养的摄入
		体力活动	能有规律地参加体育健身活动
		休息与用脑卫生	有充足睡眠
			有效管理时间,劳逸结合
		远离危险生活方式	避免不良生活方式
		环境卫生	避免室内污染
			能正确对待健康相关的产品的使用
		卫生保健消费	提高自我保健意识
			客观对待医疗卫生的花费
		新媒体健康素养	使用健康管理的相关手机应用软件或智能穿戴设备
			参与网络中的健康讨论,并发表自己的意见

(续表)

一级指标	二级指标	三级指标	四级指标
	安全应急与避险	危险区域	能够采取措施远离日常生活环境中的危险区域,避免踩踏
			火灾、地震发生时能采取正确的逃生措施
			能够对小伤病采取必要的院前处理
			生命危急状态时,能够对别人开展紧急援助
		网络安全	能够采取措施预防和控制网络成瘾
			能够采取措施规避网络诈骗和网络交友陷阱

(四) 大学生健康素养自评问卷预调查与测量学评价结果

在德尔菲专家咨询得到的大学生健康素养四级指标的基础上制定了大学生健康素养自评问卷,详见表6-17。

表6-17 大学生健康素养自评问卷

维度	编号	条目
信息获取	A01	获得疾病的症状以及治疗的信息
	A02	获得预防乙型肝炎的相关信息
	A03	获得突发性传染病的相关信息
	A04	获取防治慢性病的相关信息
	A05	获得日常健康建议
	A06	获取有益心理健康的信息
	A07	获取学校心理咨询中心的联系方式
	A08	获取有关解决焦虑的信息
	A09	获取青春期自我保健的信息
	A10	获取艾滋病防治的信息
	A11	获取有关体育锻炼相关信息
	A12	获取有关健康饮食的相关信息
	A13	获取有关戒烟的信息

(续表)

维度	编号	条　目
	A14	获取大学生医保的相关信息
	A15	从微博、微信平台获取健康相关信息
	A16	在网络上获得疾病治疗的研究进展
	A17	获取到居住地环境或区域中的可能危险因素相关信息
	A18	获取非居住地的危险因素
	A19	在网络上保护自己的隐私
信息理解	B01	知道心理健康的内容
	B02	知道外伤的应急处理
	B03	知道内科疾病的应急处理
	B04	知道常见病的常规处理
	B05	知道传染病的传播方式和预防手段
	B06	关于禽流感的传播方式和预防措施
	B07	知道哪些是非处方药（OCT）药物
	B08	看懂药物说明书
	B09	理解医生给的健康建议
	B10	看懂体检报告
	B11	知道抑郁症的表现
	B12	知道青春期的卫生护理方法
	B13	知道避孕措施
	B14	知道正确使用避孕套
	B15	知道避孕药的副作用
	B16	知道避孕的措施
	B17	知道艾滋病的传播途径和预防方式
	B18	理解膳食金字塔的构成
	B19	知道 BMI 指数的算法
	B20	知道 BMI 的意义

(续表)

维度	编号	条　目
	B21	理解有关酗酒的健康警示
	B22	理解媒体上宣传的保健信息
	B23	知道常见的危险标识的含义
	B24	知道网络成瘾的危害性
信息评价	C01	判断哪些疾病筛检是所需的
	C02	判断何时需要注射哪些疫苗
	C03	判断何时就医
	C04	从正规途径获得性知识
	C05	判断影响身心健康的外界因素
	C06	判断影响身心健康的生活习惯
	C07	判断自媒体健康相关信息的可靠性
	C08	判断影响健康的相关信息的可靠性
	C09	判断不利于身体健康的隐患
	C10	判断偏方和秘方的可靠性
	C11	判断某种卫生保健服务或者产品的推销是否可靠
	C12	鉴别app/公众号推送的信息的可靠性
	C13	评价现在的健康相关app/公众号
	C14	评价日常运动中的潜在安全风险因素
	C15	判断道路交通中的安全风险因素
信息利用	D01	流感的预防
	D02	患病时，根据医生建议接受治疗方案
	D03	合理使用抗生素
	D04	规范用药
	D05	遵照医生给予的生活建议
	D06	定期体检
	D07	按要求进行辅助检查

(续表)

维度	编号	条　目
	D08	主动进行心理咨询
	D09	人际交往
	D10	社会支持
	D11	自我心理调节
	D12	新环境适应
	D13	人生目标明确
	D14	避免过激的或攻击性的行为
	D15	避免酒精或药物滥用
	D16	有效的减压
	D17	明确职业规划
	D18	自我定位的调整
	D19	人工流产对健康的危害
	D20	处理意外怀孕
	D21	是否接受婚前同居
	D22	正确对待失恋
	D23	计步软件的使用
	D24	监测睡眠的软件的使用
	D25	每天吃早饭
	D26	关注食品包装上的生产日期、保质期、营养、热量和钠盐等信息
	D27	减少食用快餐
	D28	根据自身营养状况来选择食品
	D29	参加体育健身活动
	D30	加强锻炼
	D31	失眠
	D32	有充足的睡眠
	D33	有效管理时间

(续表)

维度	编号	条目
	D34	抽烟
	D35	喝酒
	D36	积极参与改善居住地环境
	D37	避免使用导致室内污染的产品
	D38	愿意在健康相关产品上花额外的时间或费用
	D39	有充分的自我防护意识
	D40	当被建议高花费的治疗或检查时,会寻求其他建议
	D41	使用健康管理的相关手机应用软件或智能穿戴设备的频率
	D42	会参与网络中的健康讨论,并发表自己的意见
	D43	采取措施远离日常生活环境中的危险区域
	D44	逃生措施
	D45	对小伤病采取必要的院前处理
	D46	发生生命危急状态能够对别人开展紧急援助
	D47	能够采取措施预防和控制网络成瘾
	D48	能够采取措施规避网络诈骗和网络交友陷阱

1. 大学生健康素养评估问卷的信效度调查 采用方便抽样法抽取全国5所大学进行问卷调查。进行因子分析时样本量为条目数的10倍左右时,分析结果较稳定。本研究中初始评估问卷的条目为106条,确定样本量至少为1 060份,在此基础上尽量增加样本量,以提高因子分析结果的稳定性。本次共发放问卷2 000份,回收问卷1 931份,其中有效问卷1 823份,有效回收率为91.15%。

健康素养评估问卷共分两大部分:第一部分为学生基本情况;第二部分为健康素养评估问卷。在所抽取学校各选取一名负责人,以每个班级的班主任作为调查员。对负责人和调查员进行培训,告知填写问卷的要求,统一指导语。请学生按要求自行填写完成,并交由调查员统一收回。由负责人进行第一次质控,课题组成员再次进行质控。

采用 Epidata3.1 建立数据库,SPSS 20.0 软件进行统计分析。对条目进行项目分析,删除某条目后评估问卷的 Cronbach's α 系数。研究采用内部一致性信度和分半信度进行来衡量信度,效度采用内容效度和结构效度来衡量。

2. 项目分析 信度和效度主要是从整体上对一个测量工具进行检验和评估,而项目分析则是细化的、对测验中每个项目或题目(item)的具体分析。在项目分析的基础上,通过对项目的筛选和修订,以改进测验的信度和效度,使测验变得更加简洁、实用、有效、可靠。评价项目质量的主要指标是难度和区分度。

(1) Cronbach's α 系数:计算删除某条目后评估问卷的 Cronbach's α 系数,若 α 系数值相对增大,则删除该条目。根据上述标准,信息获取部分问卷 α 系数为 0.912,据此标准剔除 2 个条目,剩余 17 个条目;信息理解部分问卷 α 系数为 0.737,据此标准剔除 2 个条目,剩余 22 个条目;信息评价部分问卷 α 系数为 0.840,剔除 1 个条目,剩余 14 个条目;信息利用部分问卷 α 系数为 0.830,剔除 10 个条目,剩余 38 个条目。详见表 6-18~表 6-21。

表 6-18 信息获取部分问卷各条目得分与总分相关系数及去条目 α 系数

条目	去条目 α 系数	条目	去条目 α 系数	条目	去条目 α 系数
A01	0.906	A08	0.905	A15#	0.914
A02	0.905	A09	0.905	A16	0.908
A03	0.906	A10	0.905	A17	0.910
A04	0.905	A11	0.906	A18	0.911
A05	0.907	A12	0.905	A19#	0.917
A06	0.905	A13	0.906		
A07	0.908	A14	0.907		

注:# 表示该条目予以删除

表 6-19　信息理解部分问卷各条目得分与总分相关系数及去条目 α 系数

条目	去条目 α 系数	条目	去条目 α 系数	条目	去条目 α 系数
B01	0.730	B09	0.728	B17	0.722
B02	0.723	B10	0.731	B18	0.730
B03	0.720	B11	0.727	B19#	0.775
B04	0.716	B12	0.719	B20#	0.758
B05	0.715	B13	0.715	B21	0.728
B06	0.716	B14	0.726	B22	0.727
B07	0.732	B15	0.719	B23	0.736
B08	0.729	B16	0.719	B24	

注：# 表示该条目予以删除

表 6-20　信息评价部分问卷各条目得分与总分相关系数及去条目 α 系数

条目	去条目 α 系数	条目	去条目 α 系数	条目	去条目 α 系数
C01	0.833	C06	0.825	C11	0.823
C02	0.832	C07	0.830	C12	0.833
C03	0.836	C08	0.825	C13	0.851
C04	0.838	C09	0.824	C14	0.822
C05	0.826	C10	0.825	C15	0.825

注：# 表示该条目予以删除

表 6-21　信息利用部分问卷各条目得分与总分相关系数及去条目 α 系数

条目	去条目 α 系数	条目	去条目 α 系数	条目	去条目 α 系数
D01#	0.833	D05	0.821	D09#	0.835
D02	0.822	D06	0.830	D10#	0.835
D03	0.822	D07	0.826	D11	0.824
D04	0.823	#D08	0.833	D12	0.824

(续表)

条目	去条目 α系数	条目	去条目 α系数	条目	去条目 α系数
D13	0.822	D25	0.825	D37	0.823
D14	0.826	D26	0.823	D38	0.823
D15	0.826	D27	0.823	D39	0.822
D16	0.824	D28	0.822	D40#	0.840
D17	0.822	D29	0.823	D41	0.830
D18	0.822	D30	0.822	D42#	0.832
D19	0.829	D31#	0.837	D43	0.828
D20	0.826	D32	0.824	D44	0.829
D21#	0.832	D33	0.823	D45	0.829
D22	0.825	D34	0.828	D46	0.827
D23#	0.835	D35	0.830	D47	0.824
D24#	0.834	D36	0.823	D48	0.823

注：#表示该条目予以删除

(2) 探索性因子分析。

1) 信息获取部分评估问卷探索性因子分析：通过检验公因子结构，逐条排除某一公因子中分属两个不同预期构面的载荷量最大的条目，进行多次探索性因子分析，排除条目 A05、A06、A14、A16，剩余 13 个条目构建的探索性因子分析结果被证实具有较好的结构。

进行因子分析的适宜性检验，结果显示 KMO 统计量为 0.902，表明变量间的共同因素较多；Bartlett 检验值为 1 849.177，显著性检验 $P<0.001$，拒绝各变量独立的假设，适合做因子分析。

采用主成分分析法抽取共同因子，选用最大方差法(varimax)进行正交旋转，使用回归法计算因子分数，同时做碎石检验。生成特征根>1 的因子 3 个，累计方差贡献率为 66.76%。分析结果见图 6-2 和表 6-22。旋转后的因子载荷矩阵见表 6-23。

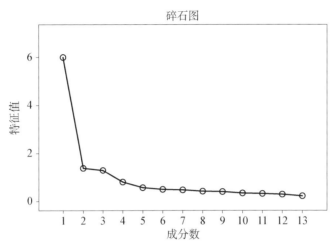

图 6-2 信息获取部分评估问卷探索性因子分析碎石图

表 6-22 因子分析各成分的特征根及方差贡献率

元件	初始特征值			提取后方差载荷			旋转后方差载荷		
	总计	变异(%)	累加(%)	总计	变异(%)	累加(%)	总计	变异(%)	累加(%)
1	6.011	46.237	46.237	6.011	46.237	46.237	3.942	30.319	30.319
2	1.383	10.637	56.874	1.383	10.637	56.874	2.975	22.886	53.205
3	1.285	9.888	66.762	1.285	9.888	66.762	1.762	13.557	66.762
4	0.807	6.207	72.969						
5	0.568	4.366	77.336						
6	0.490	3.767	81.103						
7	0.472	3.630	84.733						
8	0.422	3.248	87.982						
9	0.403	3.099	91.081						
10	0.336	2.584	93.665						
11	0.318	2.445	96.110						
12	0.287	2.211	98.321						
13	0.218	1.679	100.000						

表 6-23　因子分析旋转后的因子载荷矩阵

	元件		
	1	2	3
A11	0.828		
A12	0.823		
A13	0.737		
A08	0.659		
A09	0.659		
A10	0.642		
A07	0.637		
A02		0.837	
A03		0.827	
A01		0.761	
A04		0.714	
A18			0.861
A17			0.851

注：提取方法，主成分。旋转法，具有 Kaiser 标准化的正交旋转法。仅显示因子载荷＞0.3 的值

由表 6-23 旋转后的因子载荷中可见：第一公因子在 A07、A08、A09、A10、A11、A12、A13 共 7 个条目中有较大载荷，主要为如何获取体育锻炼，自我保健等健康信息，将其命名为"对健康促进和自我保健的信息获取"；第二公因子在 A01、A02、A03、A04 共 4 个条目中有较大载荷，主要为对于获取疾病预防以及就医的相关信息等，将其命名为"对医疗卫生的信息获取"；第三公因子在 A170、A18 这 2 个条目中有较大载荷，主要为获得居住地和外出地的安全因素，将其命名为"对安全和避险信息的获取"。

各因子名称及其所包含的条目内容见表 6-24。至此，信息获取部分

评估问卷形成了含 13 个条目,包含五大健康内容的 3 个维度,描述大学生信息获取的能力。

表 6-24 信息获取部分评估问卷各因子名称及其所包含的条目内容

因子	维度		条目内容
1	对健康促进和自我保健的信息获取	A11	获取有关体育锻炼相关信息
		A12	获取有关健康饮食的相关信息
		A13	获取有关戒烟的信息
		A08	获取有关解决焦虑的信息
		A09	获取青春期自我保健的信息
		A10	获取艾滋病防治的信息
		A07	获取学校心理咨询中心的联系方式
2	对医疗卫生的信息获取	A02	获得预防乙型肝炎的相关信息
		A03	获得突发性传染病的相关信息
		A01	获得疾病的症状以及治疗的信息
		A04	获取防治慢性病的相关信息
3	对安全和避险信息的获取	A18	获取非居住地的危险因素
		A17	获取到居住地环境或区域中的可能危险因素相关信息

2) 信息理解部分评估问卷探索性因子分析:通过检验公因子结构,逐条排除某一公因子中分属两个不同预期构面的载荷量最大的条目,进行多次探索性因子分析,排除条目 B11、B23,剩余 20 个条目构建的探索性因子分析结果被证实具有较好的结构。

进行因子分析的适宜性检验,结果显示 KMO 统计量为 0.806,表明变量间的共同因素较多;Bartlett 球形检验值为 7 521.576,显著性检验 $P<0.001$,拒绝各变量独立的假设,适合做因子分析。

采用主成分分析法抽取共同因子,选用最大方差法(varimax)进行正交旋转,使用回归法计算因子分数,同时做碎石检验。生成特征根>1 的因子 5 个,累计方差贡献率为 59.12%。分析结果见图 6-3 和表 6-25。旋转后的因子载荷矩阵见表 6-26。

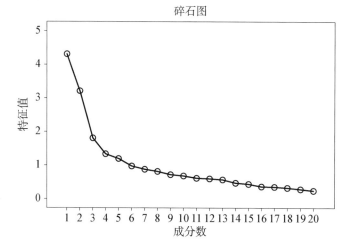

图 6-3　信息理解部分评估问卷条目因子分析碎石图

表 6-25　因子分析各成分的特征根及方差贡献率

元件	初始特征值			提取后方差载荷			旋转后方差载荷		
	总计	变异(%)	累加(%)	总计	变异(%)	累加(%)	总计	变异(%)	累加(%)
1	4.313	21.566	21.566	4.313	21.566	21.566	3.435	17.177	17.177
2	3.200	16.002	37.568	3.200	16.002	37.568	2.475	12.373	29.550
3	1.804	9.019	46.587	1.804	9.019	46.587	2.299	11.497	41.047
4	1.321	6.605	53.192	1.321	6.605	53.192	2.051	10.254	51.301
5	1.185	5.924	59.115	1.185	5.924	59.115	1.563	7.814	59.115
6	0.957	4.784	63.900						
7	0.870	4.350	68.250						
8	0.813	4.064	72.314						
9	0.706	3.532	75.846						
10	0.667	3.334	79.179						
11	0.600	3.001	82.180						
12	0.574	2.870	85.050						

(续表)

元件	初始特征值			提取后方差载荷			旋转后方差载荷		
	总计	变异(%)	累加(%)	总计	变异(%)	累加(%)	总计	变异(%)	累加(%)
13	0.561	2.803	87.853						
14	0.459	2.295	90.148						
15	0.435	2.176	92.324						
16	0.358	1.789	94.113						
17	0.350	1.750	95.862						
18	0.319	1.596	97.458						
19	0.275	1.376	98.835						
20	0.233	1.165	100.000						

表6-26 因子分析旋转后的因子载荷矩阵

	元件				
	1	2	3	4	5
B04	0.819				
B03	0.807				
B05	0.755				
B06	0.734				
B02	0.654				
B07	0.552				
B15		0.885			
B16		0.884			
B13		0.841			
B22			0.675		
B18			0.661		

(续表)

	元件				
	1	2	3	4	5
B01			0.660		
B21			0.660		
B14			0.591		
B09				0.794	
B08				0.768	
B10				0.758	
B17					0.791
B24					0.679
B12	0.361				0.499

注：提取方法，主成分。旋转法，具有 Kaiser 标准化的正交旋转法。仅显示因子载荷>0.3 的值

由表 6-26 旋转后的因子载荷中可见：第一公因子在 B02、B03、B04、B05、B06、B07 共 6 个条目中有较大载荷，主要为能对常见疾病和疾病预防信息的理解，将其命名为"对常见疾病的信息理解"；第二公因子在 B13、B15、B16 等 3 个条目中有较大载荷，主要对避孕措施的理解，将其命名为"对性健康信息的理解"；第三公因子在 B08、B10、B12 等 3 个条目中有较大载荷，主要为在健康生活方式的信息的理解，将其命名为"对健康促进的信息理解"；第四公因子在 B08、B09、B10 共 3 个条目中有较大载荷，主要为规范用药等信息的理解，将其命名为"对合理就医用药的理解"；第五公因子在 B12、B17、B24 共 3 个条目中有较大载荷，主要为在青春期的安全隐患健康习惯，如青春期保健和网络成瘾的认识，将其命名为"对青春期常见安全隐患的理解"。

各因子名称及其所包含的条目内容见表 6-27。至此，信息理解部分评估问卷形成了含 20 个条目，包含五大健康内容的 5 个维度，描述大学生信息理解的能力。

表 6-27 信息理解部分评估问卷各因子名称及其所包含的条目内容

因子	维度		条目内容
1	对常见疾病的信息理解	B04	知道常见病的常规处理
		B03	知道内科疾病的应急处理
		B05	知道传染病的传播方式和预防手段
		B06	关于禽流感的传播方式和预防措施
		B02	知道外伤的应急处理
		B07	知道哪些是非处方药(OCT)药物
2	对性健康信息的理解	B15	知道避孕药的不良反应
		B16	知道避孕的措施
		B13	知道避孕措施
3	对健康促进的信息理解	B22	理解媒体上宣传的保健信息
		B18	理解膳食金字塔的构成
		B01	知道心理健康的内容
		B21	理解有关酗酒的健康警示
		B14	知道正确使用避孕套
4	对合理就医用药的理解	B08	看懂药物说明书
		B09	理解医生给的健康建议
		B10	看懂体检报告
5	对青春期常见安全隐患的理解	B17	知道艾滋病的传播途径和预防方式
		B12	知道青春期的卫生护理方法
		B24	知道网络成瘾的危害性

3) 信息理解部分评估问卷探索性因子分析:通过检验公因子结构,逐条排除某一公因子中分属两个不同预期构面的载荷量最大的条目,进行多次探索性因子分析,排除条目 C15,剩余 13 个条目构建的探索性因子分析结果被证实具有较好的结构。

进行因子分析的适宜性检验,结果显示 KMO 统计量为 0.823,表明变量间的共同因素较多;Bartlett 球形检验值为 7 610.423,显著性检验

$P<0.001$,拒绝各变量独立的假设,适合做因子分析。

采用主成分分析法抽取共同因子,选用最大方差法(varimax)进行正交旋转,使用回归法计算因子分数,同时做碎石检验。生成特征根>1的因子4个,累计方差贡献率为65.255%。分析结果见图6-4和表6-28。旋转后的因子载荷矩阵见表6-29。

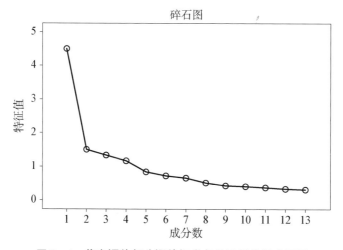

图6-4 信息评价部分评估问卷条目因子分析碎石图

表6-28 因子分析各成分的特征根及方差贡献率

元件	初始特征值			提取后方差载荷			旋转后方差载荷		
	总计	变异(%)	累加(%)	总计	变异(%)	累加(%)	总计	变异(%)	累加(%)
1	4.500	34.615	34.615	4.500	34.615	34.615	2.725	20.964	20.964
2	1.494	11.490	46.105	1.494	11.490	46.105	2.192	16.858	37.822
3	1.327	10.207	56.311	1.327	10.207	56.311	1.818	13.985	51.807
4	1.163	8.944	65.255	1.163	8.944	65.255	1.748	13.448	65.255
5	0.831	6.394	71.649						
6	0.715	5.499	77.148						
7	0.648	4.984	82.131						
8	0.506	3.890	86.021						

(续表)

元件	初始特征值			提取后方差载荷			旋转后方差载荷		
	总计	变异(%)	累加(%)	总计	变异(%)	累加(%)	总计	变异(%)	累加(%)
9	0.429	3.300	89.321						
10	0.402	3.090	92.411						
11	0.363	2.791	95.202						
12	0.325	2.501	97.703						
13	0.299	2.297	100.00						

表6-29 因子分析旋转后的因子载荷矩阵

	元 件			
	1	2	3	4
C06	0.835			
C08	0.804			
C05	0.769			
C09	0.683			
C10		0.812		
C11		0.790		
C14		0.561		
C04		0.533		
C02			0.816	
C01			0.789	
C03	0.303		0.620	
C12				0.880
C07				0.877

注：提取方法，成分。旋转法，具有Kaiser标准化的正交旋转法。仅显示因子载荷＞0.3的值

由表6-30旋转后的因子载荷中可见：第一公因子在C05、C06、

C08、C09 这 4 个条目中有较大载荷,主要为判别对身心健康产生影响的因素,将其命名为"对健康影响因素的鉴别";第二公因子在 C04、C10、C11、C14 等 4 个条目中有较大载荷,主要日常生活中对不同信息的鉴别以及对安全隐患的判别,将其命名为"对健康促进信息的评估";第三公因子在 C01、C02、C03 这 3 个条目中有较大载荷,主要为对何时就医等医疗卫生的决策,将其命名为"对医疗卫生信息的鉴别";第四公因子在 C12、C07 这 2 个条目中有较大载荷,主要表现在对新媒体和自媒体传播的健康信息的鉴别能力,将其命名为"对新媒体健康传播的信息的鉴别"。

各因子名称及其所包含的条目内容见表 6-30。至此,信息评价部分评估问卷形成了含 13 个条目,包含五大健康内容的 4 个维度,以描述大学生信息评价的能力。

表 6-30 信息评价部分评估问卷各因子名称及其所包含的条目内容

因子	维度		条目内容
1	对健康影响因素的鉴别	C06	判断影响身心健康的生活习惯
		C08	判断影响健康的相关信息的可靠性
		C05	判断影响身心健康的外界因素
		C09	判断不利于身体健康的隐患
2	对健康促进信息的评价	C10	判断偏方和秘方的可靠性
		C11	判断某种卫生保健服务或者产品的推销是否可靠
		C14	评价日常运动中的潜在安全风险因素
		C04	从正规途径获得性知识
3	对医疗卫生信息的鉴别	C02	判断何时需要注射哪些疫苗
		C01	判断哪些疾病筛检是所需的
		C03	判断何时就医
4	对新媒体健康传播的信息的鉴别	C12	鉴别 app/公众号推送的信息的可靠性
		C07	判断自媒体健康相关信息的可靠性

4) 信息利用部分评估问卷探索性因子分析:通过检验公因子结构,逐条排除某一公因子中分属两个不同预期构面的载荷量最大的条目,进

行多次探索性因子分析,排除条目 D07、D11、D12、D28、D41、D46,剩余 32 个条目构建的探索性因子分析结果被证实具有较好的结构。

进行因子分析的适宜性检验,结果显示 KMO 统计量为 0.845,表明变量间的共同因素较多;Bartlett 球形检验值为 5 640.309,显著性检验 $P<0.001$,拒绝各变量独立的假设,适合做因子分析。

采用主成分分析法抽取共同因子,选用最大方差法(varimax)进行正交旋转,使用回归法计算因子分数,同时做碎石检验。生成特征根>1 的因子 10 个,累计方差贡献率为 62.94%。分析结果见图 6-5 和表 6-31,旋转后的因子载荷矩阵见表 6-32。

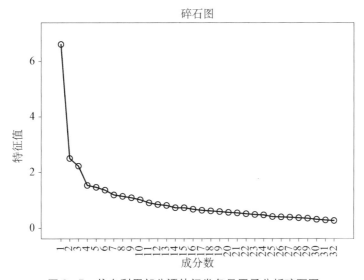

图 6-5　信息利用部分评估问卷条目因子分析碎石图

表 6-31　因子分析各成分的特征根及方差贡献率

元件	初始特征值			提取后方差载荷			旋转后方差载荷		
	总计	变异(%)	累加(%)	总计	变异(%)	累加(%)	总计	变异(%)	累加(%)
1	6.607	20.646	20.646	6.607	20.646	20.646	2.625	8.204	8.204
2	2.508	7.836	28.482	2.508	7.836	28.482	2.405	7.515	15.719
3	2.225	6.953	35.436	2.225	6.953	35.436	2.309	7.215	22.933

(续表)

元件	初始特征值			提取后方差载荷			旋转后方差载荷		
	总计	变异(%)	累加(%)	总计	变异(%)	累加(%)	总计	变异(%)	累加(%)
4	1.536	4.799	40.234	1.536	4.799	40.234	2.290	7.157	30.090
5	1.468	4.589	44.823	1.468	4.589	44.823	2.178	6.807	36.897
6	1.365	4.265	49.088	1.365	4.265	49.088	2.061	6.439	43.336
7	1.188	3.713	52.801	1.188	3.713	52.801	1.683	5.260	48.597
8	1.136	3.551	56.352	1.136	3.551	56.352	1.603	5.010	53.607
9	1.088	3.401	59.753	1.088	3.401	59.753	1.549	4.842	58.449
10	1.020	3.187	62.939	1.020	3.187	62.939	1.437	4.491	62.939
11	0.902	2.818	65.757						
12	0.847	2.646	68.404						
13	0.810	2.532	70.936						
14	0.722	2.256	73.192						
15	0.721	2.252	75.444						
16	0.674	2.105	77.550						
17	0.636	1.987	79.537						
18	0.604	1.887	81.424						
19	0.593	1.853	83.277						
20	0.562	1.755	85.032						
21	0.546	1.706	86.737						
22	0.513	1.602	88.339						
23	0.488	1.524	89.864						
24	0.468	1.463	91.327						
25	0.409	1.278	92.605						
26	0.396	1.239	93.843						
27	0.388	1.212	95.056						
28	0.370	1.158	96.213						

(续表)

元件	初始特征值			提取后方差载荷			旋转后方差载荷		
	总计	变异(%)	累加(%)	总计	变异(%)	累加(%)	总计	变异(%)	累加(%)
29	0.350	1.093	97.307						
30	0.308	0.962	98.269						
31	0.289	0.904	99.173						
32	0.265	0.827	100.000						

表6-32 因子分析旋转后的因子载荷矩阵

	元件									
	1	2	3	4	5	6	7	8	9	10
D04	0.823									
D05	0.773									
D02	0.752									
D03	0.589									
D17		0.783								
D18		0.743								
D13		0.694								
D22		0.574								
D30			0.736							
D32			0.708							
D29			0.695							
D33			0.632							
D36				0.787						
D38				0.736						
D39				0.684						
D37				0.568						
D44					0.802					
D43					0.759					

(续表)

	元件									
	1	2	3	4	5	6	7	8	9	10
D45					0.722					
D06					0.586					
D14						0.868				
D15						0.854				
D16						0.627				
D26							0.764			
D27							0.642			
D25							0.551			
D47								0.812		
D48								0.777		
D35									0.867	
D34									0.802	
D19										0.739
D20										0.736

注：提取方法，主成分。旋转法：具有 Kaiser 标准化的正交旋转法。仅显示因子载荷>0.3 的值

由表 6-32 旋转后的因子载荷中可见：第一公因子在 D02、D03、D04、D05 这 4 个条目中有较大载荷，主要为在就医用药过程中对信息的利用能力，将其命名为"合理就医用药"；第二公因子在 D17、D18、D13、D22 这 4 个条目中有较大载荷，主要为就业和恋爱的人生规划，将其命名为"人生规划调整"；第三公因子在 D29、D31、D32、D33 共 4 个条目中有较大载荷，主要日常合理的健康和休息，将其命名为"体力活动和用脑卫生"；第四公因子在 D36、D37、D38、D39 这 4 个条目中有较大载荷，主要为积极参与环境改善和自我保护，将其命名为"环境卫生和自我保护"；第五公因子在 D43、D44、D45、D06 这 4 个条目中有较大载荷，主要远离危险区域以及逃生自救技能，将其命名为"安全应急与避险"；第六公因子在 D14、D15、D16 这 3 个条目中有较大载荷，主要在压力状况下避免过激行

为有效减压,将其命名为"压力应对";第七公因子在 D25、D26、D27 这 3 个条目中有较大载荷,主要在食品选择和食品营养的对策,将其命名为"膳食营养";第八公因子在 D47、D48 这 2 个条目中有较大载荷,主要关注网络行为避免安全隐患,将其命名为"网络安全";第九公因子在 D34、D35 这 2 个条目中有较大载荷,是大学生抽烟和酗酒的调研,将其命名为"健康生活方式";第十公因子在 D19、D20 这 2 个条目中有较大载荷,主要对待意外怀孕等性健康的策略,将其命名为"性健康"。

各因子名称及其所包含的条目内容见表 6-33。至此,四年级大学生健康素养评估问卷形成了含 19 个条目,包含五大健康内容和 4 个素养水平的 6 个维度,以描述大学生的健康素养情况。

表 6-33 信息利用部分评估问卷各因子名称及其所包含的条目内容

因子	维度		条 目 内 容
1	合理就医用药	D02	患病时,根据医生建议接受治疗方案
		D03	合理使用抗生素
		D04	规范用药
		D05	遵照医生给予的生活建议
2	人生规划调整	D17	明确职业规划
		D18	自我定位的调整
		D13	人生目标明确
		D22	正确对待失恋
3	体力活动和用脑卫生	D29	参加体育健身活动
		D31	失眠
		D32	有充足的睡眠
		D33	有效管理时间
4	环境卫生和自我保护	D36	积极参与改善居住地环境
		D37	避免使用导致室内污染的产品
		D38	愿意在健康相关产品上花额外的时间或费用
		D39	有充分的自我防护意识

（续表）

因子	维度		条目内容
5	安全应急与避险	D43	采取措施远离日常生活环境中的危险区域
		D44	逃生措施
		D45	对小伤病采取必要的院前处理
		D06	定期体检
6	压力应对	D14	避免过激的或攻击性的行为
		D15	避免酒精或药物滥用
		D16	有效的减压
7	膳食营养	D25	每天吃早饭
		D26	关注食品包装上的生产日期、保质期、营养、热量和钠盐等信息
		D27	减少食用快餐
8	网络安全	D47	能够采取措施预防和控制网络成瘾
		D48	能够采取措施规避网络诈骗和网络交友陷阱
9	健康生活方式	D34	抽烟
		D35	喝酒
10	性健康	D20	处理意外怀孕
		D21	是否接受婚前同居

（3）信度检验：信度主要评价量表的稳定性和一致性，本研究采用内部一致性信度 Cronbach's α 系数和分半信度 Guttman 分半系数考查问卷的信度。信息获取部分评估问卷的 Cronbach's α 系数为 0.899，分半系数为 0.764，3 个因子的 α 系数在 0.884～0.753，分半系数在 0.753～0.846；信息理解部分评估问卷的 Cronbach's α 系数为 0.784，分半系数为 0.356，5 个因子的 α 系数在 0.563～0.877，分半系数在 0.459～0.737；信息评价部分评估问卷的 Cronbach's α 系数为 0.837，分半系数为 0.688，4 个因子的 α 系数在 0.674～0.827，分半系数在 0.481～0.815；信息利用部分评估问卷的 Cronbach's α 系数为 0.857，分半系数为 0.707，10 个因子的 α 系

数在 0.325~0.784,分半系数在 0.325~0.804。可以认为该评估问卷具有较好的信度。具体内容见表 6-34~表 6-37。

表 6-34 信息获取部分评估问卷信度检验结果

问卷维度	Cronbach's α 系数	Guttman 分半系数
因子 1 对健康促进和自我保健的信息获取	0.884	0.813
因子 2 对医疗卫生的信息获取	0.860	0.846
因子 3 对安全和避险信息的获取	0.753	0.753
总问卷	0.899	0.764

表 6-35 信息理解部分评估问卷信度检验结果

问卷维度	Cronbach's α 系数	Guttman 分半系数
因子 1 对常见疾病信息的理解	0.817	0.718
因子 2 对性健康信息的理解	0.877	0.737
因子 3 对健康促进的信息理解	0.692	0.703
因子 4 对合理就医用药的信息理解	0.783	0.593
因子 5 对青春期常见安全隐患的理解	0.563	0.459
总问卷	0.784	0.356

表 6-36 信息评价部分评估问卷信度检验结果

问卷维度	Cronbach's α 系数	Guttman 分半系数
因子 1 对健康影响因素的鉴别	0.827	0.778
因子 2 对健康促进信息的评价	0.723	0.691
因子 3 对医疗卫生信息的鉴别	0.674	0.481
因子 4 对新媒体健康传播的信息鉴别	0.815	0.815
总问卷	0.837	0.688

表6-37　信息利用部分评估问卷信度检验结果

问卷维度	Cronbach's α 系数	Guttman 分半系数
因子1　合理就医用药	0.784	0.804
因子2　人生规划调整	0.743	0.783
因子3　体力活动和用脑卫生	0.763	0.775
因子4　环境卫生和自我保护	0.723	0.758
因子5　安全应急与避险	0.647	0.698
因子6　压力应对	0.759	0.468
因子7　膳食营养	0.599	0.552
因子8　网络安全	0.732	0.732
因子9　健康生活方式	0.673	0.673
因子10　性健康	0.325	0.325
总问卷	0.857	0.707

（4）效度检验：本研究主要通过内容效度和结构效度考查问卷的效度。

根据探索性因子分析结果，采用相关分析方法检验问卷的内部结构。首先根据因子分析（主成分方法）结果中某个主因子的贡献率占提取因子的总方差贡献率计算该主因子的权重。结果见表6-38～表6-41。

表6-38　信息获取部分评估问卷各维度权重

问卷维度	权重
因子1　安全应急与避险	0.454
因子2　健康行为与生活方式	0.343
因子3　理解健康相关信息能力	0.203
合计	1.000

表6-39　信息理解部分评估问卷各维度权重

问卷维度	权重
因子1　对常见疾病信息的理解	0.290
因子2　对性健康信息的理解	0.209

(续表)

问 卷 维 度	权 重
因子3 对健康促进的信息理解	0.194
因子4 对合理就医用药的信息理解	0.173
因子5 对青春期常见安全隐患的理解	0.132
合计	1.000

表6-40 信息评价部分评估问卷各维度权重

问 卷 维 度	权 重
因子1 对健康影响因素的鉴别	0.321
因子2 对健康促进信息的评价	0.258
因子3 对医疗卫生信息的鉴别	0.214
因子4 对新媒体健康传播的信息的鉴别	0.206
合计	1.000

表6-41 信息利用部分评估问卷各维度权重

问 卷 维 度	权 重
因子1 合理就医用药	0.130
因子2 人生规划调整	0.119
因子3 体力活动和用脑卫生	0.114
因子4 环境卫生和自我保护	0.114
因子5 安全应急与避险	0.108
因子6 压力应对	0.102
因子7 膳食营养	0.084
因子8 网络安全	0.080
因子9 健康生活方式	0.077
因子10 性健康	0.071
合计	1.000

参考中国居民健康素养调查问卷,确定本次调查的计分方法为:等级选项最高分为 1 分,根据选项个数转化为等距变量。未做出回答的题目,一律计 0 分反向题正向计分。

对主因子进行加权,健康素养得分计算公式如下:

$$H = \sum_{i=1}^{n} w_i y_i \quad y_i = \sum_{j=1}^{m} x_{ij}$$

式中 H 为健康素养得分,y_i 为第 i 个因子维度的得分值,wi 为第 i 个因子维度的权重,x_{ij} 为在第 i 个因子维度下第 j 个指标的观测值。

由于该分数范围较小,为便于分析和理解,对原分数进行 10 分制转换,健康素养得分取值范围为 0 到 10。公式为:

$$H_{10} = \frac{10}{\max - \min} \sum_{i=1}^{n} w_i y_i \quad y_i = \sum_{j=1}^{m} x_{ij}$$

式中 $\max$,$\min$ 分别为 H 理论最大值和最小值。

计算基于权重的健康素养得分与简单相加所得问卷总分的相关性,对建立的大学生健康素养得分进行检验。基于权重的健康素养得分与问卷总分相关性较高,各健康素养维度系数为在 0.957~0.983 之间,且 P 值均<0.001,构建的健康素养得分能够客观反映大学生的健康素养水平,见表 6-42。

表 6-42 基于权重的健康素养得分与问卷总分的相关性检验

健康素养维度	项　　目		问卷总分
信息获取	基于权重的健康素养得分	$Pearson$ 相关系数	0.957
		P	0.000
二年级	基于权重的健康素养得分	$Pearson$ 相关系数	0.971
		P	0.000
三年级	基于权重的健康素养得分	$Pearson$ 相关系数	0.963
		P	0.000
四年级	基于权重的健康素养得分	$Pearson$ 相关系数	0.993
		P	0.000

四、分析与讨论

(一) 指标体系的构架

子课题组以根据《大学生健康教育基本要求》《上海市高校学生健康教育指导纲要》《普通高等学校学生心理健康教育工作基本建设标准》为依据,在前期广泛查阅近10年来国内外参考文献、组织多次专家讨论的基础上,听取大学生代表讨论的基础上,初步提出了适合我国大学生的健康素养评估指标体系。目前,该大学生健康素养指标体系主要由两个维度构成。包括健康内容维度和健康素养维度,而两个维度分别由以下不同的方面,共同构成了大学生健康素养体系矩阵(表6-43)。

1. 健康内容维度　主要针对当前我国大学生人群面临的主要健康问题和干的工作领域来划分,确定了5个方面的内容:①青春期保健与性健康卫生;②健康生活方式;③医疗卫生常识与疾病预防;④心理健康;⑤安全应急与避险。

2. 健康素养维度　根据健康素养的概念,分为获取、理解、评价和应用健康信息4个方面,整合了功能性素养、交互性素养、评判性素养和新媒体素养。

表6-43 健康相关信息

内容维度	健康相关信息			
	获取	理解	评价	应用
青春期保健与性健康	获取生理发育和两性的相关信息的能力	理解青春期保健和两性的相关信息	解释和评价特定年龄的生理发育和性知识的信息	正确对待青春期,做出明智的决策
健康生活方式	获取社会和自然环境中健康决定因素的信息	理解日常的健康信息	判断和评价日常的健康信息	根据日常的健康信息做出健康行为的选择
医疗卫生常识与疾病预防	获取医疗或疾病预防相关信息的能力	理解医疗信息的特定意义	解释和评价医疗信息	在疾病防治问题上做出明智的决策

(续表)

内容 维度	获 取	理 解	评 价	应 用
心理健康	获取心理健康相关信息的能力	理解心理健康的信息	判断和评价心理健康的信息	能适当调整心理状态
安全应急与避险	获取应急安全和网络安全信息	理解应急和安全信息的意义	判断应急和安全信息的可靠性	在危险时利用应急和网络安全信息自救或互救

（二）指标的数量

该指标最后确认四级指标 80 条，从指标设计以及受测者的反馈来说，指标数量确实比较多。但是考虑到该指标不仅要包涵大学生相关的健康内容，也要蕴含健康素养的范畴，其中健康素养涵盖了获取、理解、分析、评价、运用健康信息的能力，而且大学生身心健康又是一个非常宽广的概念，为了避免以偏概全，课题组仍然希望建立一个结构完整、内容全面的指标体系，可以全面地反应大学生的健康素养的概况，同时也不遗漏任何一个大学生特征性的健康素养指标。但课题组仍在尽量在甄选特别有代表性的指标，考虑在后期通过建立题库的形式，或者分层检测的形式，来缩短问卷测评时间，进而增强大学生健康素养指标的问卷可操作性。

（三）指标与自评问卷的关系

目前的研究成果为大学生健康素养的四级指标，那么，将目前制定的大学生四级健康素养指标体系进一步完善成为用于具体实际操作的大学生健康素养问卷是下一阶段的重点。由于目前四级指标中涵盖的角度较广，且四级指标本身条目数较多，在之后进入实际操作中，如何避免在问卷时导致被测试者的倦怠感，并将对评估体系产生重要的影响。因此，课题组正在同步开发相应的问卷，并进一步检验每个自评题的可读性、难易度和区分度以及测量信度等。课题组同时增加问卷的趣味性和条目的代表性，并利用评估工具的多种形式，包括自评问卷、他评工具，从多角度对大学生健康素养进行评估。

(四) 德尔菲咨询法的运用

德尔菲咨询法是一种被国内外广泛接受、能够就某一主题咨询,专家并逐步实现意见集中的一种评价预测方法,具有较强的科学性和适用性。在本研究中,我们采用德尔菲专家咨询对大学生健康素养评估指标进行打分,最终得出各维度和各条目的权重,并评价本次德尔菲专家咨询的质量。

由调查表回收率可知,专家对本研究较感兴趣,参与积极性高。分析专家权威程度可知,对于本研究的主题,专家的权威程度均较高,咨询结果可信。两轮德尔菲结果变异系数整体降低,协调系数整体提高,这说明经过两轮咨询,专家的意见逐渐趋于一致。

五、结语

本研究通过对健康素养近年来文献的研究,并根据《大学生健康教育基本要求》《上海市高校学生健康教育指导纲要》《普通高等学校学生心理健康教育工作基本建设标准》等文件为依据,在组织多次专家讨论的基础上,听取大学生代表讨论的基础上,初步提出了适合我国大学生的健康素养评估指标体系,构成了大学生健康素养四级评估体系矩阵。本四级健康素养评估体系先后通过德尔菲专家咨询和抽样学生预调查两个阶段,形成了一个从健康素养和大学生相关健康内容两个维度,矩阵型对大学生的健康素养进行了一个综合的评估参考,并得到了专家和学生们一致地认可。并且通过抽样的预调查显示,该四级评估体系能够涵盖大学生健康素养的各个方面。同时通过了早期的调研测试和专家反馈,目前该评估体系正在逐步进入变为各类实用性问卷的探索阶段。

(张 镭 钱海红)

参考文献

[1] 中华人民共和国卫生部.卫生部公布首次中国居民健康素养调查结果[J].旅行医学科学,2009,15(04):16.
[2] 孙瑛,陈俊国.中国公民健康素养——基本知识与技能(试行)[J].中国健康教育,2008,17(01):86-89.
[3] 肖砾,陶茂轩.健康素养研究进展与展望[J].中国健康教育,2008,24(05):

361-364.

[4] 肖砾,程玉兰,马皇,等.Delphi法在筛选中国公众健康素养评价指标中的应用研究[J].中国健康教育,2008,24(2):81-84.

[5] 张士靖,郭海红,刘小利,等.国际健康素养领域研究现状、热点与前沿的可视化分析[J].医学信息学杂志,2011,32(4):36-41.

[6] 姚强,刘小利,杜建,等.国际健康素养研究演进路径、研究热点与前沿可视化分析[J].数字图书馆论坛,2011(2):17-24.

[7] David W, Baker DW, Williams MV, et al. Development of a brief test to measure functional health literacy [J]. Patient Education and Counseling, 1999, 38: 33-42.

[8] Davis TC, Crouch MA, Long SW, et al. Rapid assessment of literacy levels of adult primary care patients [J]. Family Medicine, 1991, 23(6): 433-435.

[9] Parker RM, Baker DW, Williams MV, et al. The test of functional health literacy in adults: a new instrument for measuring patients' literacy skills [J]. J General Internal Medicine, 1995, 10(10): 537-541.

[10] Simonds SK. Health education today: Issues and challenges [J]. J School Health, 1977, 47(10): 584-559.

[11] U. S. American Medical Association. Health literacy: report of the council on scientific affairs [J]. J Am Medical Association, 1999, 281: 552-557.

[12] U. S. Department of Education Institute of Education Sciences. Key concepts and features of the 2003 national assessment of adult literacy [R]. Wanshington, DC: NCES, 2006: 18.

[13] U. S. Department of Health and Human Services. Healthy People 2010: understanding and improving health [M]. Washington: Health and Human Service Dept, 2000: 62.

[14] U. S. National Library of Medicine. Current bibliographies in medicine [EB/OL]. Bethesda. http://www.nlm.nih.gov/pubs/cbm/hliteracy.html.

[15] World Health Organization. Division of health promotion, education and communications health education and health promotion Unit. Health Promotion Glossary [M]. Geneva: WHO, 1998: 10.

[16] World Health Organization. The Bangkok Charter for Health Promotion in a Globalized World [EB/OL]. [2007-12-31]. http://www.who.int/healthpromotion/.

第七章

学生健康素养与学校培育途径

现如今健康素养已成为公众视野一个热门话题。健康素养通常被定义为：个体获取、理解、分析评价和运用健康相关信息，从而做出健康决策的能力。虽然关于健康素养的研究日益增多，但大部分的研究对象仍集中在成年人，以儿童青少年、学生为研究对象的文章少之又少。虽然相对于成人，青少年较少使用医疗卫生服务，在医疗方面的花费也少于成人，但随着近些年青少年不健康行为的流行，以及肥胖和糖尿病等慢性病的高发趋势，我们应更加清醒地意识到青少年时期是生命全程中主动参与到医疗保健服务的开端。同时，青少年是现代各种信息传播技术的重要接触群体，他们往往通过这些途径来接触健康教育和卫生保健服务信息，并与周围环境形成互动。而学校正是培养具备健康素养青少年的重要场所，理应引起高度重视。

一、在学生人群中关注健康素养的重要性

（一）儿童青少年正处于认知发育关键期

儿童青少年正处于生理、心理和认知改变的关键发育时期，其认知能力、处理信息能力、思考抽象概念能力、逻辑推理能力都处于迅速发展阶段，并且有越来越高的自主权。青少年时期的这些转变都成为健康素养培育的良好生理基础，并且在早年进行健康素养干预，提升的健康素养，会对青少年获取知识、养成良好的行为模式产生直接积极影响，这些行为习惯也会伴随他们进入成人期。陆青云以初一和高一女学生为样本，进行了两年随访队列研究，发现青少年的认知情绪可受慢性应激影响，从而促进体重的增加。由此可见，青少年学生正处于接受新知识和塑造健康观念以建立一生健康生活习惯的关键时期，然而由于自身认知水平的有

限,自控能力、对行为的控制力相对不足,容易受外界环境(如媒体、学校周围环境等)影响,因此必须培养良好的健康素养能力,提升儿童青少年现在及将来的生活质量。

(二) 慢性健康隐患对儿童青少年的影响日益凸显

由于社会经济发展导致的生活环境和生活方式改变,学生学习压力增加,其身心发育相关的健康问题日益突出。视力不良和肥胖等学生常见病、慢性病危险因素的检出率居高不下,集体性传染病暴发、食物中毒和意外伤害等校园突发公共卫生事件时有发生,学生身心健康正成为社会高度关注的热点。

众多研究显示,0～17岁儿童青少年群体慢性疾病(如哮喘、糖尿病、囊性纤维化和心理疾病)的发病率在逐年上涨,这就凸显了健康素养在管理疾病方面的重要性和迫切性。患慢性病的青少年往往会更多地接触医疗保健系统,在疾病治疗和保健上也相应地承担着更大的自我健康管理责任。患有慢性病的青少年比未患病青少年更多地通过网络途径获取健康信息,因此医疗人员呼吁患慢性病青少年应具备适当的健康素养技能来管理疾病。

如果儿童青少年时期形成不良意识和危险行为,则很有可能给他们的健康和完好状态乃至成年期的健康和生活质量造成直接或间接的损害。具有较低健康素养的儿童青少年更易发生吸烟、肥胖、其他问题(如侵犯他人、携带枪支)等。一项在南京的调查显示,在12～16岁青少年人群中,低健康素养与超重、肥胖具有相关性。Chang对1 601名高中/职高学生调查发现,健康素养在促进青少年健康行为方面至关重要,其在营养和人际关系方面的作用尤为突出。由此可见,儿童青少年健康素养水平对于未来生活质量有着密不可分的关联。根据WHO提出的生命全程与健康(promoting health through the life-course)的理念,儿童青少年正处于人生发展和各种行为形成的重要时期,要准确把握好这一时期,培养良好的健康素养,养成健康的行为习惯,对于促进青少年的身心健康,预防和控制各种急、慢性疾病都有着重要意义。

(三) 儿童青少年对健康保健信息的关注度高,但理解程度不尽人意

随着现代社会的发展和医疗保健设施的普及,儿童青少年与健康系统交流互动、获取健康信息并参与到自身的健康保健日益增多,大部分青少年表现出对健康相关知识感兴趣,并以此指导自己的行为,健康素养与青少年健康之间显示越来越强的相关性。一项在 9～13 岁青少年人群中的调查表明,虽有 22% 的人表示健康信息"非常"或"有一些"难以理解,但约 80% 的调查对象对于学习健康知识表示"非常"或"有一些"感兴趣。

但是,这个时期由于自身年龄和学识的限制,阅读和理解健康相关信息的能力有所缺乏。美国教育部的一项全国性调查显示,在八年级学生人群中 26% 的学生阅读得分低于基本水平。Davis TC 关于健康素养的调查显示,46% 的参与者阅读水平低于其年级段水平。现如今,具有高中学历的人的阅读水平甚至不能满足医疗相关材料的阅读、使用。近些年来,随着相关卫生政策的有力实施,政府部门对医疗卫生行业的支持力度逐渐增大,中小学校、各级疾控、社区卫生服务中心或有关科研机构的健康干预项目与日俱增,这就对如何为学生或社区居民提供可读性强的有效信息提出了更高的要求。的确,对健康信息的阅读、理解、分析和应用能力与个人健康素养息息相关。Richwald 等关于避孕套指导语的研究发现,在 14 种指导语中,8 种要求阅读者必须具有高中毕业阅读水平,所有指导语均需阅读者具有 10 年级以上阅读水平才能看懂,那么如果青少年阅读避孕套的使用说明,他们很可能无法理解其中的关键信息。这提示我们,在面对儿童青少年人群普及健康知识时,健康信息提供者必须考虑该人群的特殊性,向青少年传播内容合适、可接受的知识。这非常需要探索学生健康素养能力的发展规律,探索培育健康素养能力的合适场所,为学生提供准确有效的培养途径。

(四) 儿童青少年健康素养影响因素的多面性

儿童青少年是使用各种传媒技术,尤其是现代信息通信工具的活跃人群,他们在学习的同时往往会面对各种不良信息,如食品广告的诱惑、电脑网游的刺激、社交网络的新奇有趣等,这些信息均会造成不同程度的影响。当青少年想利用有关的信息时,往往会通过搜索引擎来查找信息。调查显示,8～18 岁的青少年在各类媒体上花费的时间约为每天 6.5 小时,这就会面临着如何利用良莠不齐的信息来判断和管理他们健康问题的窘境。因此让儿童青少年群体学会有效获取、判断和准确应用信息及服务意义重大。

家庭是影响儿童、青少年健康素养的重要因素。例如,在家庭中大声朗读可以提高孩子的词汇能力,鼓励在家中阅读也可以培养学习兴趣。家长健康素养水平可直接影响子女的健康结局。一项调查拉丁美洲父母的研究发现,有较高健康素养水平的父母会更正确地为子女选择合适的医疗服务,另一项调查患哮喘儿童的研究则发现,低健康素养家长往往不会正确使用哮喘喷剂,导致了更高的子女急诊就医率。

青少年时期还具有特殊的心理发展特点,伴随独立意识的增强,他们日益倾向于自己的"小伙伴集团"。同伴是青少年接触最多的人群,相比家长更容易接近,尤其在言行、爱好等方面相互影响,都会对青少年健康行为和健康素养方面产生重要影响。目前已有大量研究证据表明,同伴关系影响儿童青少年的健康结局。Fujimoto 和 Valente K 以及 Farhat 等均发现不同同伴关系影响其酒精的摄入量不同;Vander 发现体重的控制与同伴间社会支持有关;Hamilton 等研究显示,同伴支持可以抵消部分自我效能缺乏,因而有助于青少年加强体育活动;朱广荣等系统综述发现,同伴影响是青少年感染艾滋病危险行为的最重要因素,提倡为青少年创造良好的同伴环境及提高其应对不良同伴环境的能力,进而降低感染艾滋病的危险性。

二、在学校场所开展儿童青少年学生健康素养培育

学校不仅是个传授知识的地方,而且也是让学生获得健康的场所,学校对于学生的身心健康发展起着举足轻重的作用。正是考虑到学生阶段健康素养培育的重要性、学生健康素养影响因素的多面性,学校场所成为学生健康素养培育的重要阵地。

(一)学生健康素养培育与学校教育育人目标的一致性

为实现儿童青少年身心健康发展,党的十六大报告提出把提高全民健康素质列为建设我国小康社会的目标之一,健康的体魄是青少年为祖国和人民服务的基本前提,是中华民族旺盛生命力的体现,学校教育要树立健康第一的指导思想。2010 年,《国家中长期教育改革和发展规划纲要(2010—2020 年)》又将坚持学生全面发展列入战略主题,要求牢固树立健康第一的思想,促进学生身心健康,提高学生综合素质。这些都为学校提高教育水平,全面提高学生素质指明了方向。学校培养学生全面素质,使

学生成为德智体美全面发展的社会主义建设者和接班人,必须保证如今和将来的青少年有正确的健康理念和健康的体魄,这就需要提升健康素养水平。

ST Leger 和 Nutbeam 两位学者早在 2000 年就提出,作为教育部门的学校往往追求 4 个方面的主要产出,即培养学生:①终生学习技能;②具有文化素养、计数能力与解决问题行为;③具备出众的科学、语言、艺术、技术认知知识与技能;④个体的社会感和行为规范。其实,这四大产出是健康素养和健康促进学校的基础,也与国家提出教育的最终目标——使学生成为德智体美全面发展的社会主义建设者和接班人不谋而合。以学校营养健康促进为例,第一,学校应培养学生终生学习的技能,这些技能可以帮助处理不同生活事件(例如哺乳、疾病、转基因食品的争论等)发生时,进行饮食的合理转换。第二,学校应培养学生特定的能力来实践其健康行为。例如,阅读食品标签,计算单位体积/质量的食物的价格,学会合适的烹调方法来促进健康饮食行为等。第三,学校应教会学生在营养、食品方面具有相应的知识。例如,理解碳水化合物、脂肪、蛋白质的功能,知道哪些食物富含相应的营养素,这样就会主动选择合适的食物等。第四,学校培养学生作为社会一员,应具有自我归属感。例如,对自己的体像有正确的认知,懂得食物可以作为建立社会关系的环节等。

当然,以上 4 个学校教育育人目标也与健康素养 3 个维度:功能性素养(个体阅读和理解健康相关信息的能力)、交互性素养(关注社会环境中个人技能发展的能力)和评判性素养(批判地思考分析健康信息并加以运用的能力)相互交叉融合。现如今很多的学校健康教育往往还停留在知、信、行三方面,忽略了学生作为社会的一环,其健康行为也受社交、经济、周围环境影响,并没有很好地培养交互性素养。另外,也缺乏对评判性健康素养的培养。总之,学生的全面发展,需要这 3 种能力共同的实现。

(二) 学校场所可采取的措施建议

如何有效提升儿童青少年学生的健康素养?WHO 在综合了各地的实践证据后,在 *Health literacy:the solid facts* 中提出了在学校场所提升学生健康素养工作策略和措施建议。

1. 在儿童发育早期建立健康素养培育基础　Nicholoson 等的研究发现,儿童早期教育是有效促进健康和预防疾病结局的关键干预措施。儿童学习批判性思考是长时间的工作，这就需要学校和家长及其他家庭成员的相互协作。在幼托机构儿童早期教育项目中，儿童-儿童互动项目都可以起到很好的效果。

2. 支持健康促进学校方案　健康促进学校的宗旨是，在学校社区内，政策和机构为保护和促进学生健康而努力。健康促进学校是在全球范围内倡导的一项对儿童青少年健康有深远意义的活动。健康促进学校从生态学模型出发，综合考虑个体和各级系统之间的交互作用、人际间因素、机构因素、社区因素和公众政策因素，重视学校氛围营造、学校健康教育课程和活动、学校设施设备改善和多部门合作。已有不少研究显示，学校在改变青少年健康状态和生活方式上有着不可忽视的作用。在德国的教育机构施行健康项目证明，在儿童成长过程中，学校健康干预可对教育和学习有长时间的促进作用。美国医学研究所也提出，学校对儿童青少年的教育和发展有直接作用，应作为提升学生健康素养水平的重要实施环节。

3. 消除学习障碍　当前，有相当一部分学生的阅读和理解健康相关信息能力有所缺乏，这就会导致在实施健康促进项目时，不同学生之间接纳度不同，造成不公平性。学校在实施提高健康素养培育项目时，必须考虑学生的需求，事先了解清楚项目实施过程中可能遇到的问题，包括当地政策是否支持、项目课程和学习环境可及性如何等，避免在实施过程中成为阻碍。

4. 发展多元的教育方法　除传统教学授课的方式外，发展多元教学方法成为提高学生健康素养的新途径。通过互联网干预是改善青少年健康素养不足的有效途径，一项小样本实验研究发现，大众传媒工具（Facebook 和 YouTube）能够提高 14～16 岁青少年口腔健康素养水平。但也有学者提出，利用互联网来提高健康素养水平既是机遇又是挑战。学校需对应健康素养四维度（获取、理解、分析评价和运用）将特定的方法运用到特定的教学中。

5. 运用参与式教学方法　在课堂中运用参与式教学方法，例如让学生及时反馈、学生间相互讨论等，可以帮助学生获取、理解和使用健康信息。同样，在班级中使用参与式教学方法也能促进学生和教师间的交流，并与同伴间形成良好的课堂氛围，这些均有助于健康信息的传递。

6. **探究保持身心健康新方法** 具体包括：①关注儿童的特殊性和多样性；②将儿童当作是竞争伙伴，培养其责任感，去除依赖性；③认识到学习不仅仅是认知，而是多维的整体过程；④从标准化教育转移至以儿童为中心的教育；⑤将提高健康素养这一责任，从单一某部门的肩上转移至政策和社会。

三、结语

提高健康素养被国际公认为维持全民健康的最经济有效的策略，提高全人群健康素养已成为当今面临的新挑战。如何提升儿童青少年学生的健康素养，理应成为广大科研工作者和教育工作者关心的重要问题。当前，国内外对于学生健康素养的研究还处于百家争鸣之势，因此，理论上研究学生健康素养的概念和评估维度，实践上研制学生健康素养的评估指标和评卷问卷，成为当务之急。

(史慧静 王亚宁)

参考文献

[1] 史慧静.儿童青少年卫生学[M].上海：复旦大学出版社,2014：3,143.
[2] 朱广荣,季成叶,冯博文.同伴影响在校外青少年感染艾滋病危险行为中的作用[J].中国学校卫生,2008,29(12)：1082-1085.
[3] 陆青云.青少年慢性心理社会应激,认知控制和肥胖关系的2年队列研究[D].安徽医科大学,2014.
[4] 季成叶.儿童青少年卫生学[M].北京：人民卫生学,2012：49.
[5] Agency for Healthcare Research and Quality. Adolescent Diabetes：A Routine Visit? [EB/OL]. [2016-07-14]. https://psnet.ahrq.gov/webmm/case/212/adolescent-diabetes-a-routine-visit.
[6] Agency for Healthcare Research and Quality. Adolescent Diabetes：A Routine Visit? [EB/OL]. [2016-07-14]. https://psnet.ahrq.gov/webmm/case/212/adolescent-diabetes-a-routine-visit.
[7] Albert Lee MB, Tsang CKK, Shiu-Hung Lee M B, et al. A YRBS survey of youth risk behaviors at alternative high schools and mainstream high schools in Hong Kong [J]. J Sch Health, 2001,71(9)：443-447.
[8] Beck F, Richard JB, Nguyen-thanh V, et al. Use of the internet as a health information resource among French young adults：results from a nationally

representative survey [J]. J Med Internet Res, 2014,16(5): e128.
[9] Boice M. Chronic illness in adolescence [J]. Adolescence, 1998, 33 (132): 927-934.
[10] Brown S, Teufel J, Birch D. Early adolescents' perceptions of health and health literacy [J]. J Sch Health, 2007, 77(1): 7-15.
[11] Chang LC. Health literacy, self-reported status and health promoting behaviours for adolescents in Taiwan [J]. J Clin Nurs, 2011,20(1-2): 190-196.
[12] Conwell LS, O'callaghan MJ, Andersen MJ, et al. Early adolescent smoking and a web of personal and social disadvantage [J]. J Paediatr Child Health, 2003,39(8): 580-585.
[13] Davis TC, Byrd RS, Arnold CL, et al. Low literacy and violence among adolescents in a summer sports program [J]. J Adoles Health, 1999,24(6): 403-411.
[14] Davis TC, Wolf MS, Arnold CL et al. Development and validation of the rapid estimate of adolescent literacy in medicine (REALM-Teen): a tool to screen adolescents for below-grade reading in health care settings [J]. Pediatrics, 2006, 118(6): e1707-1714.
[15] Farhat T, Simons-morton BG, Kokkevi A, et al. Early adolescent and peer drinking homogeneity: similarities and differences among European and North American countries [J]. J Early Adolesc, 2012,32(1): 81-103.
[16] Feldman SS, Elliott GR. At the Threshold: The Developing Adolescent [M]. Cambridge, MA: Harvard University Press, 1990: 431-456.
[17] Ferguson L A, Pawlak R. Health Literacy: The Road to Improved Health Outcomes [J]. J. Nurse Pract, 2011,7(2): 123-129.
[18] Fujimoto K, Valente TW. Multiplex congruity: friendship networks and perceived popularity as correlates of adolescent alcohol use [J]. Soc Sci Med, 2015,125: 173-181.
[19] Gambrell LB, Morrow LM, Pressley M, et al. Best practices in literacy instruction [M]. New York: The Guilford Press, 2007: 178-203.
[20] Glanz K, Rimer BK, Lewis FM. Health Behavior and Health Education [M]. San Francisco, CA: Jossey-Bass, 2002,462-484.
[21] Gray NJ, Klein JD, Noyce PR, et al. The Internet: A window on adolescent health literacy [J]. J Adoles Health, 2005,37(3): 243.
[22] Gray NJ, Klein JD, Noyce PR et al. Health information seeking behaviour in adolescence: the place of the internet [J]. Soc Sci Med, 2005,60(7): 1467-1478.
[23] Hamilton K, Warner LM, Schwarzer R. The role of self-efficacy and friend support on adolescent vigorous physical activity [J]. Health Educ Behav, 2016

May 25.
[24] Harrington KF, Zhang B, Magruder T, et al. The impact of parent's health literacy on pediatric asthma outcomes [J]. Pediatr Allergy Immunol Pulmonol, 2015,28(1): 20-26.
[25] Jain AV, Bickham D. Adolescent health literacy and the Internet: challenges and opportunities [J]. Curr Opin Pediatr, 2014,26(4): 435-439.
[26] Kaiser Family Foundation. Generation M: Media in the Lives of 8-18 Yr Olds [EB/OL]. [2016-07-15]. http://kff.org/other/event/generation-m-media-in-the-lives-of/.
[27] Lam LT, Yang L. Is low health literacy associated with overweight and obesity in adolescents: an epidemiology study in a 12-16 years old population, Nanning, China, 2012 [J]. Arch Public Health, 2014,72(1): 11.
[28] Leyva, Sharif I, Ozuah PO. Health literacy among Spanish-speaking Latino parents with limited English proficiency [J]. Ambul Pediatr, 2005, 5 (1): 56-59.
[29] Lynagh M, Schofield MJ, Sanson-Fisher R. School health promotion programs over the past decade: a review of the smoking, alcohol and solar protection literature [J]. Health Promot Int, 1997,12(1): 43-60.
[30] Mcbride N, Midford R, Cameron I. An empirical model for school health promotion: the Western Australian school health project model [J]. Health Promot Int, 1999,14(1): 17-25.
[31] Miles SB, Stipek D. Contemporaneous and longitudinal associations between social behavior and literacy achievement in a sample of low-income elementary school children [J]. Child Dev, 2006,77(1): 103-117.
[32] Moon AM, Mullee MA, Rogers L, et al. Helping schools to become health-promoting environments-an evaluation of the Wessex Healthy Schools Award [J]. Health Promot Int, 1999,14(2): 111-122.
[33] National Center for Education Statistics. The Nation's Report Card: Reading Highlights 2003 [R]. Jessup, MD: US Department of Education, 2004.
[34] Nemours Foundation (Kidshealth). What kids say about their health [EB/OL]. [2016-07-13]. http://kidshealth.org/en/kids/poll-health-literacy.html.
[35] Nicholson JM, Lucas N, Berthelsen D, et al. Socioeconomic inequality profiles in physical and developmental health from 0-7 years: Australian National Study [J]. J Epidemiol Community Health, 2012,66(1): 81-87.
[36] Richwald G, Wlamsley M, Coulson A et al. Are condom instructions readable? Results of a readability study [J]. Public Health Rep, 1988, 103 (4): 355-359.

[37] Sharif I, Blank AE. Relationship between child health literacy and body mass index in overweight children [J]. Patient Edu Couns, 2010, 79(1): 43-48.

[38] Shingo N, Takeo M. The educational experiments of school health promotion for the youth in Japan: analysis of the 'sport test' over the past 34 years [J]. Health Promot Int, 2002, 17(2): 147-160.

[39] St Leger L, Nutbeam D. A model for mapping linkages between health and education agencies to improve school health [J]. J Sch Health, 2000, 70(2): 45-50.

[40] St Leger L. Schools, health literacy and public health: possibilities and challenges [J]. Health Promot Int, 2001, 16(2): 197-205.

[41] Strommen L T, Mates B F. Learning to Love Reading: Interviews With Older Children and Teens [J]. J Adolesc Adult Lit, 2004, 48(3): 188-200.

[42] Tse CK, Bridges SM, Srinivasan DP, et al. Social media in adolescent health literacy education: a pilot study [J]. JMIR Res Protoc, 2015, 4(1): e18.

[43] Vander Wal JS. The relationship between body mass index and unhealthy weight control behaviors among adolescents: the role of family and peer social support [J]. Econ Hum Biol, 2012, 10(4): 395-404.

[44] WHO. Division of Health promotion, education and communications. Health education and health promotion unit. Health promotion glossary [R]. Geneva: WHO, 1998: 10.

> 附录 1~3

各学段学生健康素养评估问卷

小学生健康素养调查问卷

(一年级~六年级用)

编撰人:王书梅

"学生健康素养评价指标体系研究"(A LA 130003)(课题总负责人:傅华)

编号：☐☐☐☐☐☐☐☐

中国小学生健康素养调查问卷

（一年级用）

省_____　　市_____
区县_____　　学校_____
年级_____　　班级_____
学号_____　　姓名_____
性别：① 男　② 女

填表注意事项：
1. 本问卷题目无特殊说明均为单选题，多选题在题目后会说明"可多选"；
2. 单选题请直接在选项上画"√"，填空题请在横线上填写；
3. 请注意粗体及下划线标注的词汇。

小明的一天

今天是开学第一天,小明要上一年级了!
早上起床后,小明哭着闹着要穿昨天弄脏的衣服,因为那件衣服很好看。
妈妈说:"衣服脏了要尽快换洗,应该穿干净衣服。"

1. 你认为谁的说法正确?

　① 小明　　　　　　　　　　② 妈妈

新的一天从刷牙洗脸开始。

2. 你有自己的毛巾和牙刷吗?
　① 有　　　　　　　　② 没有

3. 刷前面的门牙时,你最常用的刷牙方法是什么?

　① 左右刷　　　② 上下刷　　　③ 随便刷

4. 你认为下列哪个习惯不容易得虫牙?

　① 睡觉前吃糖　　　　　② 睡觉前刷牙

5. 你每天早晚都刷牙吗?
　① 是　　　　　　　　② 不是

6. 当你渴了的时候,你会选择哪一杯解渴?

　① 白开水　　　② 可乐　　　③ 从水龙头直接接来的水

六步洗手法

采用流动水,使双手充分浸湿,取适量肥皂或皂液,均匀涂抹至整个手掌、手背、手指和指缝、认真揉搓双手。具体揉搓步骤为:

① 掌心相对,手指并拢,相互揉搓　　② 手心对手背沿指缝相互揉搓,交换进行　　③ 掌心相对,双手交叉指缝互相搓揉

④ 弯曲手指使关节在另一手掌心旋转搓揉,交换进行　　⑤ 左手握住右手大拇指旋转搓揉,交换进行　　⑥ 将5个手指尖并拢,放在另一手掌心旋转搓揉,交换进行

7. 你知道上面图片说的是什么吗?
   ① 知道　　　　　　　　② 不知道
8. 你认为经常洗手重要吗?
   ① 重要　　　　　　　　② 不重要
9. 你平时是按照图片提示的方法洗手吗?
   ① 是　　　　　　　　　② 不是

洗漱完毕,该吃早饭了。

10. 你平时吃早餐吗?
    ① 吃　　　　　　　　　② 不吃
11. 下面哪种食物可以经常食用?

① 饼干　　　　　② 蔬菜　　　　　③ 汉堡

早饭过后,爸爸送小明去学校。

12. 出行时要注意安全,下面图片中哪个选项是正确的?

① 表示可以通行　　② 绿灯亮了走人行横道　　③ 把手和头伸出车窗外

来到学校,班主任老师们都在门口迎接新同学。

13. 下面哪个做法是正确的?

① 主动说"老师早上好"　　　　　② 害羞不想打招呼,绕开老师走

小明想上厕所,但是却不知道厕所在哪里。

14. 如果你是小明,你该怎么办?

① 找个没人的地方解决　　② 坐在地上哭　　③ 询问同学或老师
　　　　　　　　　　　　　　　　　　　　　　　厕所在哪里

小明终于找到了厕所,可是却有两个门,门上画着不一样的图案。

15. 下面图案中哪个代表男厕所?

①　　　　　　②　　　　　　③　　　　　　④

来到教室,小明在自己的位子坐下。

16. 下面哪个图片最像你平时在教室看书写字的坐姿?

① ② ③

17. 下面哪个小朋友的做法可能导致驼背或肩膀歪斜?

① 听讲时趴在书桌上　　② 经常做伸展运动　　③ 背宽带双肩包

第一堂课,老师教同学们要养成良好的个人行为习惯。

18. 下面哪个行为是正确的?

① 随地吐痰　　② 乱扔果皮　　③ 咳嗽时掩住口鼻　　④ 点火柴玩

课间,小明跟其他同学已经成了朋友,大家欢乐地玩耍起来。

19. 下面哪种活动比较安全?

① 到教室外晒太阳　　② 拿铅笔和同学玩　　③ 在楼梯打闹

到了中午吃饭的时间。

20. 吃饭前要做什么?_____吃饭后要做什么?_____

① 喝水　　　② 洗手　　　③ 漱口　　　④ 什么也不用做

21. 中午,小明建议把窗户打开透气,但是大家意见不一致,你最赞成下列哪个提议?
① 天气冷了,开窗会着凉
② 外面人多,声音吵,不要开窗
③ 一上午都没开窗了,应该开窗通风

　　看到学校提供的午饭,小明很不开心,因为他不爱吃芹菜和大排。

22. 你知道吃东西挑挑拣拣有什么不好吗?
① 不知道　　　　　　　　　② 长不高了

23. 你从哪里知道吃东西挑挑拣拣不好的?

① 电视、电脑　　② 书本　　③ 老师　　④ 家长　　⑤ 同学

　　下午上课,老师告诉大家睡眠的重要性。

24. 你知道人是在睡眠中悄悄长高的吗?
① 知道　　　　　　　　　② 不知道

25. 你每天是在晚上 9 点钟前上床睡觉吗?
① 是　　　　　　　　　② 不是

　　课间时,小明看到黑板旁贴着一张图纸,上面写着"眼保健操"。

26. 你会读"眼保健操"这 4 个字吗?
① 会　　　　　　　　　② 不会

27. 你会做眼保健操吗?
① 会　　　　　② 不会　　　　　③ 会做一点

28. 你知道下面哪个用眼习惯会伤害眼睛吗?

① 看书写字超过　② 经常看绿　　③ 长时间看电视　④ 不用脏手揉眼睛
　 1 小时休息下　　 色植物　　　　 或玩电子游戏

第二节课,班主任老师给大家讲安全教育知识。
29. 你认为下列哪种做法是正确的?

① 逗弄流浪狗玩　　　　② 用手拿着放鞭炮　　　　③ 不跟陌生人走

④ 用湿手插电源　　　　⑤ 不给宠物狗打疫苗

30. 如果发生火灾,应拨打_____求助;
　　遇到小偷,打_____求助;
　　看见有人生病、受伤,打_____求助。
　　① "120"　　　　　　② "119"　　　　　　③ "110"
　　放学前,学校安排学生们打疫苗。

31. 下面哪个说法正确?
　　① 听说打疫苗没用,不用打　　② 打疫苗可以预防脑炎,应该按时打

32. 你一般间隔多长时间洗澡?
　　① 1～2 天洗 1 次　　　　　② 3～5 天洗 1 次
　　③ 至少每星期洗 1 次

33. 你一般间隔多长时间洗头?
　　① 1～2 天洗 1 次　　　　　② 3～5 天洗 1 次
　　③ 至少每星期洗 1 次

34. 你有做到经常剪指甲吗?
　　① 有　　　　　　　　　　② 没有

今天小明认识了新校园、新老师和新同学,开心的一天就这样结束啦!
我们的问卷也到此结束,谢谢!

编号：□□□□□□□□□

中国小学生健康素养调查问卷

（二年级用）

省_____ 市_____

区县_____ 学校_____

年级_____ 班级_____

学号_____ 姓名_____

性别：① 男　② 女

填表注意事项：
1. 本问卷题目无特殊说明均为单选题，多选题在题目后会说明"可多选"；
2. 单选题请直接在选项上画"√"，填空题请在横线上填写；
3. 请注意粗体及下划线标注的词汇。

请回答下列问题,在相应选项上打√,如无特殊说明均为单选题。
1. 你有自己的毛巾和牙刷吗?
  ① 有   ② 没有
2. 刷前面的门牙时,你最常用的刷牙方法是什么?

  ① 左右刷   ② 上下刷   ③ 随便刷
3. 你认为下列哪个习惯容易得虫牙?

  ① 睡觉前吃糖   ② 睡觉前刷牙
4. 你每天早晚都刷牙吗?
  ① 是   ② 不是
5. 你认为适量饮水对身体好吗?
  ① 好   ② 不好
6. 当你渴了的时候,你会选择哪一杯解渴?

  ① 白开水   ② 可乐   ③ 从水龙头直接接来的水
7. 下面哪种食物天天吃对身体没有好处?

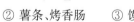

  ① 豆制品、奶制品   ② 薯条、烤香肠   ③ 馒头、米饭   ④ 蔬菜
8. 下面做法中哪个是正确的?

  ① 鼻出血后使   ② 不把小东西塞   ③ 长时间用耳   ④ 躺在床上看书
     劲向后仰着头   到鼻子或耳朵里   机听音乐

9. 请判断下列行为哪些是安全的,哪些是不安全的?

　a. 玩火　　　　　b. 红灯亮时也可以过马路　　　c. 用嘴咬铅笔

d. 在楼道里放鞭炮　　e. 在商场把电梯扶手当滑梯　　f. 在楼梯上打闹

a. 玩火	① 安全　② 不安全　③ 不清楚
b. 只要没车,红灯亮时也可以过马路	① 安全　② 不安全　③ 不清楚
c. 用嘴咬铅笔	① 安全　② 不安全　③ 不清楚
d. 因为外面太冷,而在楼道里放鞭炮	① 安全　② 不安全　③ 不清楚
e. 在商场把电梯扶手当滑梯	① 安全　② 不安全　③ 不清楚
f. 在楼梯上打闹	① 安全　② 不安全　③ 不清楚

10. 你赞同下面哪个说法?
　　① 听说打疫苗没用,不用打
　　② 打疫苗可以预防相关疾病,应该按时打
　　③ 家长让我打疫苗我就打,家长不让我打我就不打

11. 下列食品中,哪种不是垃圾食品?

　① 可乐　　　　　② 膨化食品　　　　　③ 方便面

　④ 糖果　　　　　⑤ 薯片　　　　　　　⑥ 鸡蛋

12. 你知道自己是从哪里来的吗？
　　① 从山上被挖回来的　　② 从马路边被捡回来的
　　③ 妈妈生出来的　　　　④ 不清楚
13. 你从哪里知道"自己从哪来"的？

　　① 电视、电脑　② 书本　③ 老师　④ 家长　⑤ 同学
14. 你知道小孩子要多睡觉才能长高吗？
　　① 知道　　　　　　　　② 不知道
15. 你每天是在晚上 9∶00 前上床睡觉吗？
　　① 是　　　　　　　　　② 不是
16. 你每天都做眼保健操吗？
　　① 每天都做　　② 有时会做　　③ 从来不做
17. 如果发生火灾，应该打_____求助；
　　遇到小偷打_____求助；
　　看见有人生病、受伤打_____求助。
　　①"120"　　　　② "119"　　　　③ "110"
18. 下面哪个用眼习惯会伤害眼睛？

　　① 看书写字超过　② 经常看　　③ 长时间看电视　④ 用脏手揉眼睛
　　　　1小时休息下　　 绿色植物　　或玩电子游戏
19. 下列哪种做法是正确的？

　　① 逗弄流浪狗玩　　② 用手拿着放鞭炮　　③ 不跟陌生人走

　　④ 用湿手插电源　　⑤不给宠物狗打疫苗

20. 下面哪种说法不正确?
    ① 天气好时应坚持每天户外运动 1 小时　　② 雾霾天时也要坚持户外运动
    ③ 阳光中的紫外线可以杀死病菌　　　　　　④ 烈日下暴晒会得皮肤癌
21. 下列动物会不会传播疾病?

a. 蚊子　　　　b. 苍蝇　　　　c. 老鼠　　　　d. 蟑螂

a. 蚊子	① 会　② 不会　③ 不知道
b. 苍蝇	① 会　② 不会　③ 不知道
c. 老鼠	① 会　② 不会　③ 不知道
d. 蟑螂	① 会　② 不会　③ 不知道

22. 关于午饭时教室开窗,你最赞成下列哪个说法?
    ① 天气冷了,开窗会着凉　　　　　　② 外面人多,声音吵,不要开窗
    ③ 一上午都没开窗了,应该开窗通风　　④ 不清楚
23. 你认为健康重要吗?
    ① 重要　　　　　　② 不重要　　　　　　③ 不知道
24. 你认为你自己健康吗?
    ① 健康　　　　　　② 不健康　　　　　　③ 不知道
25. 上课时,你的身体突然特别不舒服,你会怎么做?
    ① 告诉老师或同学　　　　　　② 强忍着不说
    ③ 其他,_____
26. 李平身体很健壮,但却经常闷闷不乐,你认为李平健康吗?
    ① 健康　　　　　　② 不健康　　　　　　③ 不知道
27. 如果你的好朋友有不好的卫生习惯,你会主动告诉他让他改正吗?
    ① 会　　　　　　　② 不会

问卷结束,谢谢你的合作!

编号：☐☐☐☐☐☐☐☐

中国小学生健康素养调查问卷

（三年级用）

省＿＿＿＿＿＿＿＿　市＿＿＿＿＿＿＿＿

区县＿＿＿＿＿＿＿　学校＿＿＿＿＿＿＿

年级＿＿＿＿＿＿＿　班级＿＿＿＿＿＿＿

学号＿＿＿＿＿＿＿　姓名＿＿＿＿＿＿＿

性别：① 男　② 女

填表注意事项：
1. 本问卷题目无特殊说明均为单选题，多选题在题目后会说明"可多选"；
2. 单选题请直接在选项上画"√"，填空题请在横线上填写；
3. 请注意粗体及下划线标注的词汇。

请回答下列问题,在相应选项上打√,如无特殊说明均为单选题。

1. 你认为健康重要吗?
   ① 重要　　　　　　② 不重要　　　　　　③ 不知道
2. 你认为你自己健康吗?
   ① 健康　　　　　　② 不健康　　　　　　③ 不知道
3. 上课时,你的身体突然特别不舒服,你会怎么做?
   ① 告诉老师或同学　　② 强忍着不说　　　　③ 其他,_____
4. 李平身体很健壮,但却经常闷闷不乐,你认为李平健康吗?
   ① 健康　　　　　　② 不健康　　　　　　③ 不知道
5. 下列哪个行为不能预防流感?

   ① 注意保暖　　② 加强体育锻炼　　③ 关好门窗　　④ 保持充足睡眠

   ⑤ 到校或回家后先洗手　　⑥ 不到人多拥挤的地方　　⑦ 不面对他人咳嗽、打喷嚏,并捂住口鼻

6. 下列哪些食物可以食用?
   ① 发黄枯萎的蔬菜　　② 发霉的大米　　　　③ 腐烂的水果
   ④ 变味的饭菜　　　　⑤ 臭豆腐
7. 腐败变质的火腿煮熟后能吃吗?
   ① 不能　　　　　　② 能　　　　　　　　③ 不知道
8. 去商店买食品时,你看包装上的保质期吗?
   ① 从来不看　　　　② 有时看　　　　　　③ 总是看
9. 下列哪个行为不能预防冻疮?
   ① 冬天用冷水洗衣服　　　　② 注意手、脚、耳廓的保暖
   ③ 摄入足够的营养　　　　　④ 按摩
10. 为了保证健康成长,你认为小学生每天的睡眠时间是多少?
    ① 7～8 小时　　　　② 9～10 小时　　　　③ 越多越好
11. 你认为睡眠对你的健康重要吗?
    ① 重要　　　　　　② 不重要　　　　　　③ 不知道

12. 下列哪个行为不利于提高睡眠质量？

① 睡前吃零食　　② 穿宽松的睡衣　　③ 睡前洗刷

④ 睡前不看惊险刺激的电视

13. 下列看电视的行为哪个是正确的？

① 斜躺着看电视　② 近距离看电视　③ 边吃饭边看电视　④ 开灯看电视

14. 下列哪个行为可以预防近视？

① 课间望远　② 经常宅在室内　③ 长时间玩电子游戏　④ 看书、写字时眼睛距离书本很近

15. 小芳非常喜欢学习，在乘车上学路上仍然不停看书，你认同小芳的做法吗？
　　① 认同　　　　　　② 不认同　　　　　　③ 不知道

16. 如果眼睛有异物进入时，你会如何处理？
　　① 用手揉出来
　　② 反复眨眼，让泪液冲去异物
　　③ 不知道
　　④ 去医院

17. 如果化学物品溅到眼睛里时，你会如何处理？
　　① 用手揉，然后去医院　　　　② 用清水冲洗，然后去医院
　　③ 不知道

18. 你认为体育锻炼有利于促进生长发育和预防疾病吗？
　　① 有利于　　　　　　② 不利于　　　　　　③ 不知道

19. 父母说学习更重要，应该把每天的体育锻炼时间都用来学习，你会怎么办？
　　① 相信父母的说法是有益的
　　② 体育锻炼有益身心和学习，应该与父母沟通，坚持锻炼

③ 无所谓
20. 请根据自己的实际情况在相应选项序号上打"√"。
   a. 运动时穿宽松的衣裤和运动鞋
      ① 从不　　② 偶尔　　③ 有时　　④ 经常　　⑤ 总是
   b. 运动前做好准备活动
      ① 从不　　② 偶尔　　③ 有时　　④ 经常　　⑤ 总是
   c. 运动时取下发卡和胸章、口袋里不放尖硬物品
      ① 从不　　② 偶尔　　③ 有时　　④ 经常　　⑤ 总是
   d. 剧烈运动后直接坐在地上
      ① 从不　　② 偶尔　　③ 有时　　④ 经常　　⑤ 总是
   e. 剧烈运动后马上喝冰水
      ① 从不　　② 偶尔　　③ 有时　　④ 经常　　⑤ 总是
   f. 吃饱饭马上做剧烈运动
      ① 从不　　② 偶尔　　③ 有时　　④ 经常　　⑤ 总是
   g. 运动前检查器械的安全性
      ① 从不　　② 偶尔　　③ 有时　　④ 经常　　⑤ 总是

21. 下列哪个行为可以预防寄生虫病？
    ① 瓜果蔬菜洗净吃　　　　　　② 不洗手直接吃东西
    ③ 喝生水　　　　　　　　　　⑤ 经常开窗通风
    ④ 生吃或半生吃牛肉、淡水鱼虾螃蟹

22. 你们家平时吃水果、蔬菜前，通常用哪一种方法处理？

a. 用清水洗净	① 从不　② 有时　③ 总是　④ 不知道
b. 用盐水浸泡	① 从不　② 有时　③ 总是　④ 不知道
c. 削果皮	① 从不　② 有时　③ 总是　④ 不知道
d. 用开水烫一烫	① 从不　② 有时　③ 总是　④ 不知道

23. 下列物品属于什么垃圾？

a. 报纸　　　　　　　b. 电池　　　　　　　c. 菜叶

d. 玻璃瓶　　　　　　e. 果皮　　　　　　　f. 塑料

a. 报纸	① 可回收垃圾 ② 有害垃圾 ③ 厨余垃圾 ④ 其他垃圾
b. 电池	① 可回收垃圾 ② 有害垃圾 ③ 厨余垃圾 ④ 其他垃圾
c. 菜叶	① 可回收垃圾 ② 有害垃圾 ③ 厨余垃圾 ④ 其他垃圾
d. 玻璃瓶	① 可回收垃圾 ② 有害垃圾 ③ 厨余垃圾 ④ 其他垃圾
e. 果皮	① 可回收垃圾 ② 有害垃圾 ③ 厨余垃圾 ④ 其他垃圾
f. 塑料	① 可回收垃圾 ② 有害垃圾 ③ 厨余垃圾 ④ 其他垃圾

24. 发生地震时,你正在房间里看书,你该怎么办?
    ① 立即跳出窗外　　　　　② 躲避到墙角或坚实的家具旁
    ③ 赶紧离开房间,坐电梯下楼
25. 下列哪个不是海啸发生的前兆?
    ① 海水异常暴退或暴涨　　② 海面形成白色的沟
    ③ 船只突然剧烈上下颠簸　④ 海上传来异常的巨大响声
26. 洪水来临时,正确的逃生方法是?

① 沿着行洪道方向转移　　② 游泳逃生　　③ 爬到泥坯房的屋顶

④ 攀爬带电的电线杆、铁塔等　⑤ 向山坡、高地、楼房等较高地方转移

27. 人人都有烦心事,下面这些烦心事你碰到过吗?

a. 老是考不了班级第一	① 从未碰到　② 有时碰到　③ 经常碰到
b. 做完作业,爸妈也不让我看电视	① 从未碰到　② 有时碰到　③ 经常碰到
c. 家里总不安静,无法安心学习	① 从未碰到　② 有时碰到　③ 经常碰到
d. 爸妈总觉得我不如别人	① 从未碰到　② 有时碰到　③ 经常碰到
e. 我的个子怎么这么矮	① 从未碰到　② 有时碰到　③ 经常碰到
f. 同学不太爱跟我讲话	① 从未碰到　② 有时碰到　③ 经常碰到

28. 好心情有益健康,但是每个人都会遇到不开心的事,一般你会怎么办?(可多选)
    ① 大哭一场　　　　　　　② 找人倾诉
    ③ 一个人生气　　　　　　④ 做自己喜欢的事,如听歌、运动等
    ⑤ 向别人发脾气　　　　　⑥ 冷静分析原因,积极解决
    ⑦ 其他,_____

29. 当你生病去看医生时,你是否能告诉医生你的情况(如哪里不舒服、有什么症状等)?
    ① 从不　　② 偶尔　　③ 有时　　④ 经常　　⑤ 总是

30. 当你不明白医生或护士给出的诊断或治疗方法时,你会向医生询问吗?
    ① 从不　　② 偶尔　　③ 有时　　④ 经常　　⑤ 总是

31. 在学校健康教育课上,你能否从老师讲的内容中提取出与自己目前健康状况密切相关的知识?
    ① 从不　　② 偶尔　　③ 有时　　④ 经常　　⑤ 总是

32. 当看到同学在机动车道上玩耍时,你会主动劝阻吗?
    ① 从不　　② 偶尔　　③ 有时　　④ 经常　　⑤ 总是

33. 你目前掌握的健康相关知识,主要是通过何种方式获得的?(最多选 2 个)
    ① 爸爸妈妈等家人　　② 课堂上学习　　③ 报刊杂志等
    ④ 上网搜索　　　　　⑤ 医务人员　　　⑥ 同学或朋友
    ⑦ 其他,_____(请注明)

34. 当你从网络或其他电子媒介获知常吃某种食物可以让人个子长高,你会怎么做?
    ① 赶紧回家让妈妈买给我吃
    ② 首先判断该信息的真实性
    ③ 网上说的都是假的
    ④ 我已经很高了,不需要吃
    ⑤ 其他,_____(请注明)

问卷结束,谢谢你的合作!

编号：□□□□□□□□

中国小学生健康素养调查问卷

（四年级用）

省＿＿＿＿＿＿　　市＿＿＿＿＿＿

区县＿＿＿＿＿＿　学校＿＿＿＿＿＿

年级＿＿＿＿＿＿　班级＿＿＿＿＿＿

学号＿＿＿＿＿＿　姓名＿＿＿＿＿＿

性别：① 男　② 女

填表注意事项：
1. 本问卷题目无特殊说明均为单选题，多选题在题目后会说明"可多选"；
2. 单选题请直接在选项上画"√"，填空题请在横线上填写；
3. 请注意粗体及下划线标注的词汇。

请回答下列问题,在相应选项上打√,如无特殊说明均为单选题。

1. 你认为健康重要吗?
   ① 重要　　　　　　② 不重要　　　　　　③ 不知道
2. 你认为你自己健康吗?
   ① 健康　　　　　　② 不健康　　　　　　③ 不知道
3. 上课时,你的身体突然特别不舒服,你会怎么做?
   ① 告诉老师或同学　② 强忍着不说　　　　③ 其他,_____
4. 李平身体很健壮,但却经常闷闷不乐,你认为李平健康吗?
   ① 健康　　　　　　② 不健康　　　　　　③ 不知道
5. 很多传染病都可以通过打预防针来预防,而且效果很好。你同意这句话吗?
   ① 同意　　　　　　② 不同意　　　　　　③ 不知道
6. 下列哪个不是游泳时应该注意的?

① 一定要在长辈　　② 雷雨天不宜在室外游泳　　③ 很饱或很饿时
　 的陪同下游泳　　　　　　　　　　　　　　　　　不能去游泳

④ 江河湖海和水库　　⑤ 下水前一定要做准备活动
　 是游泳好去处

7. 注射卡介苗可以预防哪种疾病?
   ① 结核　　　② 乙肝　　　③ 流行性腮腺炎　　　④ 不知道
8. 鼻出血时,下列哪个做法是错误的?
   ① 仰着头向上
   ② 低着头,头部稍向前倾
   ③ 用力压住鼻子止血
9. 被猫、狗咬伤后,下列紧急处置中哪个做法是错误的?
   ① 立即挤压伤口排去带毒液的污血
   ② 用嘴吸伤口处的污血
   ③ 用肥皂水或消毒液彻底清洗,再用清水洗净
   ④ 及时到医院注射狂犬疫苗

10. 如果爸爸在家里吸烟,你会怎么做?
   ① 很正常,不妨碍爸爸的吸烟行为
   ② 劝爸爸不要在家里吸烟,他不听也没办法
   ③ 一定让爸爸不要在家里吸烟,这样既影响自身健康,又危害他人

11. 下列滑冰行为正确的是?

① 无论在哪滑冰都穿戴护具　② 在人群集聚的地方滑旱冰　③ 在马路上滑旱冰　④ 在有薄冰警示的地方滑冰

12. 发生火灾时,应拨打下列哪个电话报警?
   ① "110"　② "119"　③ "120"　④ 不知道

13. 如果你所在的楼层着火了,下列做法不正确的是?

① 大声呼叫并迅速判断撤离方法　② 乘坐电梯逃生　③ 走安全通道逃生　④ 用浸湿毛巾捂住口鼻,匍匐撤离

14. 下列说法正确吗?

a. 生点小病,自己买药就能解决问题	① 正确　② 错误　③ 不知道	
b. 正规厂家生产的药物都是合格药物,不会有毒副作用	① 正确　② 错误　③ 不知道	
c. 同一种药物可能有的人能用,有的人不能用	① 正确　② 错误　③ 不知道	
d. 儿童有时用成人的药物,问题也不大	① 正确　② 错误　③ 不知道	
e. 广告上宣传的药物都是疗效比较好的	① 正确　② 错误　③ 不知道	
f. 买药时或者吃药前,应仔细看药盒上的标签	① 正确　② 错误　③ 不知道	
g. 超过保质期一两天的药物可以销售和服用	① 正确　② 错误　③ 不知道	
h. 凡是批准文号、生产日期或有效期等标注不明的,都属于伪劣药品,不得购买和使用	① 正确　② 错误　③ 不知道	
i. 儿童和成人的护肤品都不要混用	① 正确　② 错误　③ 不知道	
j. 儿童不能使用含激素的护肤品	① 正确　② 错误　③ 不知道	

15. 如果你的好朋友得了流感,同学们说和她说话会被传染,你会怎么办?
    ① 和其他同学一样,不和他说话
    ② 询问健康老师,或者上网查资料,了解流感传播途径,采取适当预防措施
    ③ 不知道怎么办
16. 下列哪个行为可以预防脊柱弯曲?

① 经常背单肩包

② 加强体育锻炼

③ 经常背过重的书包

④ 趴在书桌上写作业

17. 下列说法正确吗?

大脑是人体最重要的器官,指挥全身活动	① 正确　② 错误　③ 不知道
心脏是输送血液的泵	① 正确　② 错误　③ 不知道
胃是人体的化工厂	① 正确　② 错误　③ 不知道
大肠的作用是消化食物和吸收养分	① 正确　② 错误　③ 不知道
小肠的主要功能是吸收水分,形成粪便	① 正确　② 错误　③ 不知道
肝脏是人体的原料加工中心	① 正确　② 错误　③ 不知道
肺是人体的气体交换工厂	① 正确　② 错误　③ 不知道
肾脏是制造尿液的工厂	① 正确　② 错误　③ 不知道

18. 你有给同学取过会伤害同学自尊心的绰号吗?
    ① 有　　　　　　　　　　② 没有
19. 你平时遇到烦恼会如何解决?(可多选)
    ① 大哭一场　　　　　　　② 找人倾诉
    ③ 一个人生气　　　　　　④ 做自己喜欢的事,如听歌、运动等
    ⑤ 向别人发脾气　　　　　⑥ 冷静分析原因,积极解决

⑦ 其他，_____

20. 下列哪个是肥胖的危害？
    ① 智力下降　　　　　　　　② 容易形成"X形"或"O形"腿
    ③ 容易生病　　　　　　　　④ 以上都是

21. 能为学习生活提供能量来源的最主要食物是？

    ① 谷物、薯类　　　　② 食用油　　　　③ 蔬菜、水果

    ④ 畜禽肉、鱼虾类　　⑤ 奶类、豆制品

22. 下面关于有害气体的说法正确吗？

| a. 煤气泄漏可导致一氧化碳中毒 | ① 正确　② 错误　③ 不知道 |
| b. 居室中甲醛浓度过高，人会出现流泪、头晕、乏力等症状 | ① 正确　② 错误　③ 不知道 |

23. 当你生病去看医生时，你是否能告诉医生你的情况（如哪里不舒服、有什么症状等）？
    ① 从不　　② 偶尔　　③ 有时　　④ 经常　　⑤ 总是

24. 当你不明白医生或护士给出的诊断或治疗方法时，你会向医生询问吗？
    ① 从不　　② 偶尔　　③ 有时　　④ 经常　　⑤ 总是

25. 在学校健康教育课上，你能否从老师讲的内容中提取出与自己目前健康状况密切相关的知识？
    ① 从不　　② 偶尔　　③ 有时　　④ 经常　　⑤ 总是

26. 当看到同学在机动车道上玩耍时，你会主动劝阻吗？
    ① 从不　　② 偶尔　　③ 有时　　④ 经常　　⑤ 总是

27. 你目前掌握的健康相关知识，主要是通过何种方式获得的？（最多选2个）
    ① 爸爸妈妈等家人　　　　　② 课堂上学习
    ③ 报刊杂志等　　　　　　　④ 上网搜索
    ⑤ 医务人员　　　　　　　　⑥ 同学或朋友
    ⑦ 其他，_____（请注明）

28. 当你从网络或其他电子媒介获知常吃某种食物可以让人个子长高,你会怎么做?
① 赶紧回家让妈妈买给我吃
② 首先判断该信息的真实性
③ 网上说的都是假的
④ 我已经很高了,不需要吃
⑤ 其他,_____(请注明)

问卷结束,谢谢你的合作!

编号：□□□□□□□□

中国小学生健康素养调查问卷

（五年级用）

省_____ 市_____
区县_____ 学校_____
年级_____ 班级_____
学号_____ 姓名_____
性别：① 男 ② 女

填表注意事项：
1. 本问卷题目无特殊说明均为单选题，多选题在题目后会说明"可多选"；
2. 单选题请直接在选项上画"√"，填空题请在横线上填写；
3. 请注意粗体及下划线标注的词汇。

一、请回答下列问题,在相应选项上打√,如无特殊说明均为单选题。
1. 你认为健康重要吗?
   ① 重要　　　　　　② 不重要　　　　　　③ 不知道
2. 你认为你自己健康吗?
   ① 健康　　　　　　② 不健康　　　　　　③ 不知道
3. 李平身体很健壮,但却经常闷闷不乐,你认为李平健康吗?
   ① 健康　　　　　　② 不健康　　　　　　③ 不知道
4. 下列哪项不属于维持健康的"四大基石"?
   ① 合理膳食　　② 大量运动　　③ 戒烟限酒　　④ 心理平衡
5. 下列哪个行为不能预防流感?

　① 注意保暖　　② 加强体育锻炼　　③ 关好门窗　　④ 保持充足睡眠

　⑤ 到校或回家后先洗手　⑥ 不到人多拥挤的地方　⑦ 不面对他人咳嗽、
　　　　　　　　　　　　　　　　　　　　　　　　　　打喷嚏,并捂住口鼻

6. 下列哪种行为可以预防肠道传染病?
   ① 夏天喝生水
   ② 隔夜饭菜稍热一热就可以吃
   ③ 饭前便后用流水洗手
   ④ 在同一菜板上切生熟食物
7. 下面哪种行为一定不会被感染红眼病?

　① 用手揉擦眼睛　② 与他人共用毛巾　③ 红眼病流行季节　④ 马路上看见
　　　　　　　　　　　　　　　　　　　　到游泳池游泳　　　　红眼病人

8. 下列骑自行车的行为正确的是?

① 在马路上学骑车　② 骑车打电话　③ 马路上秀车技　④ 佩戴头盔

9. 出现声音沙哑时,如何保护嗓子?
　　① 多吃蒜、芥末等通嗓子　　② 多喝温开水
　　③ 唱高音来练嗓子　　④ 声音沙哑是正常现象,不用保护
10. 下列哪个不是女生青春期发育特有的身体现象?
　　① 乳房发育　　② 声音高调
　　③ 身高增长明显　　④ 头发变长
11. 青春期要做好个人卫生,下列行为中哪个是错误的?
　　① 穿紧身衣裤　　② 保持外生殖器的清洁
　　③ 生活有规律,早睡早起　　④ 不看黄色书刊和影像
12. 女生月经周期一般为?
　　① 10～15 天　② 30～50 天　③ 2～7 天　④ 21～35 天
13. 青春期男孩和女孩都有一些生理和心理上的变化,当你遇到困惑时,你会怎么办?(可多选)
　　① 求助父母或老师　　② 告诉朋友或同学
　　③ 去看医生　　④ 自己上网查资料
　　⑤ 强忍着不说　　⑥ 其他,_____
14. 当你口渴时,你会选择哪一个解渴?

① 白开水　　② 可乐　　③ 从水龙头直接接来的水

15. 你平时吃以下食品或饮料的频率如何?

a. 饼干/面包/糖果/巧克力等甜点	① 从不　② 有时　③ 经常　④ 每天
b. 膨化食品(薯片、妙脆角等)	① 从不　② 有时　③ 经常　④ 每天
c. 各式蔬菜	① 从不　② 有时　③ 经常　④ 每天
d. 新鲜水果	① 从不　② 有时　③ 经常　④ 每天
e. 油炸食品	① 从不　② 有时　③ 经常　④ 每天
f. 鲜牛奶、奶粉或酸奶	① 从不　② 有时　③ 经常　④ 每天

16. 你知道如何测体温吗?
    ① 知道　　　　　　　　　　② 不知道
17. 你知道如何测脉搏吗?
    ① 知道　　　　　　　　　　② 不知道
18. 如果你发现自己变胖了,你会怎么办?
    ① 为了减肥不吃早餐
    ② 加强锻炼,并注意改善饮食习惯
    ③ 不管不顾,无所谓
19. 对你来说,使用网络最大的用途是什么?
    ① 学习,查资料　　② 聊天交友　　③ 听音乐,看视频
    ④ 购物　　　　　　⑤ 玩游戏　　　⑥ 浏览网页
    ⑦ 其他_____
20. 你认为网络中有不健康信息吗?
    ① 有　　　　　　② 没有　　　　　③ 不知道
21. 你知道网络成瘾既影响青少年的身体健康,也影响其心理健康吗?
    ① 知道　　　　　　　　　　② 不知道
22. 如果从未见面的网友约你见面,你会同意吗?
    ① 会　　　　　　　　　　　② 不会
23. 下列哪个最符合你的自我评价?
    ① 我各个方面都比别人好
    ② 我能认识到自己的优点和缺点
    ③ 我各个方面都不如别人
    ④ 不知道
24. 下列哪个是剧毒标志?

    ①　　　　②　　　　③　　　　④
25. 关于轻度烫烧伤的处理,下列做法错误的是?
    ① 用冷水持续冲洗受伤部位 20～30 分钟
    ② 用紫药水或红药水涂抹受伤部位
    ③ 清洁创面后,涂抹烫伤药膏
26. 当你生病去看医生时,你是否能告诉医生你的情况(如哪里不舒服、有什么症状等)?
    ① 从不　　② 偶尔　　③ 有时　　④ 经常　　⑤ 总是
27. 当你不明白医生或护士给出的诊断或治疗方法时,你会向医生询问吗?
    ① 从不　　② 偶尔　　③ 有时　　④ 经常　　⑤ 总是

28. 在学校健康教育课上,你能否从老师讲的内容中提取出与自己目前健康状况密切相关的知识?
    ① 从不　　② 偶尔　　③ 有时　　④ 经常　　⑤ 总是

29. 当看到同学在机动车道上玩耍时,你会主动劝阻吗?
    ① 从不　　② 偶尔　　③ 有时　　④ 经常　　⑤ 总是

30. 你目前掌握的健康相关知识,主要是通过何种方式获得的?(最多选 2 个)
    ① 爸爸妈妈等家人　　　　② 课堂上学习
    ③ 报刊杂志等　　　　　　④ 上网搜索
    ⑤ 医务人员　　　　　　　⑥ 同学或朋友
    ⑦ 其他,_____(请注明)

31. 当你从网络或其他电子媒介获知常吃某种食物可以让人个子长高,你会怎么做?
    ① 赶紧回家让妈妈买给我吃
    ② 首先判断该信息的真实性
    ③ 网上说的都是假的
    ④ 我已经很高了,不需要吃
    ⑤ 其他,_____(请注明)

二、情景题(下图为某品牌火腿标签,先阅读标签内容,然后回答相关问题。每题只有 1 个正确答案,请在相应选项序号上打"√")。

2015.04.25

火腿肠

配料:鸡肉、淀粉、蛋白、复合磷酸盐、酱油、Vc、香辛料、味精、黑胡椒、水、白糖、红曲米、山梨酸钾、亚硝酸钠。
保质期:0-5℃ 90天（常温下60天）
质量等级:普通级
生产日期:见标签
净含量:计量销售
卫生许可号:冀卫食证字（2008）第30127142001号
执行标准:SB/T 10279-1997
证书编号:QS1300 0401 1528

1. 请找到该食品的生产日期?
    ① 1997　　② 2015.04.25　　③ 2008　　④ 不知道

2. 根据生产日期和保质期判断该火腿目前是否过期?
   ① 没有过期　　　　　② 已经过期了　　　　③ 不知道
3. 这个食品符合质量安全的基本要求吗?
   ① 符合　　　　　　　② 不符合　　　　　　③ 不知道
4. 网上有人称这火腿可以补铁,只要天天吃,就可以预防缺铁性贫血。看到这个消息,你最同意下列哪个观点?
   ① 赶紧回家让妈妈买给我吃
   ② 我先上网查查看,再问问老师或者爸爸妈妈吧
   ③ 它的成分中根本没有铁,怎么会补铁呢
   ④ 网上说的都是假的
5. 下列食物中含铁丰富的是?
   ① 动物肝脏　　　　　② 牛奶　　　　　　　③ 蛋类

问卷结束,谢谢你的合作!

编号：☐☐☐☐☐☐☐☐

中国小学生健康素养调查问卷

（六年级用）

省_____ 市_____

区县_____ 学校_____

年级_____ 班级_____

学号_____ 姓名_____

性别：① 男　② 女

填表注意事项：
1. 本问卷题目无特殊说明均为单选题，多选题在题目后会说明"可多选"；
2. 单选题请直接在选项上画"√"，填空题请在横线上填写；
3. 请注意粗体及下划线标注的词汇。

一、请回答下列问题,在相应选项上打"√",如无特殊说明均为单选题。
1. 你认为健康重要吗?
   ① 重要　　　　　　　② 不重要　　　　　　③ 不知道
2. 你认为你自己健康吗?
   ① 健康　　　　　　　② 不健康　　　　　　③ 不知道
3. 李平身体很健壮,但却经常闷闷不乐,你认为李平健康吗?
   ① 健康　　　　　　　② 不健康　　　　　　③ 不知道
4. 下列哪个行为是安全的?

   ① 在电力线路　　　② 在电热器上　　　③ 用湿手扳开关　　④ 用木棍挑离触电
   下面钓鱼　　　　　烘烤衣服　　　　　　　　　　　　　　　者身上的电线
5. 下列哪种食物不易引起食物中毒?
   ① 毒蘑菇　　　② 发芽的土豆　　　③ 新鲜黄花菜　　　④ 鲫鱼
6. 春节家庭聚会上,如果你被大人劝酒,该怎么办?
   ① 态度坚决的表明,我是未成年人,不能喝酒
   ② 碍于面子,陪大人喝酒
   ③ 我只喝一小杯,没事的
7. 关于吸毒,下列说法正确的是?
   ① 吸食第一口毒品不会上瘾,但不要经常吸毒
   ② 吸毒就跟吸烟一样,不是一种违法行为
   ③ 摇头丸不是毒品,只是一种娱乐性食物,吃了以后没有多大危害
   ④ 发现亲朋好友中有吸毒、贩毒行为的人,应该劝阻、远离,并报公安机关
8. 体育锻炼时的客观检查指标有?
   ① 脉搏测量法和体温测量法　　　② 运动前的感觉
   ③ 运动中的感觉　　　　　　　　④ 运动后的感觉
9. 预防疟疾的关键措施是?
   ① 戴口罩　　　　　　　　　　② 灭蚊、防蚊
   ③ 不喝生水　　　　　　　　　④ 不吃不清洁的食物
10. 下列哪种行为不能预防控制血吸虫病?
    ① 加强粪便管理与水源管理
    ② 灭螺
    ③ 灭蚊
    ④ 不在有钉螺分布的湖水、池塘里游泳、戏水、洗菜
11. 煤气中毒是由于过量吸入哪种气体?

① 一氧化碳 CO　　　　　　② 二氧化碳 CO_2
③ 氧气 O_2　　　　　　　　④ 一氧化氮 NO

12. 发生煤气中毒时,下列做法不正确的是?

　　① 立即打开门窗,　　② 在房间内用手机　　③ 不能在房间
　　　通风换气　　　　　　拨打"120"急救电话　　内开灯、点火

13. 消除碘缺乏病要(　　)食用合格碘盐。
　　① 长期　　　② 短期　　　③ 一次性　　　④ 可间断多次

14. 下列中暑急救处理方式正确的是?
　　① 立即饮用大量水　　　　② 用冰块冷敷
　　③ 用温水擦拭身体　　　　④ 让中暑者平躺,把头抬高

15. 在户外,出现雷电天气时,以下做法正确的是?

　　① 躲在大树下　　② 远离高压线　　③ 打手机　　④ 站在高处

16. 青春期要做好个人卫生,下列行为中哪个是错误的?
　　① 穿过紧的内衣裤　　　　② 保持外生殖器的清洁
　　③ 生活有规律,早睡早起　　④ 不看淫秽书刊和影像

17. 出现声音沙哑时如何保护嗓子?
　　① 多吃蒜、芥末等通嗓子　　② 多喝温开水
　　③ 唱高音来练嗓子　　　　　④ 声音沙哑是正常现象,不用保护

18. 下列哪个不是男生青春期发育特有的身体现象?
　　① 遗精　　　　　　　　② 声音低沉
　　③ 身高增长明显　　　　④ 头发变长

19. 青春期男孩和女孩都有一些生理和心理上的变化,当你遇到困惑时,你会怎么办?（可多选）
　　① 求助父母或老师　　② 告诉朋友或同学
　　③ 去看医生　　　　　④ 自己上网查资料
　　⑤ 强忍着不说　　　　⑥ 其他,＿＿＿＿＿

20. 对你来说,使用网络最大的用途是什么?（最多选2个）

① 学习，查资料 ② 聊天交友
③ 购物 ④ 听音乐，看视频
⑤ 玩游戏 ⑥ 浏览网页
⑦ 其他_____

21. 网络中有不健康信息吗？
    ① 有 ② 没有 ③ 不知道
22. 如果从未见面的网友约你见面，你会同意吗？
    ① 会 ② 不会
23. 进入青春期意味着长大了，自己的事情要自己做，请仔细阅读以下问题，并在符合你实际情况的选项上打"√"。
    a. 做作业、复习功课，让父母督促陪伴
       ① 从不　　② 偶尔　　③ 有时　　④ 经常　　⑤ 总是
    b. 自己去超市、书店，购买自己所需要的生活用品和文化用品
       ① 从不　　② 偶尔　　③ 有时　　④ 经常　　⑤ 总是
    c. 由于学习太忙，自己的袜子、球鞋由别人洗
       ① 从不　　② 偶尔　　③ 有时　　④ 经常　　⑤ 总是
24. 你平时会和家长顶嘴吗？
    ① 从不　　② 偶尔　　③ 有时　　④ 经常　　⑤ 总是
25. 你吸过烟吗？
    ① 曾经吸过，现在不吸了
    ② 吸过，且现在还在吸
    ③ 从来没吸过
26. 你喝过酒吗？
    ① 喝过 ② 从来没喝过
27. 当你生病去看医生时，你是否能告诉医生你的情况（如哪里不舒服、有什么症状等）？
    ① 从不　　② 偶尔　　③ 有时　　④ 经常　　⑤ 总是
28. 当你不明白医生或护士给出的诊断或治疗方法时，你会向医生询问吗？
    ① 从不　　② 偶尔　　③ 有时　　④ 经常　　⑤ 总是
29. 在学校健康教育课上，你能否从老师讲的内容中提取出与自己目前健康状况密切相关的知识？
    ① 从不　　② 偶尔　　③ 有时　　④ 经常　　⑤ 总是
30. 当看到同学在机动车道上玩耍时，你会主动劝阻吗？
    ① 从不　　② 偶尔　　③ 有时　　④ 经常　　⑤ 总是
31. 你目前掌握的健康相关知识，主要是通过何种方式获得的？（最多选 2 个）
    ① 爸爸妈妈等家人 ② 课堂上学习
    ③ 报刊杂志等 ④ 上网搜索
    ⑤ 医务人员 ⑥ 同学或朋友

⑦ 其他，_____（请注明）

32. 当你从网络或其他电子媒介获知常吃某种食物可以让人个子长高，你会怎么做？
    ① 赶紧回家让妈妈买给我吃
    ② 首先判断该信息的真实性
    ③ 网上说的都是假的
    ④ 我已经很高了，不需要吃
    ⑤ 其他，_____（请注明）

二、情景题：（先阅读材料，然后回答相关问题。每题只有 **1** 个正确答案，请在相应选项序号上打"√"）

青少年正处在身体生长发育的关键期，绝大多数的屈光不正（如近视）是在这个时期发生的，定期的视力检查可以帮助同学们及时了解自己视力的变化情况。一般用视力表检查，每学年检查1~2次。

配镜是矫正屈光不正最主要的方法，准确的验光是关键。最为准确的验光方法是散瞳验光，其结果准确可靠。眼科医生最后根据患者年龄、视力情况、屈光不正度数、有无斜视等多种因素综合考虑，最后开出配镜处方。一些眼镜店的电脑验光结果不能直接作为配镜处方。

配镜后要定期复查视力，每半年检查一次，若视力继续减退，应重新验光配镜。

1. 如果你发现自己在教室看不清黑板上的字，你会怎么办？
   ① 告诉老师或家长　　　　　　② 不管不顾
2. 如果你得了近视眼，你会怎么做？
   ① 因为害怕戴上眼镜就摘不下来，不敢去配眼镜
   ② 让爸妈带去医院检查
   ③ 随便找个眼镜店配个眼镜
3. 近视眼的同学可以借别人的眼镜戴吗？
   ① 可以　　　　　　　　　　　② 不可以
4. 下列佩戴眼镜的方式哪个是正确的？
   ① 直接把眼镜片向下放在桌子上
   ② 当镜片被灰尘蒙上时，及时用擦镜布轻轻擦拭
   ③ 眼镜片有磨痕时，只要还能看清，就可以继续使用
5. 如果你在2014年5月份配了第一副眼镜，应该什么时候去复查视力呢？
   ① 2014年11月　　　　　　　② 什么时候去都行
   ③ 已经戴了眼镜，就不用再检查视力了

问卷结束，谢谢你的合作！

中学生健康素养评价问卷

全国教育科学规划 2013 年度国家重点课题
"学生健康素养评价指标体系研究"(ALA130003)

专家顾问
傅华

统筹策划
史慧静

参编人员
（以下按姓氏笔画排序）
王亚宁　史慧静　李存荣　李梦娜　陈斌斌
陈德　何鲜桂　陆大江　吴瑞龙　张喆　徐琳

编写秘书
王亚宁

编辑制作
美术编辑
金晓丽

绘图
孙康　金晓丽

致谢
感谢上海市学校卫生保健协会健康教育专委会
在本评价问卷试用过程中的大力协作！

项目支持
全国教育科学规划 2013 年度国家重点课题
"学生健康素养评价体系研究"
（ALA130003）

目　录

中学生健康素养　评价问卷一
青春期生长发育与自我保健

中学生健康素养　评价问卷二
健康相关行为

中学生健康素养　评价问卷三
疾病预防和控制

中学生健康素养　评价问卷四
心理健康

中学生健康素养　评价问卷五
安全应急与避险

中学生健康素养　评价问卷六
医疗常识与合理就医

编写说明

　　健康素养,一项人类所具备的维持健康状态和有效利用健康资源的综合能力,正成为近年来一个新的发展领域。健康素养所包含的认知能力和社会技能决定了个体具备怎样的动机,如何去获取、理解和使用健康信息,从而采取怎样的行为生活方式以促进和维持健康。

　　青少年学生正处于接受新知识和塑造健康观念以建立一生健康生活习惯的关键时期,也是生命全程中主动参与到医疗保健服务的开端。同时,青少年是现代各种信息传播技术的重要接触群体,他们往往通过这些途径来接触健康教育和卫生保健服务信息,并与周围环境形成互动。如何提升青少年学生的健康素养,研制学生健康素养的评价指标和评价工具,成为当务之急。这是一项重要的公民健康投资。

　　本课题组通过查阅大量国内外文献,参考近十年来国家和上海市有关学校健康教育的规范性工作文件,访谈数十位儿少卫生与妇幼保健、预防医学、健康教育与健康传播、心理学、营养与食品卫生学、流行病学、运动人体科学及临床医疗卫生等多个领域专家,在全面梳理我国中学生健康教育要点内容,建立中学生健康素养评价指标体系的基础上,针对青春期生长发育与自我保健、健康相关行为、疾病预防与控制、心理健康、安全应急与避险、医疗卫生常识与合理就医 6 个不同的健康领域内容,设计编写了基于中学生日常生活实际的,反映其健康素养水平的情景式自评问题,最终形成 6 个《中学生健康素养评价》分卷。

　　此次中学生健康素养评价系列问卷的研发,将有助于具体指导学校健康教育的有序开展,解决学校健康教育工作难以进行效果评估和目标管理的问题。各相关部门和学校可以根据实际工作需要,选用部分或全部问卷。使用过程中有任何问题的话,欢迎与复旦大学公共卫生学院妇幼与儿少卫生教研室史慧静教授课题组联系(电话:021 - 54237022,电子邮箱:hjshi@fudan.edu.cn)

全国教育科学规划 2013 年度国家重点课题"学生健康素养评价指标体系研究"(ALA130003)中学生子课题组
2016 年 6 月

中学生健康素养 评价问卷一
青春期生长发育与自我保健

情景题 1

0~20岁,是一个人从儿童过渡到成年人的阶段,被称为青春期或者发育期。这一时期人体在形态、功能、性征、内分泌及心理和行为等方面都发生巨大的变化。广大青少年由于身心发育还不完善,对成人世界充满好奇和幻想,就好比一只刚破蛹而出的蝴蝶,正处在一个充满潜力但又脆弱的时期。掌握足够的青春期健康素养,可以让自己在青春期健康地成长!现在,先来测一测自己已经掌握了多少吧。

1. 进入青春期后,人体会出现下列哪些生理变化?
   ① 身高和体重长得很快,肺活量也明显增加
   ② 男生肌肉更有力量了,女生脂肪有增加
   ③ 内、外生殖系统开始发育
   ④ 男、女之间在性别上的外部形态特征差异(第二性征)越来越明显
   ⑤ 以上 4 个都正确
2. 下列关于男女性生殖系统功能的描述,错误的是?
   ① 卵巢分泌雌性激素,睾丸分泌雄性激素
   ② 精子由睾丸产生,卵子由卵巢产生
   ③ 卵子和精子都是每个月产生 1 个
   ④ 精子和卵子结合形成受精卵是生命的起源

3. 男孩在青春期出现的第二性征有下列哪些？（多选题）
   ① 胡须
   ② 喉结出现，声调变得低和粗
   ③ 阴毛、腋毛
   ④ 腰围变大
4. 女孩在青春期出现的第二性征有下列哪些？（多选题）
   ① 乳房发育
   ② 声调变得高而细
   ③ 骨盆变宽
   ④ 阴毛、腋毛
5. 当你出现青春发育的种种身体变化，你会有什么感觉？
   ① 担心害怕
   ② 觉得很不好意思
   ③ 没什么感觉，无所谓
   ④ 我很高兴，说明我即将成为一个真正的男子汉（男生）/漂亮的大姑娘（女生）
6. 青春痘，又称"痤疮"，是青春期少男、少女们都会遇到的皮肤问题，下面有关青春痘的描述，错误的是？
   ① 青春痘是由于青春发育期的激素改变而使皮脂腺功能活跃，产生油脂阻塞毛孔及毛囊导致的，不仅常见于面部，颈部、胸部、背部和上臂也会发生
   ② 养成规律的生活作息和健康的饮食习惯，可以减少青春痘
   ③ 用温和的肥皂或洗面奶清洗面部，一天最好 1~2 次
   ④ 用手把痘痘挤掉，就可以使青春痘好得快一些
7. 若发现自己的身体发育和同年龄同性别的伙伴有较大差异的时候，你觉得是否有必要让父母带自己去就医？
   ① 是
   ② 否
   ③ 不知道
8. 你平时会主动去寻找和了解一些青春期体格生长和性发育相关的生理卫生与自我保健知识吗？
   ① 会
   ② 不会
   ③ 不确定

情景题 2 （这部分题目只需女生回答）

拉拉是一名初中一年级的女生,有一天她发现自己的内裤上有红褐色的东西,于是急忙叫妈妈过来。妈妈告诉拉拉:"不用担心,我们的拉拉长大了,这叫做月经,每个女孩发育到一定的阶段都会有的,是正常的现象。"随后,妈妈告诉了拉拉一些青春期少女的卫生注意事项。

1. 有关月经初潮,下面的叙述中,你认为错误的是?
   ① 女孩的第一次月经特称为月经初潮
   ② 大多数女孩的初潮年龄为 10～12 岁
   ③ 出现月经初潮之前,女孩的乳房已经开始发育,身高加速增长过,也有的已经长出了阴毛或腋毛
   ④ 月经初潮是女性性成熟的标志,表示初步具有了生育下一代的能力

2. 以下月经期间的做法,你认为哪些是要避免的?(多选题)
   ① 防寒保暖
   ② 用冷水洗头、洗脚
   ③ 吃生冷辛辣的食物
   ④ 每天用温水清洗阴部
   ⑤ 剧烈运动或劳动
   ⑥ 游泳、盆浴
   ⑦ 勤换卫生巾和内裤

3. 痛经是很多女孩子会遇到的月经问题,你觉得日常生活中可以采取下面哪些方法来缓解?(多选题)
   ① 保持平常心,从事一些和缓的运动,如深呼吸、散步等
   ② 喝热饮、热敷下腹部
   ③ 多吃甜食
   ④ 实在疼痛难忍的话,及时医院专科看医生,使用医生的处方药物缓解

4. 遇到下面哪些月经方面的问题,你认为要尽快去看专科医生?(多选题)
   ① 月经初潮后的第一年里,月经不太规则(也就是说,这次月经的第一天到下次月经的第一天,间隔少于 21 天或多于 35 天)
   ② 在两次月经的间隔期,有明显出血。
   ③ 经血量很多,有时候经血会顺着大腿流下来
   ④ 月经初潮 2 年后,出现连续 2～3 个月不来月经

5. 下面关于女生清洁外生殖器做法,不正确是?
   ① 洗澡时,将阴唇翻开,冲洗外阴部
   ② 如厕后,卫生纸要由后往前擦拭
   ③ 每天换洗干净的内衣裤
   ④ 经期选用质量合格的棉质卫生巾,并勤更换

6. 下列关于女生青春期乳房保护的描述,哪些是正确的?(多选题)
   ① 经常轻柔地清洗乳头及乳晕
   ② 运动时穿戴运动内衣,避免外力碰撞和挤压乳房
   ③ 选购胸罩要按照自己的体型及乳房大小、胸围尺寸,恰好罩住乳房为宜,带子不能过紧
   ④ 尽量选择聚拢效果好的内衣

情景题 3 （这部分题目只需男生回答）

进入青春期后，随着身高和体重的快速生长，男孩的生殖系统也出现一系列改变，睾丸逐渐增大，阴囊和阴茎也随之增大，阴囊皮肤变红、变薄、起皱纹。一天，初三的小华早晨起来发现自己的内裤湿了一片，妈妈过来叫他起床时，他很不好意思的拉过被子盖上，让妈妈出去，自己赶紧把外裤穿上，潮湿的感觉弄得小明一天都很不舒服，而且心情也很低落，心想自己这么大了还尿床？真是不好意思，还是自己身体出什么毛病了。

1. 首次遗精代表的含义是什么？
   ① 遗精是在有性生活时发生的射精现象
   ② 是男性性功能成熟的标志，表示开始具有生育下一代的能力
   ③ 遗精常见于中老年男性，是一种正常生理现象
   ④ 一周数次或一夜数次遗精，那也是正常现象
2. 日常生活中，下面哪种做法不利于男孩子生殖健康？（多选题）
   ① 内衣宜宽松、纯棉质
   ② 在运动或游戏时，注意保护自己的睾丸、阴茎免受剧烈的撞击和踢打
   ③ 长期穿过紧的牛仔裤
   ④ 经常长时间泡热水澡
3. 男生应该如何清洁会阴部？（多选题）
   ① 像清洗身体其他部位一样每日睡前清洗会阴部
   ② 清洗时应注意先洗前部的阴茎、阴囊，然后清洗后部的肛门
   ③ 尤其注意清除包皮内的污物，翻开包皮，清洗污垢
   ④ 最好使用除垢力强的清洁剂或消毒剂，这样可以洗得干净一些
4. 下列有关包皮过长和包茎的说法错误的是？

① 包皮过长是指包皮覆盖尿道口,但能上翻,露出尿道口和阴茎头
② 包皮过长往往伴有包茎,会影响阴茎的发育
③ 包皮过长者要额外注意保持阴茎清洁,需要将包皮尽可能上翻,温柔地清洗阴茎头部和暴露的包皮内侧面
④ 若不影响日常学习和生活,就不用去找医生看

5. 你平时常常通过下列哪些渠道获取青春期性知识?(多选题)
① 家长、亲戚　　② 同学或朋友　　③ 医生或者医院的宣传栏
④ 网络搜索引擎,如百度、搜狐等,发现自己感兴趣文字的链接,就直接打开查看内容
⑤ 通过卫生专业机构的网站和公众号(如@健康上海12320、上海市卫生计生委、上海市疾病预防控制中心等)
⑥ 主流媒体(如知名电视、广播和报刊杂志)的健康养生栏目
⑦ 学校健康教育课程、活动、展板等　　⑧ 其他_____

情景题 4

好朋友小明昨天搞到一套很刺激的书碟,带"色"的,邀请你找时间一起到他家里去看。

黄色网站或读物对沉溺其中的青少年思想道德和观念产生了极大危害,青少年有极强的好奇心和求知欲,对未知事务有浓厚的兴趣,但身心发育尚未成熟,缺乏基本的分析判断能力,自制能力较低,容易受到诱惑。

碰到这样的情况,你会怎么做?
① 觉得很好奇,跟着一起去
② 编些婉言拒绝的理由:"今晚家里有事,不方便去"或"我要去补课"等
③ 直接说:"这种东西是不好的,我坚决不看"
④ 劝说朋友也不要看,并且告知家长或老师
⑤ 不知道

情景题 5

小玲原来是个很乖巧的女孩,很少去关注男孩。不知从什么时候开始,小玲发现自己会经常关注班里男孩的举动,特别是长得又高又帅的体育委员小伟,并且总是找机会去接近他,他的举手投足都会引起自己内心的波动,难道是自己喜欢上他了吗?

1. 心理学家把青春期的性意识分为以下 4 个时期。请你帮小玲分析,她现在进入了哪个时期?
   ① 异性疏远期　　　　　　　　② 向往年长异性的牛犊恋期
   ③ 爱慕期或异性狂热期　　　　④ 浪漫恋爱期

2. 人在不同的时期具有不同的心理特点。青春期具有以下哪些心理特点?(多选题)
   ① 智力逐渐发展到高峰期
   ② 自我意识迅速发展,"成人感"强烈
   ③ 情绪和情感丰富而强烈,但不稳定,具有两极性
   ④ 性发育加速,性意识萌动

3. 青春期如何正确对待异性吸引?(多选题)
   ① 坦然地接受这种正常的心理变化
   ② 专注于个别异性身上,经常单独相处
   ③ 自觉将注意力集中在学习和工作上
   ④ 丰富业余爱好,多参加学校社会活动

情景题 6

小明最近经常做梦与暗恋的女生亲热,他不知道该怎么办好。

1. 你认为,以下做法哪个比较合适?
   ① 反正是做梦,只要现实中没有发生,就没有关系
   ② 自己上网查查看,到底为什么出现这样的情况
   ③ 去找心理咨询,倾诉自己的苦恼
   ④ 怕被人笑话,还是闷在心里不说出来为好

2. 如果感到有性冲动时,你觉得应该怎么做?
   ① 手淫/自慰　　　　② 与别人发生性行为　　　③ 看黄色作品
   ④ 赶紧找个事情做,转移一下注意力　　　　　⑤ 其他(请注明)_____

情景题 7

小强和玲玲是初中的同班同学,由于性格相似,相处很愉快,非常谈得来。结果班上的同学说他们"拍拖",渐渐地小强也迷惑了,这到底是友情还是爱情呢?

1. 如果你是小强,以下你会怎样处理这段异

性友情?
　① 真诚相处的话,男女生也可以当好朋友,自己在乎的是彼此的友情
　② 对玲玲表现出不友善的行为,让同学们以为自己讨厌异性
　③ 不要再和异性有交集,以免又被同学们乱讲话
　④ 不在乎谣言,刻意与对方单独相处,才是重视对方的表现
　⑤ 不知道
2. 你所理解的友谊是什么?
　① 形影不离
　② 真诚以待,相互尊重和信任
　③ 无论朋友是对是错,都一定支持
　④ 大难临头各自飞
　⑤ 不知道
3. 你认为异性交往的目的是?
　① 认识自己、发现自己　　　　② 认识男女生的差异
　③ 学习与异性交往　　　　　　④ 以上都是
　⑤ 不知道
4. 青春期的爱情是朦胧的、纯洁的,却同样也是盲目和冲动的。你认为以下哪项是爱情的真正意义呢?
　① 爱情是遵循承诺的,两个人最终走向婚姻殿堂
　② 爱情就是甜甜蜜蜜两个人在一起
　③ 爱情是一份轰轰烈烈的感情
　④ 青春期的爱情可以帮助找到共同学习的好伙伴
　⑤ 不知道
5. 你对爱情的理解是什么?
　① 就是一种心动的感觉
　② 两个人时时刻刻亲密地待在一起
　③ 不管大人和同学们的友善提醒,执着地过着两人世界
　④ 真正的爱是建立在彼此理解、彼此互助和成长的基础上的
　⑤ 不知道
6. 当你收到求爱信时,你会如何处理?(多选题)
　① 不理睬　　　　② 婉言谢绝　　　　③ 告诉好友或求助师长
　④ 乐意接受　　　⑤ 不知道
7. 面对喜欢的异性同学,你会怎样做呢?(多选题)
　① 多接近,保持良好的友谊
　② 主动追求,尽快确定恋人关系
　③ 暗恋,把美好的情感保持在心底
　④ 表面故意疏远
　⑤ 不知道

8. 有些青少年会深深坠入爱河,他们可能会想要结婚,并想象自己会像童话故事中的主人公一样从此快乐地生活。你知道在婚姻关系中,关键的因素是什么吗?(多选题)
   ① 承诺和责任　　　　　　　　② 兴趣和爱好
   ③ 家庭背景　　　　　　　　　④ 个性和性格
   ⑤ 不知道

情景题 8 (这部分题目只需高中生回答)

　　小静是一名初三女生,与同校男生小刚是男女朋友。在一个兴奋的聚会活动结束后,小刚邀请小静到自己家过夜,并提出想和她发生性关系。小静很喜欢他,担心不答应就会破坏他们之间的感情,小静心里很矛盾。

1. 如果你是小静,你会如何应对此时的状况?
   ① 坚决对性行为说"不"　② 答应男友的要求　　③ 不知道怎么选择
2. 你如何看待小静遇到的事情?(多选题)
   ① 这是自然而然会发生的事,如果两人的感情很好就没关系
   ② 不好,这个阶段发生性行为无法对别人、对自己负责
   ③ 可以理解,但他们需要懂得采取安全措施
   ④ 女生应该果断拒绝男生的要求
3. 如果谈恋爱了,你能接受的最大限度的亲密动作是?
   ① 最好不要有,心里互相喜欢就可以了
   ② 牵手　　　　　　　　③ 拥抱　　　　　　　　④ 接吻
   ⑤ 身体的抚触
   ⑥ 如果对方同意,任何行为我都能接受
4. 决定做亲密行为之前,你有没有问过自己以下这些问题?(多选题)
   ① 我爱自己吗?
   ② 我会努力把握自己人生,为自己做出最好的决定吗?
   ③ 我们相互尊重吗?(他/她尊重我的感受吗)

④ 他/她愿意听我的感受吗？
⑤ 除了"亲密行为"之外，我们还可以分享其他事情吗？
⑥ 可以与他/她谈论有关避孕和预防性病的知识吗？
⑦ 我们有没有触犯法律呢？

5. 你认为在以下情境中，哪些容易发生性行为？
   ① 去酒吧玩耍
   ② 去朋友家参加派对，喝了酒精制品
   ③ 男同学到女同学家玩，父母没在家
   ④ 若是女生，家长的一位男性朋友约你出去玩
   ⑤ 以上均是

6. 以下哪些是未成年性行为会带来的危害？
   ① 女生会意外怀孕，造成心身伤害
   ② 未成年人发生性行为时防护意识弱，得性传播疾病的几率大
   ③ 会分散学习精力，造成学习成绩下降
   ④ 以上均正确

7. 下列关于避孕方法的描述，正确的是？
   ① 安全期避孕是可靠的
   ② 体外射精是一种有效的避孕方法
   ③ 在性行为的开始到结束整个过程中都要使用安全套
   ④ 口服避孕药只要吃一次就不会怀孕了

8. 请分析哪种避孕方法具有避孕和预防性传播疾病的双重保护作用？
   ① 安全套　　　　② 口服避孕药　　　③ 安全期避孕　　　④ 体外排精

9. 女性在发生性关系时，请分析什么情况下可以完全避免怀孕？
   ① 她第一次发生性关系　　　　　　② 她偶尔发生一次性关系
   ③ 性行为之后，她立刻洗了热水澡　　④ 以上答案都不正确

10. 下面哪些是怀孕早期的最早、最重要的"信号"？（多选题）
    ① 月经周期一向正常的女性，月经推迟超过10天或者2周以上
    ② 尿妊娠试验（早孕试纸检查）
    ③ 出现头晕、乏力、嗜睡、食欲不振、恶心呕吐、排尿次数增多
    ④ 腹部微微隆起

中学生健康素养　评价问卷二
健康相关行为

情景题 1

　　小明是一名初中三年级的学生,为了考上理想的高中,他每天勤奋学习,常常学习到深夜,每天很早就起床,上课的时候,他经常觉得昏昏欲睡,难以集中精神听课,学习成绩一直没有明显提高,小明感觉很苦恼。

1. 你认为睡眠和休息是生活的重要组成部分吗?
    ① 同意　　　　　② 不同意　　　　③ 不知道
2. 你认为初中生每天至少应该保证多长时间的睡眠?(初中生同学回答)
    ① 10 小时　　　② 9 小时　　　③ 8 小时　　　④ 不知道
3. 你认为高中生每天至少应该保证多长时间的睡眠?(高中生同学回答)
    ① 10 小时　　　② 9 小时　　　③ 8 小时　　　④ 不知道
4. 下列对于睡眠不足的危害,哪些是正确的?(多选题)
    ① 会造成精神不能集中　　　② 记忆力、注意力及理解力衰退
    ③ 学习效率会提高　　　　　④ 影响机敏度
5. 为了提高学习成绩,小明采取了一些措施提高自己的睡眠质量,以下措施中你认为哪些是可以帮助提高睡眠质量的?(多选题)
    ① 养成早睡早起的有规律的睡眠习惯
    ② 睡前不吃过多食物,喝咖啡、浓茶等饮料
    ③ 把灯打开睡觉
    ④ 不俯卧、不蒙头睡觉
6. 为了提高自己的学习成绩,保证自己的健康,小明决定要合理安排作息,劳逸结合。他给自己定了几个要求,而且每天都坚持去做。你认为小明的哪些做法是值得提倡和学习的?(多选题)
    ① 每天至少 1 小时的体育锻炼　　② 课间尽量到操场上进行活动休息
    ③ 中午趴在课桌上睡一会　　　　④ 晚上 10 点前必须上床睡觉
7. 小明的同桌小丽最近总是上课注意力不集中,小明得知小丽迷上了一部电视

剧,经常晚上熬夜看剧,小明如何帮助小丽分析睡眠不足的坏处?(多选题)
① 上课注意力不集中,听课质量下降,学习成绩下降
② 影响身体的生长发育
③ 视力会下降
④ 抵抗疾病的免疫力会下降

情景题 2

"十一"长假要来了,小明一家正兴致勃勃讨论着适合全家的活动计划,爸爸让小明规划安排这次全家的休闲活动,奶奶说:"我体力不好,最好不要太累的活动。",妈妈说:"我想去逛商场。",爸爸提出:"去爬山最好,健康又省钱。"这下可把小明难住了。
如果你是小明,你觉得在家庭休闲活动时,应该兼顾哪些因素才能让家人都开心吗?(多选题)
① 家庭经济支出　　　　　　　② 自己的兴趣爱好
③ 家人与自己的体力状况　　　④ 凝聚家人的感情
⑤ 放松身心,舒解压力

考虑到这些原则后,小明想出了一个好主意,全家人去公园野餐和骑脚踏车,在小明的安排下,全家度过了一个愉快的假期。

情景题 3

小明是一名中学生,因为不爱吃学校食堂的饭菜,中午放学后就直接到学校旁边的杂货铺买了自己喜欢的零食,然后边赶路边吃。下午上课的时候,小明突然肚子疼痛,恶心呕吐,嘴唇发紫,浑身哆嗦,呼吸困难。到医院急诊后脱离危险。

配料	鸡爪、泡椒、食用盐、白砂糖、食品添加剂、酵母抽提物、食用香精、食用香料、香辛料等
产品标准号	DBS 50/004
生产许可证	QS5013 0401 0018
贮存方式	阴凉、避光、防潮、勿压
保质期	200 天
净含量	100 克

1. 请你分析一下,那天小明出现这样的情况,可能是因为零食中的什么原因?
   ① 该食物蛋白质过高,容易引起腹泻
   ② 该食物已过保质期,可能变质
   ③ 该食物食品添加剂种类太多
   ④ 该食物含盐太多,对胃肠道有刺激

2. 请分析下列说法,正确的是?
   ① 包装袋上的食品标签,与我无关   ② 食品添加剂对人体无害
   ③ 如果食品刚过期不久,可以继续食用
   ④ 查看生产日期和保质期,不食用变质、超过保质期的食品

3. 日常生活中,小明还有以下一些饮食习惯,你觉得哪个是对健康有利的?
   ① 吃东西前,看起来手很干净,就不洗了
   ② 吃东西细嚼慢咽
   ③ 在走路或玩耍的时候吃东西
   ④ 喜欢吃路边摊卖的食品,觉得很香

4. 经过此次事件后,小明认真学习,改正不良饮食习惯,成了班里的饮食小达人。老师让小明做一期黑板报跟大家分享一下,你认为小明应该从哪些渠道获取一些食品安全方面的信息呢?
   ① 同学们的议论
   ② 网民在网站上发布的言论
   ③ 相关卫生部门发布的信息
   ④ 好朋友告诉的消息

5. 你认为小明应该为同学们提出下面哪些外出就餐小建议?(多选题)
   ① 多吃蔬菜夹饼,少吃乳酪夹饼或者烤肉夹饼
   ② 吃过主食后,再吃一些水果、蔬菜做的副菜
   ③ 适量点一些调味料、酱及配料,放在餐桌一边
   ④ 点小份食品,多人一起就餐时,才点大份的;如果吃后有剩余,应该打包回家

⑤ 选择水果或果汁冰点作饭后的甜点,而不是选蛋糕或冰淇淋
⑥ 选择用烘焙或水煮方式烹调的食物,尽量不吃油炸食品

情景题 4

　　牛牛上午吃了块放在冰箱里放置了 3 天的鲜奶蛋糕,在学校吃了同学给他的清洗过的苹果。下午牛牛觉得身体不适,并开始拉肚子(腹泻)。

1. 根据你对牛牛这一天形成的分析,你认为最有可能是什么原因导致牛牛腹泻的?
   ① 在冰箱里放置了 3 天的鲜奶蛋糕
   ② 同学给的苹果　　　　　　　　③ 学校的午餐
2. 你知道下列哪些疾病是以腹泻为主要症状表现的?
   ① 霍乱　　　② 细菌性痢疾　　③ 急性胃肠炎　　④ 以上均是
3. 你认为以下哪些情形容易造成食物中毒?(多选题)
   ① 吃了前天的剩饭剩菜
   ② 食物生产和加工过程中的卫生不过关
   ③ 马铃薯发芽后,经过蒸煮等加工就食用
   ④ 饮用烧熟煮透的豆浆
4. 分析一下行为,你认为下列哪些措施可以预防腹泻?(多选题)
   ① 不吃过夜的剩饭剩菜　　　　　② 饭前便后要洗手
   ③ 不随便去吃路边摊　　　　　　④ 水果蔬菜食用前要清洗干净

情景题 5

小美遇到了这样的苦恼：每天放学回家都会禁不住诱惑和朋友们一起去小店买零食。在家里，父母经常会买一些小甜点给她吃。特别是看电视或者做作业的时候喜欢咯吱咯吱嚼一些食物。

假设小美跟你寻求帮助,你会怎么告诉她怎么做呢？（多选题）
① 可以将零食用苹果、香蕉等水果代替
② 告诉父母,零食吃多了对自己的健康有害
③ 参照膳食金字塔,为自己制定一份健康的食谱
④ 健康饮食,勤锻炼,保持愉悦的心情

情景题 6

下面是一张膳食金字塔的图,请查看每层的食物分布,回答下面问题。

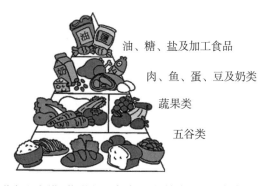

1. 根据上面的膳食金字塔,你觉得人们每天的饮食里,哪类食物应该吃得最多?
   ① 五谷类　　　② 蔬菜水果类　　　③ 肉鱼蛋奶类　　　④ 油、盐和糖
2. 以下关于日常饭菜选择的叙述,哪个是正确的?
   ① 主要根据自己口味喜好,不要太在意是否有营养,这样才能胃口好
   ② 以谷类为主,多吃蔬菜水果和薯类,注意荤素搭配
   ③ 蔬菜和水果的营养成分相近,可以用吃水果代替吃蔬菜
   ④ 每天食物种类太多的话,不利于身体健康和生长发育
3. 请认为以下哪种食物有利于保护视力?
   ① 大米　　　② 橘子　　　③ 胡萝卜　　　④ 黄瓜
4. 你认为应该如何安排一日三餐,才有利于青少年健康成长?
   ① 无所谓,不管怎么吃,都是这一天里吃的
   ② 早餐很重要,但吃不多;中午可以多吃点
   ③ 早中晚三餐的能量摄入,应该分别是全天的30%、40%、30%
   ④ 学习了一天,父母做了丰富晚餐,晚餐可以多吃
5. 请分析为何早餐很重要,而且要吃好。请选出原因。
   ① 早餐距离前一顿晚餐一半超过 12 个小时,体内储存的能量已经消耗
   ② 上午的学习任务很重,大脑需要足够的能量,才能保证学习效率

③ 不吃早餐会诱发肥胖
④ 以上都对

6. 目前市面上有各种各样的饮品可以选择,请分析,以下饮品哪种最健康,可以经常喝?
① 白开水　　　② 乳饮料　　　③ 果汁　　　④ 可乐

7. 你和同学小明一起去超市买零食,小明想要买干脆面和膨化食品回家吃,也劝你买,这时你会怎么做呢?
① 告诉小明,这些食物营养价值低,热量却很高
② 告诉小明,自己喜欢吃水果、酸奶等作为零食
③ 告诉小明,可以选择一些坚果、水果、红薯等作为零食,既健康又美味
④ 以上均正确

8. 同学小明最近又添了一项烦恼,脸上长了很多痘痘,你会建议他该怎么做?
① 多吃富含维生素 A、维生素 B,以及锌的食物
② 少吃辛辣刺激性、高油、高脂、高糖的食物
③ 每天用温水洗脸
④ 以上均正确

9. 学校开设了有关健康饮食的选修课,你比较感兴趣,可是父母却认为课业学习应该是第一重要的。你会坚持选这门选修课吗?
① 会,因为这门课有利于自己的健康　　② 不会,这门课会挤掉做功课的时间

情景题 7

生命在于运动,经常运动可以强身健体,增强抵抗力,调节心情,锻炼意志。但是在运动过程中,有许多小常识与小贴士,考考你知多少?

1. 下面关于体育运动促进青少年健康的说法,哪项是错误的?
① 缓解抑郁和焦虑等不良情绪
② 保持健康的骨骼、肌肉和关节
③ 维持健康体重,降低肥胖、高血压、心血管疾病的发病风险
④ 对结肠癌的发生作用不大

2. 除了有计划的跑步、球类等锻炼,下列哪些也属于体力活动?(多选题)
   ① 在家庭、学校和社区中的各种活动性玩耍、游戏
   ② 做广播体操,上体育课
   ③ 交通往来过程中的步行、骑自行车
   ④ 家务劳动
3. 如果想提高自己身体的灵敏性,选择哪种运动比较好呢?
   ① 篮球   ② 游泳   ③ 跑步   ④ 乒乓球
4. 下列哪个不属于运动中的卫生注意事项?
   ① 运动后及时洗手   ② 运动过程中禁止用脏手揉眼睛
   ③ 运动后立即洗冷水浴或者游泳   ④ 饭后不马上进行剧烈运动
5. 女生在月经期有哪些运动注意事项?(多选题)
   ① 运动量要适宜,不做震动性大、对抗性强的动作
   ② 不宜参加游泳
   ③ 不宜参加长跑、跳跃或持续时间较长的耐力运动
   ④ 不适宜进行增加腹压的运动,比如仰卧起坐等
6. 剧烈运动时和运动后,以下哪项饮水习惯是错误的?
   ① 运动前适当补充水分
   ② 运动时少量、多次饮水
   ③ 运动后大量补充水分
   ④ 应饮接近于血浆渗透压的淡盐开水或饮料,以保持体内盐分的平衡
7. 为了预防体育运动带来的伤害,在运动之前要进行热身,你知道热身运动的特点吗?
   ① 低强度轻微运动
   ② 快速走,逐渐加速
   ③ 瑜伽类缓慢运动不需要热身
   ④ 每次热身运动要变换很多种不同方式来锻炼身体每一部分
8. 若在运动中受伤了,就要停止运动,否则会引起更大的损伤。肌肉和骨骼的损伤,可能需要几天或几周才能治愈。PRICE 治疗,即保护(protect)、休息(rest)、冰敷(ice)、加压(compress)、抬高(elevate)。你认为哪项是首先要做的呢?
   ① 保护   ② 休息   ③ 冰敷
   ④ 加压   ⑤ 抬高
9. 下面关于运动时机和运动环境的论述,哪个是正确的?
   ① 因为跑步能增强抵抗力,所以感冒发烧时,可以跑步,出一身汗,促进身体痊愈
   ② 雾霾天在公园里运动会好一点,因为公园绿化多
   ③ 根据自身条件,选择最适合自己的锻炼时间段,并且每天在这个时间段运动,尽量不去改变

④ 以上都对

情景题 8

　　阿豪的爸爸有着十几年的烟龄了,每天都要在家里抽上几支烟,经常整个屋子都会烟雾缭绕,空气里充满了烟的味道。

1. 如果遇到了阿豪的情况,你会怎么做呢?（多选题）
   ① 将上课学到的关于吸烟、吸二手烟的知识告诉爸爸,让他了解危害
   ② 邀请妈妈一起帮助爸爸戒烟
   ③ 下次爸爸再抽烟的时候请他到室外抽
   ④ 将爸爸的烟全部收集起来烧掉
2. 有关香烟的健康危害,你认为下面哪种说法是正确的?
   ① 烟焦油会使肺部变脏变黑,阻碍氧与血红蛋白结合
   ② 成瘾之后难以戒烟的主要原因是因为心理产生依赖性
   ③ 肝癌与吸烟行为间有密切的关联
   ④ 烟中主要的致癌物质是尼古丁
3. 按照你对二手烟的理解,以下说法错误的是?
   ① 二手烟会使身旁的人罹患慢性肺部疾病的概率增加
   ② 孕妇长期暴露在二手烟的环境中,容易造成胎儿窒息
   ③ 我们吸到的二手烟,大多是吸烟者吐出的主流烟
   ④ 二手烟烟雾中包含 4 000 多种对健康有害的化学物质
4. 日常生活中,你会主动获取有关烟草、酒精、毒品等成瘾性物质的相关信息吗?
   ① 会　　　　　　　　　　② 不会

情景题 9

　　世界卫生组织建议,对于 5～17 岁儿童和青少年,应每天累计至少 60 分钟中等强度(如慢跑、滑冰、打排球等)到高强度身体活动(如踢足球、长跑、跳绳等)。该表是以体重为 68 kg 的人为基础计算的热量。

体育运动和每小时消耗的热量（卡路里）

运　动	热　量
骑自行车	240～410
体操	270
棒球	282
溜冰	300
网球	400
徒步和参加"背包客"活动	408
跳舞	420
快步走	440
足球	540
篮球	564
跳绳	750
慢跑	740～920
赛跑	650～1 280

数据来源：美国国立心、肺和血液研究所，2003

1. 一般可以简单地通过心跳和呼吸的节律判断身体活动的强度，以下哪个描述的是大强度身体运动？
   ① 呼吸和心跳略增加
   ② 呼吸略急促、心跳加快、能自然说话
   ③ 呼吸比较急、心跳明显加快、能连贯说话
   ④ 呼吸很急促、心跳很快、不能连贯说话
2. 你有决心和信心坚持每天至少60分钟中等-大强度运动吗？
   ① 有　　　　　② 没有
3. 请仔细阅读该图表，如果小明体重77 kg，请你帮他计算，他打一小时篮球消耗多少卡路里？
   ① 639卡路里　　② 453卡路里　　② 539卡路里　　④ 564卡路里
4. 为有效增进体能，提高身体素质，在为自己设定运动目标时，需要注意哪些方面？（多选题）
   ① 计划里应包含自己能够长期坚持的体育活动
   ② 每周包含几种不同的体育运动形式
   ③ 适时地改变活动方式，确保身体每个部位都得到平衡发展
   ④ 无论什么时候都要坚持自己的计划决不能改变

情景题10

　　阿飞的爸爸工作很忙，下班后常与同事喝酒应酬，甚至偶尔酒后开车回家，阿飞和妈妈都很担心爸爸的安全。阿飞想劝爸爸少喝酒，更不要酒后驾驶，为了帮

助阿飞,请回答下面的问题。

1. 你认为酒精对人体有哪些危害呢?(多选题)

① 酒精进入人体后,会几分钟的时间影响脑部细胞,改变人的思考逻辑,降低动作敏捷性,让人失去谨慎控制的能力
② 酒精会增加心脏血液输出量、心跳速率及耗氧量。会引起高血压、心律不齐,甚至引起中风
③ 饮酒会造成肝脏的负担,进而演变为酒精肝、肝硬化、肝炎、肝癌等疾病
④ 青少年饮酒会很容易上瘾,会影响神经发育及智力发展

2. 根据你对酒精代谢过程的理解,饮酒后,大部分酒精会在_____被吸收,90%要经过_____解毒。对人的_____危害最为严重。
① 胃;肝脏;内分泌系统　　　　② 小肠;肾脏;中枢神经系统
③ 胃;肾脏;消化系统　　　　　④ 小肠;肝脏;中枢神经系统

情景题 11

强子走在回家的路上,巧遇去年毕业的学长——豪哥。

强子吸几根烟后,果然不再有呕吐、头晕的感觉,反而精神百倍,兴奋地睡不着。

这时强子已经对这种加味烟上瘾了。

等强子抽上瘾后,豪哥才告诉强子,烟中加了海洛因。可是他已经上瘾了。

因此他只好答应豪哥的要求帮他贩卖"加味烟"

渐渐地，小翰的妈妈发现小翰有点奇怪，回家时常常没有精神，经常流鼻水、流泪、颤抖、上吐下泻。功课退步，体重也减轻了不少，而且常常躲在房内，不跟家人说话。还交了一群新朋友，常常说着听不懂的词语。

1. 根据你的理解，下面哪一项不是毒品对吸毒者的影响？
   ① 身体状况变得极差，会患上化脓性感染、乙肝、丙肝和艾滋病等疾病
   ② 对家庭经济破坏力极大，亲属离散甚至家破人亡
   ③ 解除内心的烦恼与压力，让自己精神焕发充满力量
   ④ 诱发、加剧各种违法犯罪活动，扰乱社会治安
2. 药物滥用者为了节省花费，常和朋友共用针具，这种方式容易通过血液而感染疾病，下列哪些是容易因共用针具而感染的疾病？（多选题）
   ① 艾滋病　　　　② 淋病　　　　③ 肺炎　　　　④ B型肝炎（乙肝）
3. 请你分析，以下哪些可能是青少年吸烟、喝酒或者吸毒的原因？（多选题）
   ① 朋友"热心""善意"的帮助，一两次也不会上瘾
   ② 可以提神醒脑
   ③ 非常时尚，是一种身份的象征
   ④ 声称这些东西可以治病，减肥等
4. 为了对抗这些成瘾性物质对我们的诱惑，你觉得可以怎么做？（多选题）
   ① 树立正确的健康观念，摒弃不良嗜好，养成健康的生活习惯，拥有健康的观念
   ② 在网吧、KTV、电动玩具城等娱乐场所，要特别注意，不喝别人倒好的饮料，不让饮料离开自己的视线
   ③ 珍爱生命，若看到有人，特别是熟人向你推荐烟酒，甚至毒品，坚决抵制
   ④ 时刻牢记：毒品可能就在身边，要提高警惕

中学生健康素养　评价问卷三
疾病预防和控制

情景题 1

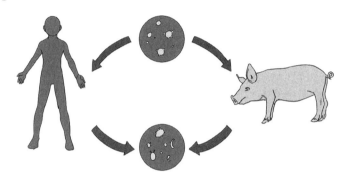

传染病是由各种病原体引起的能在人与人、动物与动物或人与动物之间相互传播的一类疾病。传染病的传播和流行必须具备传染源、传播途径及易感人群 3 个环节，接种疫苗是预防一些传染病最有效、最经济的措施。

1. 根据你对上述文字的理解，以下关于传染病的说法，正确的有哪些？（多选题）
   ① 传染病不仅可在人与人之间传播，动物与动物、人与动物之间也可以相互传播
   ② 能排出病原体的人或动物称为传染源
   ③ 接种疫苗可以提高机体对一些特定传染病的抵御能力
   ④ 及时用正确的方法洗手，能有效阻断很多传染病的病原体进入体内
2. 常见传染病的传播途径有 5 种：①飞沫传播；②粪-口传播；③皮肤黏膜接触传播；④虫媒传播；⑤血液传播。请分别为这些传染病标出主要的传播途径序号。
   ① 乙型脑炎——
   ② 疥疮、疣、生殖器疣等——
   ③ 甲肝——
   ④ 流感、肺结核——
   ⑤ 乙肝、丙肝——
3. 根据你对肺结核的理解，下列哪项不是肺结核的传播途径？
   ① 打喷嚏　　　② 咳嗽　　　③ 大声说话　　　④ 共同使用马桶
4. 你认为下列哪些做法可以预防流行性感冒？（多选题）
   ① 经常开窗通风，保持室内空气新鲜
   ② 不去人群较多的地方
   ③ 养成良好的卫生习惯，不随地吐痰，勤洗手
   ④ 经常锻炼身体，保持均衡饮食，注意劳逸结合，提高自身免疫力

5. 你认为以下哪些生活情形下,必须洗手?(多选题)
   ① 饭前便后　　　　　　　　② 室外玩耍之后
   ③ 接触钱币或公用物品之后
   ④ 接触过血液、泪液、鼻涕、痰液或唾液之后
   ⑤ 从外面回家之后
6. 以下关于洗手的方法,您觉得哪些是正确的?(多选题)
   ① 用香皂、肥皂、洗手液等清洁用品
   ② 每次洗手时反复搓洗至少 20 秒
   ③ 最好用流动水将双手冲洗干净
   ④ 洗干净的手不能自然晾干
7. 如果有一个人,持续性地咳嗽、咳痰至少 3 周时间,你会如何评价他/她的病情?
   ① 只是咳嗽,没有其他症状,不必担心
   ② 应该属于感冒,应吃化痰药
   ③ 如果痰中没有带血,就不要紧
   ④ 应怀疑是不是肺结核,一定要到医院进一步检查明确,采取必要的治疗措施
8. 你一般会通过哪种途径获得传染病预防控制方面的信息?(多选题)
   ① 去图书馆查阅有关传染病的医学书籍
   ② 向健康教育老师请教
   ③ 向网上有经验的网友请教
   ④ 去社区医院询问医生
9. 你认为以下哪些媒体渠道获得的传染病信息相对比较可靠?(多选题)
   ① 网络经验贴　　② 新闻报道　　③ 健康杂志　　④ 报纸专栏
10. 为减少传染病在社会上的散播和流行,你认为以下哪些个人行为是值得倡导的?
    ① 保持公共环境的整洁
    ② 不随地吐痰、大小便
    ③ 得了传染病或疑似传染病,主动居家隔离
    ④ 以上均正确
11. 下列有关上海市对于肺结核病人费用减免政策的叙述,哪个是错误的?
    ① 需要前往定点医院确诊、登记报告为初治或者复治肺结核
    ② 需要按规范完成一定的治疗疗程
    ③ 可以减免报销相关检查和药物费用
    ④ 需要彻底治愈才能减免报销

情景题 2

　　Patrick 很不幸在一次输血中用了含有 HIV 病毒的血制品而被 HIV 感染,在他还不知道自己已被感染的时候,在夫妻正常性接触中,将 HIV 传给妻子 Lauren,Lauren 同样在不知情的情况下怀孕或者哺乳期间又将 HIV 传给他们的

儿子 Dweight。

多年以后,Patrick 和 Dweight 都从一个 HIV 感染者,发展到艾滋病患者,然后去世了,Lauren 随之也去世了。他们的女儿 Nicole 却没有感染 HIV,但她成了孤儿(又称艾滋病孤儿),每年全球有许许多多 Nicole 这样的艾滋病孤儿。

1. 根据你对该案例的理解,这里体现了艾滋病传播的几个途径?(多选题)
   ① 血液及血制品传播
   ② 性传播
   ③ 日常生活传播
   ④ 垂直传播(母—胎、母—婴、怀孕期间、分娩时、哺乳期)
2. 这些有关艾滋病感染者和艾滋病患者的区别,哪些说法是正确的?(多选题)
   ① 艾滋病毒感染者是指感染了病毒但还没发病,他/她可以像别人一样生活、工作,甚至继续生存几十年,但已经具有了传染病性
   ② 艾滋病人是指已经发病了,会有许多免疫缺陷的症状表现,有些人会在半年到两年内就死亡
   ③ 艾滋病病毒感染者和艾滋病病人的 HIV 抗体都为阳性,但前者外表和健康人一样,后者有各种症状
   ④ 艾滋病病人的 HIV 抗体呈现阳性,艾滋病病毒感染者 HIV 抗体呈现阴性
3. 艾滋病的"潜伏期"是指(多选题)
   ① 从感染到检测出抗体阳性 ② 从感染到发病
   ③ 从抗体阳性到发病 ④ 艾滋病感染者就是处于潜伏期
4. 艾滋病病毒感染的"窗口期"是指
   ① 从感染病毒到检测出抗体阳性 ② 从感染病毒到发病
   ③ 从抗体阳性到发病 ④ 艾滋病感染者就是处于窗口期
5. 艾滋病患者或者病毒感染者在以下哪些日常活动中,很有可能会传染给他人?(多选题)
   ① 献血 ② 不使用安全套的性行为
   ③ 握手、拥抱 ④ 与他人一起进餐
6. 哪些人群易感染艾滋病病毒?(多选题)

① 同性恋者
② 有多个性伙伴者
③ 静脉注射毒品者、接受输血及血液制品者
④ 父母是艾滋病病毒感染者的新生儿

7. 为避免感染艾滋病或其他血液传播疾病，我们个人在日常生活中应注意哪些？（多选题）
① 打耳洞要找正规机构或者医院，用一次性用具
② 不与别人共用牙刷
③ 不与别人共用未完全消毒的理发工具、剃须刀
④ 不要纹身

8. 如果你得知一个人感染了艾滋病病毒，你会怎么做？
① 告诉周围的人
② 强烈要求隔离艾滋病病人及其家属，以防感染
③ 不对其他人说，但自己尽量回避、远离
④ 不对其他人说，尽量帮助他

9. 下列关于性传播疾病的描述错误的是？
① 性传播疾病指通过性接触传播的疾病
② 梅毒、淋病、软下疳和腹股沟淋巴肉芽肿都属于性传播疾病
③ 性传播疾病不会经胎盘或产道传播
④ 与病人直接或间接接触都有可能感染性传播疾病

10. 关于如何预防性传播疾病哪项是正确的？（多选题）
① 性行为前戴好安全套　　② 性行为后及时清洗外阴
③ 性行为前清洗生殖器　　④ 不在婚前发生性行为

11. 在日常生活中看到或收到有关性病或艾滋病有关宣传教育材料，你会怎么做？
① 随便翻一翻，因为这些知识不是我需要的
② 不感兴趣，因为这些是给医务人员看的
③ 已经知道一些了，就不需要细看了
④ 性病和艾滋病事关重要，必须认真仔细学一学

情景题 3

随着现代文明的发展，青少年中近视的人越来越多。在中学里，很多学生已经是近视眼。造成近视的原因很多，包括父母遗传，近距离用眼时间太长，户外活动时间太少，阅读书写姿势等。有人说，近视戴个眼镜就可以了，没什么大影响。其实不然，近视会给个人学习、生活和今后的工作带来一系列影响，还容易发生一系列眼底并发症，导致盲和低视力，做手术也帮不上忙。已经近视的、或尚未近视的你，都不能放松对近视的预防和控制。

1. 请你分析以下行为,哪种容易比别人更早发生近视?
   ① 写作业时每半小时就休息活动一次
   ② 做作业时姿势很端正
   ③ 很喜欢阅读,经常坐在位子上连续看 3～4 小时的小说也一动不动
   ④ 选择光线好的地方阅读
2. 请根据以下行为的特点,分析哪些是视力强有力的保护因素?(多选题)
   ① 少用电脑、手机等电子屏幕产品
   ② 增加户外活动时间
   ③ 打乒乓球
3. 根据对短文的理解,为保护视力,如果以每次户外活动时间 20 分钟来估计,我们每天至少应该户外活动多少次?
   ① 1   ② 2   ③ 3
4. 关于近视的理解,请分析以下哪一项是不正确的?
   ① 配眼镜需要不少的花费
   ② 不会影响大学专业报考
   ③ 佩戴眼镜给生活带来不便
5. 张同学原来视力很好,某一天发现他_____,可能近视了,赶紧提醒他去医院看眼睛。
   ① 喜欢仰着头眯着眼睛看黑板
   ② 卫生老师检查视力时,反应很快
   ③ 老喜欢打瞌睡
6. 根据你对不同程度近视的理解,哪种程度的近视并发症可导致无法逆转的盲和低视力?(高中生同学回答)
   ① 低度近视眼   ② 中度近视眼   ③ 高度近视眼
7. 什么经常户外运动和望远有助于预防近视的发生?
   ① 体育运动可以调整人的血压,降低眼压,从而减少近视发生和发展的机会
   ② 为看清远处物体,眼肌要调节,使眼轴缩短,以便成像在视网膜上,这样就减

少了近视发生和发展的机会
③ 以上两点均正确
8. 你有决心改掉自己不合理的用眼习惯吗？
① 有
② 不太确定

情景题 4

在中学生中，除了最常见屈光不正，包括近视、远视、散光，还有其他的一些眼病，比如斜视、视频终端综合征、"红眼病"、沙眼等，也要引起重视。

1. 小亮的眼睛看起来像"斗鸡眼"，你觉得他很有可能患了_____可通过到专业医院配镜或手术解决。
   ① 远视　　　　　　② 斜视　　　　　　③ 弱视
2. 放暑假了，小明每天都在疯狂地玩电脑游戏。有一天，他感觉眼睛干干的，有点胀痛，如果把眼睛闭上休息一会儿感觉好一点，请帮小明分析一下，他很有可能患了_____。（高中生同学回答）
   ① 视频终端综合征　　② 红眼病　　　　　③ 沙眼
3. "红眼病"和"沙眼"都属于接触传播的眼部传染病，通过_____可以预防。
   ① 看书、写作业和用电脑过程中每隔 40 分钟休息一下
   ② 多参加户外活动　　③ 勤洗手，毛巾、脸盆等个人用品不与他人共用
4. 得了"红眼病"需居家隔离_____天，痊愈后才可返校，避免传染他人。
   ① 1　　　　　　　　② 3　　　　　　　　③ 7
5. 小明在和其他几位同学打球时不小心被飞来的球打破了眼角，你觉得他首先应该怎么做？
   ① 用热毛巾捂伤口处　　② 用冰块敷伤口处　　③ 去医务室清洁伤口
6. 某明星代言了某款隐形眼镜，要好的朋友拉你去买，这时你会怎么考虑？（多选题）
   ① 隐形眼镜方便美观，赶紧换掉框架眼镜
   ② 先仔细了解一下商家产品是否合格，再考虑是否购买
   ③ 隐形眼镜对角膜可能有伤害，慎重考虑
   ④ 咨询医生自己是否适合戴隐形眼镜
7. 小明打篮球时觉得眼镜戴着很不方便，你会建议他去怎样的机构咨询解决

办法?
① 某眼科专科医院　　② 某著名激光手术医院
③ 上网看哪家医院好评较高

情景题 5

在最近的一次学校体检中,检查医师告诉小明他视力下降了,以下是小明到医院就诊时与医生的部分对话。请根据每一题的叙述,选择最适当的答案。

1. 小明:医生,我在学校参加体检,我的视力_____,老师说我的视力低于正常水平了。
   ① 0.6　　　　　　② 1.0　　　　　　③ 1.5
2. 医生:您的视力低于正常水平,你需要做进一步的_____检查,看看屈光度数怎么样?
   ① 验光　　　　　　② 视力　　　　　　③ 眼压
3. 医生:从进一步的检查结果来看,你可能是最近学习用眼负担过大,患了轻度_____。
   ① 沙眼　　　　　　② 近视　　　　　　③ 结膜炎
4. 医生:我会开一些眼药膏给你点,看看情况能否有所好转,这段时间不可以自己随便_____,而且必须定期回医院随访检查,最近一次随访在用药1个月后。
   ① 运动　　　　　　② 喝水　　　　　　③ 停药
5. 医生:在用药期间,还要尽量多_____,帮助控制度数增长。
   ① 户外活动　　　　② 课外阅读　　　　③ 食用保健品
6. 小明:医生,我看黑板不太清楚,需要_____吗?
   医生:如果你觉得看黑板不清楚,可以考虑,帮助提高日常生活视力。
   ① 配一副眼镜　　　② 打针　　　　　　③ 食用保健品

情景题 6

小美从小学四年级开始配戴近视框架眼镜,今年初一第一学期结束,感觉看黑板又不清楚了,以下是小美到医院就诊时与医生的部分对话。

1. 小美:医生,我这副眼镜可能有点不合适了,我想_____。
   ① 配眼药水　　　　② 换一副眼镜　　　　③ 开一些保健品
2. 医生:请先让我看看你现在配戴的这副眼镜。你的眼镜镜片被磨损变花了,正确的清洁方法应是_____;眼镜不戴时,眼面朝上放;较长时间不戴应用镜布包好放入镜盒中,镜片朝下。
   ① 用纸巾或衣服来回擦拭
   ② 对着镜片哈口气,用眼镜布来回干擦
   ③ 用水先冲掉眼镜上的小颗粒,用镜布顺着一个方向擦拭
3. 医生:根据你刚才的检查结果,你的近视度数在过去1年内又增长了150度,为帮助你控制近视度数增长的速度,请记任务每_____要去检查戴镜视力。
   ① 半年　　　　　　② 1年　　　　　　　③ 2年
4. 医生:你的近视度数在1年内又增长了150度,增长较快,你可以考虑配_____,这种硬性隐形眼镜可以帮助减缓近视度数增长的速度。
   ① 太阳镜　　　　　② OK镜　　　　　　③ 渐进多焦镜
5. 医生:我向你推荐的这个隐形眼镜,晚上戴,白天不戴。它的工作原理是通过佩戴一个晚上将角膜中央部分压平,降低近视度数,使白天能恢复正常视力。但停止佩戴后角膜会逐渐恢复原有形状,因此此隐形眼镜_____。
   ① 可矫正近视,且可根治近视
   ② 不可矫正近视,且不可根治近视
   ③ 可矫正近视,可减缓近视度数发展,但不可根治近视
6. 医生:但不是所有人都适合佩戴这个隐形眼镜,需要做全面检查确认是否适合。佩戴过程中要严格按照要求注意_____,并且必须定期到医院复查。
   ① 清洁卫生
   ② 点滴眼药水
   ③ 均衡饮食

情景题 7

下表为××医院处方签。请依据用药处方和药品说明书上提示信息,回答相

关问题。

就诊日期：2005 年 4 月 8 日

姓名：小清新　　　　性别：男/√女　　　　年龄：14 岁

诊断：屈光不正

Rp

[丙]硫酸阿托品眼用凝胶　2.5 g：25 mg/支 * 1 支

剂量：8 mg　用法：涂眼，每眼一粒，睡前使用　频次：1 周 1 次

处方医师：张＊＊　调配药师：马＊＊　核对药师：许＊＊

药品说明书

【成分】硫酸阿托品

【性状】淡黄色软膏

【适应症】用于散瞳

【用法】涂于眼睑内

【药理】它能松弛瞳孔括约肌，晶体扁平，引起扩瞳，眼内压升高，又使眼睫状肌松弛，处于看远物清楚、看近视模糊的状态。

【不良反应】

1. 眼部用药后可能产生皮肤、黏膜干燥、发热、面部潮红、心动过速等现象。
2. 少数病人眼睑出现发痒、红肿及结膜充血等过敏现象，应立即停药。

【注意事项】

1. 青光眼患者，眼压异常或窄角、浅前房患者禁用。
2. 若需使用另一种眼药水，应相隔 5～10 分钟。

【贮藏】密闭，置阴凉、干燥处保存。

1. 根据你对药品说明书的理解，计算这个眼膏每周使用 1 次，每次_____使用。
   ① 早上　　　　　　② 中午　　　　　　③ 晚上
2. 小清新使用这个眼膏后，感觉看近很模糊，看远不受影响，是_____反应。
   ① 异常反应　　　　② 正常反应　　　　③ 不良反应
3. 若出现_____，应立即停药，并速就诊。
   ① 轻微发热　　　　② 面部潮红　　　　③ 眼睛红肿
4. 这个药品使用时，应该滴在下图眼睛标示_____的位置。

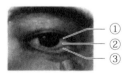

5. 如果小清新除了使用这种眼膏，还需要点滴其他眼药水，两者应该_____使用。
   ① 马上　　　　　　② 间隔 2～4 分钟　　　③ 间隔 10～20 分钟

6. 以下对于眼膏的保存和使用注意要点,哪项是错误的?
   ① 用完盖拧紧,放在冰箱冷藏保存
   ② 开盖后至少可使用1年
   ③ 涂完需闭眼用手指轻轻按摩数次

情景题 8

对于中学生来说,除了龋齿(蛀牙)这一大口腔疾病,牙齿排列不齐、口臭、牙龈炎、复发性口疮也是常见的口腔疾病,具有流行广泛、患病率高,不仅影响口腔健康,而且对全身健康也构成严重危害。

1. 根据你对青少年常见的口腔疾病的理解,你认为以下哪些是青少年常见的口腔疾病呢?(多选题)
   ① 龋齿   ② 牙龈炎   ③ 牙周炎   ④ 牙齿排列不齐
2. 青少年牙龈炎的症状表现是什么?
   ① 牙龈红肿   ② 口臭
   ③ 刷牙时牙龈经常出血   ④ 以上均正确
3. 口腔溃疡是中学生中比较常见的问题,疼痛是其主要表现症状,往往让很多人苦不堪言。你知道日常生活中如何预防吗?
   ① 保持心情舒畅,乐观开朗
   ② 保证充足的睡眠时间,避免过度疲劳
   ③ 注意生活规律性和营养均衡性,养成一定排便习惯,防止便秘
   ④ 以上均是
4. 你觉得以下方法哪个是保护牙齿的好方法?
   ① 使用硬毛牙刷,这样能刷干净牙齿   ② 选用含氟牙膏
   ③ 刷牙动作要快,最好2分钟内刷完   ④ 经常吃一些细软的食物
5. 你学校要举办一个关于爱护牙齿的宣传海报制作活动,如果小组同学要请你收集关于牙齿健康有关资料的话,你会选择以下哪种途径?(多选题)
   ① 去翻阅学校下发的健康教育读本
   ② 去专业网站寻找信息
   ③ 去医院翻阅爱牙宣传册
   ④ 去网上输入关键词搜索就可以找到很多
6. 在超市里你看到一款牙膏上标注功能是,有效去除牙菌斑,你理解牙菌斑的含义吗?(多选题)

① 牙菌斑是由黏附在牙面上的细菌和食物残屑组成的细菌性生物膜,是细菌在牙面上代谢和致病的生态环境
② 牙菌斑是引起蛀牙(龋齿)、牙龈炎和牙周疾病的重要始动因素
③ 刷牙、使用牙线这些物理方法可以去除口腔内大部分的牙菌斑
④ 嚼口香糖可以去除口腔内大部分的牙菌斑

7. 请分析以下有关刷牙方法的描述,正确的是什么?
① 推荐使用水平颤动拂刷法,也叫 Bass 刷牙法。
② 不仅要刷每一颗牙齿的各个表面,还要轻刷牙龈边缘、按摩牙龈
③ 刷牙时动作要轻柔,不能太用力
④ 以上都对

8. 以下关于牙线使用的说法,哪个是错误的?
① 用牙线来清洁牙的邻面菌斑很有效
② 牙线主要来清除食物残渣
③ 使用牙线也需要有一定的次序,从一边清洁到另一边,上下牙都要清洁,不要漏掉
④ 使用牙线过程中,应该间隔着用清水漱口

9. 即使牙齿没有疼痛或不适,口腔专业人士也建议民众要每6个月看一次牙医,请分析其中有哪些理由?(多选题)
① 温暖湿润的口腔环境为口腔致病菌的迅速繁殖提供了条件,即便是认真刷牙,也会有牙菌斑堆积
② 许多青少年没有形成良好的刷牙习惯,加上牙齿排列不齐、拥挤,以及戴各种正畸矫治器等,都会影响他们的刷牙效果
③ 可以早期发现蛀牙,及时把蛀洞补上,阻止蛀牙进一步发展,甚至疼痛、脱落
④ 有利于口腔科拓展事业,增加医生收入

10. 日常生活中你有信心和决心养成良好的口腔卫生习惯吗?
① 有,一定能做到
② 差不多就行

11. 小明在足球赛中不小心磕掉一块牙齿,你建议该怎么做?
① 将磕掉的牙齿冲洗干净后,用干燥的餐巾纸包好,然后到医院去看
② 将牙齿冲洗后,保存在湿性环境中(唾液、牛奶或生理盐水),立刻去看医生
③ 磕掉的牙齿可扔掉,找医生镶
④ 不知道

情景题 9

体质指数(BMI)能够大致评价一个人的超重和肥胖程度,计算公式为:体重 kg/身高 m^2。一般来说,成年人 BMI 超过 24 为超重,超过 28 为肥胖。由于青少年的身高和体重都在随年龄增长,用 BMI 筛查超重、肥胖时,那就必须采用年龄别的标准(如下表所示)。

中国学龄儿童青少年超重、肥胖筛查 BMI 分类标准

年龄(岁)	男超重	男肥胖	女超重	女肥胖
12～	21.0	24.7	21.9	24.5
13～	21.9	25.7	22.6	25.6
14～	22.6	26.4	23.0	26.3
15～	23.1	26.9	23.4	26.9
16～	23.5	27.4	23.7	27.4
17～	23.8	27.8	23.8	27.7
18～	24.0	28.0	24.0	28.0

(中国肥胖问题工作组 Working Group on Obesity in China，WGOC)

1. 15 岁的女中学生玲玲,身高 1.65 米(m),体重 63 公斤(Kg),计算得到她的 BMI 指数为 23.1。请问,该如何评价?
   ① 该指数在正常范围内,不用理会
   ② 该指数有点偏高,但还属正常
   ③ 该指数超过正常,属于超重范围了
   ④ 该指数非常高,已经属于肥胖了,要赶紧控制体重才行
2. 你认为青少年时期的肥胖可能由以下哪些原因造成?
   ① 是能量摄入超过能量消耗,摄入过多,活动太少
   ② 饮食不均衡,爱吃荤菜,不爱吃蔬菜
   ③ 晚上睡得晚,早上起得晚,不吃早餐
   ④ 以上都对

情景题 10

玲玲暑假里迷上了一部电视剧,剧中的女主角长得非常苗条漂亮,玲玲非常喜欢。玲玲看看自己的身材,却非常不满意,很是烦恼,于是想要减肥。

1. 你认为以下哪些途经获取的控制体重信息是相对可靠的呢?(多选题)
   ① 网上某减肥贴吧　　　　　② 学校健康教育老师
   ③ 医生　　　　　　　　　　④ 已经减肥某名人
2. 你知道下面哪些因素可以影响到自己对身材的评价吗?
   ① 他人的看法　　　　　　　② 电影、电视、杂志
   ③ 以瘦为美的文化　　　　　④ 以上均是
3. 你对玲玲的烦恼有什么建议呢?
   ① 善待自己的身体,相信每个人都是独一无二的,充满自信,欣赏自己身体所能做的一切,包括跑步、大笑等
   ② 通过合理的方式放松自己,包括听音乐、跳舞、运动等
   ③ 科学判断体重,选择健康的方式减重
   ④ 以上均是
4. 下面关于减重方法叙述错误的是?
   ① 减轻体重不一定就是减肥成功,有可能是身体脱水造成的暂时体重下降
   ② 天然的不一定安全,有些减肥药号称"纯天然",其实里面的药物干扰新陈代谢,影响吸收与消化
   ③ 减轻体重一定要剧烈运动,出汗越多,说明运动效果越好
   ④ 口碑好的减肥产品也不能轻信,只有控制饮食加增强运动的方法才是正确的减重方式

中学生健康素养 评价问卷四
心理健康

情景题 1

开学没几天，小明却感觉很疲惫，无法适应全新的学校生活、新的老师、新的同学及新的课程……一切都很陌生，所以感觉很难静心地学习。面对老师从未有过的快节奏的授课速度及深了好多的课本，真的是好着急，几乎无从入手，不知该怎么办？

1. 在新的学校,新的学习环境中,你认为小明可以从以下哪种途径获取到适应学习环境的信息？
   ① 热情地和周围同学做朋友,有不懂的问题问他们
   ② 在合适的时机找班主任老师聊天
   ③ 上课认真做笔记,课后温习功课,适应老师布置的学习任务
   ④ 以上均正确

2. 当你来到一个新的学习环境,一开始无法适应时,你会怎么做？（多选题）
   ① 一味沉浸在美好的回忆中,自怨自艾
   ② 总是把自己的弱项与他人比较
   ③ 主动寻求高年级同学或父母老师的帮助
   ④ 及时宣泄不良的情绪,寻求心理咨询

3. 如果你是小明的同学,你该如何帮助他？（多选题）
   ① 熟悉和认识新的环境　　② 重新确立新的学习目标
   ③ 及时调整学习方法　　　④ 更好地认识自我,学会合理定位

4. 小明上课时,遇到听不懂的地方,最好
   ① 不去管它
   ② 停下思考
   ③ 问同学
   ④ 先记录下来,课后思考或请教老师、同学

5. 小明在上新课时,总是跟不上老师的思路,他应该怎样做?
　① 请老师讲慢点　　　　　　　② 把所有的东西都记下来
　③ 课前预习,课后复习　　　　④ 找同学提醒

情景题 2

　　小新每天都忙忙碌碌,总觉得时间不够用。但是,作业要做到很晚,复习好这门功课想复习另外一门时才发现已经到了必须睡觉的时间了。常常是躺在床上才发现,自己忙了一天,也不知道忙了些啥,感觉自己又有许多时间被浪费掉了。

1. 你是如何安排学习内容的?(多选题)
　① 学习时,你会把学习内容按重要与否、紧迫与否的顺序排列下来
　② 你把重要的学习内容安排在自认为一天中学习效率最高的时候学习
　③ 安排学习内容时,你把文理科交叉起来学习
　④ 安排学习内容时,你把阅读、做练习与做笔记结合起来
2. 知识的遗忘是先快后慢,故在制定复习计划时,你认为时间安排最好是哪一种?
　① 时间间隔先短后长　　　　　② 间隔先长后短
　③ 间隔保持恒定　　　　　　　④ 间隔任意安排
3. 目前,各科参考书都很多,怎样恰到好处地来利用?
　① 尽量全买回来,逐一翻阅　　② 买与别人不同的来做
　③ 根据老师指导,去选买一二本 ④ 有没有无所谓,关键在于课本

情景题 3

　　小晖进入中学已一年多,但他还像以前那样,一做完功课就尽情玩耍,不再看书。到了考试前夕才"临时抱佛脚",常常到深更半夜才睡觉。虽然每次考试下来,他也能侥幸过关,但成绩总是提不高。

1. 你认为小晖的学习动机属于下面哪一类?
　① 学习动机明确,属于"我要学",刻苦钻研的学生
　② 学习是为了个人前途

③ 学习是为了给家长面子
④ 学习目的不明确，得过且过
2. 爱因斯坦说："_____是学习最好的老师。"
① 兴趣　　　② 动机　　　③ 书本　　　④ 朋友
3. 端正学习动机的关键一点是？
① 别人督促　　　　　　　② 改善环境
③ 确定适当的学习目标　　④ 写保证书
4. 一般来说，学习计划中的目标应订得
① 越高越好　　　　　　　② 越容易越好
③ 不高不低，切实可行　　④ 越细致越好
5. 怎样做能增强自己的学习毅力？（多选题）
① 给自己定一个适合的目标，并记录每天的点滴进步
② 制定相应的奖惩机制
③ 找一位特别有毅力的人作为自己的榜样
④ 运用自我暗示，经常提醒自己能坚持住

情景题 4

快要临近考试了，小美却心烦意乱，无从下手，拿起这门功课又觉得另外一门还没有复习好，拿起另外一门又觉得这门还需要巩固巩固。而且在看书的时候常常会有"这次考试一定又会考砸"的念头浮现，搅得连觉也睡不好。考试时，明明是自己复习过的东西，但是却头脑一片空白，怎么也想不起来。等到考完出了考场才缓过劲，可那时再怎么后悔着急也来不及了。真不知道该怎么办？

1. 按照你对应对考试压力的理解，为克服考试怯场的现象，有效的方法有哪些？（多选题）
① 做充分的复习准备
② 充足的睡眠
③ 有必胜的信心
④ 降低焦虑，做些放松训练
2. 考试时，突然出现"卡壳"，最好的办法是？
① 马上放弃　　　　　　　② 绝不放弃，力图解之
③ 暂时放弃，回头再做　　④ 闭目静思
3. 按照你对考试的理解，考试的目的是？
① 取得好分数　　　　　　② 检查自己的学习状况
③ 得到老师或家长的表扬　④ 与同学竞赛
4. 拿到考试试卷、填好姓名学号后，最先做的是？

① 立刻动笔开始做题　　　　　② 浏览整个试卷,做合理的答题安排
③ 从头至尾依次慢慢思考每一道题　④ 立即挑分值大的题做
5. 对待考试结果的最佳态度是?
① 分数越高越好　　　　　　② 分析试卷,找到错误,吸取教训
③ 看完分数后丢在一旁　　　④ 对分数并不在乎

情景题 5

小天即将中学毕业,但是面临志愿填报,他不知道自己该如何选择。妈妈说:"做个医生吧,救死扶伤。爸爸说,老师也不错,人类灵魂的工程师,工作稳定还有两个假期。"班主任说:"你做老师很可惜,你的性格很适合做公关什么的。"有朋友说:"你可以做主持人。"不同人的建议让小天更加迷惑,不知道自己长大以后究竟适合做什么?

1. 面对重要的人生选择时,你是如何分析,并做出决定的?
　① 是在与他人的随意谈话时做出的　② 是由父母或老师包办代替的
　③ 是在朋友的劝说下　　　　　　④ 是随大流,别人选什么,我也选什么
　⑤ 自己深思熟虑,经过慎重地考虑
2. 你知道职业选择需要考虑哪些因素?
　① 内在因素(兴趣、能力、性格、价值观等)
　② 外在因素(社会需要、家庭影响、学校影响、职业信息)
　③ 内外因素综合考虑
　④ 人职匹配的最佳原则
3. 你是否很清楚得会分析自己的长处和短处,优势和不足?(请根据自己实际情况填写)
　① 非常符合　　② 比较符合　　③ 不太符合　　④ 非常不符合

4. 怎样做能更好地了解自己?(多选题)
   ① 可以通过做心理测试,请专家解释
   ② 请他人给予反馈,列出你的优缺点与适合的专业
   ③ 你可以自己问自己:我最想做什么?最喜欢做什么?最擅长做什么?我是个怎样的人?
   ④ 通过社会实践,发现自己的优势特长
5. 如何获得更多的职业信息?(多选题)
   ① 专题讲座　　② 企业考察　　③ 社会实践　　④ 大学走访
   ⑤ 了解父母职业　⑥ 听听学哥学姐的经验

情景题 6

小明平常不修边幅,邋里邋遢;在班级活动时常常冷眼旁观,不主动参与活动;当他心情不好时,对其他同学不理不睬。但小明很有爱心,会主动关心安慰难过的同学。可是,小明最近还是觉得很烦恼,因为同学们好像不喜欢他,下课也不会找他玩,他觉得很孤单。

1. 你知道你周围都有哪些人际关系吗?(多选题)
   ① 与同学、伙伴的关系　　　② 与家人的关系
   ③ 与老师的关系　　　　　④ 与邻居的关系
2. 你认为下列哪些做法可以使自己的人际关系变得良好?(多选题)
   ① 外观让人感到舒服　　　② 遵守团体的规则和习惯
   ③ 参与班级的活动　　　　④ 适当表达自己的情绪
   ⑤ 主动关怀别人

3. 如果你是小明,你认为自己应该如何做,才能获得周围同学和其他人的支持? (多选题)
   ① 随时注意并尊重他人的感受
   ② 在团体中我行我素,建立自己的特色
   ③ 不喜欢的同学遇到困难时,仍然会真诚地帮助他
   ④ 注意自己外表的整齐清洁,维持良好的个人卫生习惯
4. 如果你是小明的好朋友,你认为应该选择怎样的方式劝导他,才能帮助小明解决他的人际交往问题?(多选题)
   ① 选择小明最容易接受的沟通方式。比如,面对面交流、写纸条、打电话等
   ② 清楚而礼貌地表达你的想法,用小明可以接受的语言语气来表述
   ③ 不听小明的解释,只顾表达自己的想法
   ④ 确认对方清楚明白地理解你的意思

情景题 7

星期六的下午,同学们带来周末的愉悦与欢欣回到了学校。316寝室的5个女孩子正争先恐后地向室友诉说着自己的周末生活。小丽从背包里取出一件衣服,满是骄傲与自豪地对室友们说:"看!我买了新衣服!这可是我花了一天的时间,用了大价钱才买到的哦!名牌呢!你们看,漂亮吧!"

小丽得意地穿上了新衣服,连声向众姐妹们问道:"怎么样?怎么样?"

寝室里出现了短暂的沉默,大家都看出来一个事实:衣服对小丽来说有些小了,紧紧绷在身上,对小丽来说显然是不合适的。

1. 如果你是 A 的室友,你会怎么说?
   ① 这件衣服真难看,你怎么会挑这么难看的衣服呢
   ② 你穿着太小了,一点都不好看
   ③ 小丽,这件衣服是很漂亮,可是你看,你穿着好像有点紧了,如果回去换大一码应该效果会更好
   ④ 衣服真好看,你穿正合适

⑤ 这个牌子很贵哎,真好看!
2. 根据你对朋友沟通原则的理解,在与朋友沟通的过程中,以下哪一项是不恰当的?
① 与好朋友沟通时也要留意对方的反应,不能只自顾自地表达而不考虑他人的感受
② 站在对方的角度思考问题,设身处地为对方着想
③ 以诚相待,开诚布公,当发现朋友存在不足时,要给予批评和帮助,不口是心非
④ 好朋友犯了错误或存在不足时,应帮忙遮掩,不告诉朋友
⑤ 为朋友取昵称是一种亲切的友好表达方式

情景题 8

大勇在一次小组排球比赛中担任裁判,大勇的好朋友私底下却请大勇做出对自己小组有利的判决,以获取胜利。

1. 如果你是大勇,你会怎样做?
① 答应好朋友的请求,帮好朋友的小组取胜
② 表面上答应好朋友,但比赛时仍公平公正,不偏袒任何一方
③ 一口回绝对方的请求,不再视对方为好朋友
④ 委婉但坚定地表达自己拒绝的想法,并真诚地说明原因,以使双方互相理解

2. 不仅是在比赛中,平常在班级里同学间也会存在竞争。当面对竞争场景时,你认为应当怎样做?(多选题)
① 有自信心,敢于挑战,不能被对手吓倒
② 不怕苦、不怕累,遇到挫折不气馁,有克服困难的勇气、勇往直前的决心和坚强不屈的意志
③ 学会确定竞争目标,同时还要知己知彼,多学他人长处,增强自己的力量

④ 应当不择手段,想尽办法赢得胜利

情景题 9

　　某次年级排球比赛上,班级的小亮同学为了自我表现,总是抢队友的球,造成了一些失误,最终使我们班输掉了比赛。赛后小亮和队友互相指责:

　　队友:就是因为你一直抢我的球,才造成传球失误,输掉比赛的!

　　小亮:都是因为你技术太差,我才会去抢你的球!

1. 如果你是这名队友,你会如何做?
   ① 继续与小亮争吵,甚至不惜动用武力,直到赢过对方为止
   ② 委屈自己,忍气吞声
   ③ 双方表达自己的看法,共同商讨下次的比赛策略
   ④ 与小亮绝交
   ⑤ 其他_____

2. 如果你是小亮和队友的好朋友,你将如何调解两个人的冲突?(多选题)
   ① 保持中立地位,认真倾听两方的观点,不偏袒任何一方
   ② 让双方坦诚地表达自己的感受,双方都提出可能的解决方案
   ③ 帮助其中一方攻击另外一方,使对方主动退让
   ④ 由你制定解决方案,让双方必须遵从
   ⑤ 其他_____

3. 你认为,人与人之间为什么会产生冲突?(多选题)
   ① 有的人只考虑自己,不考虑他人的感受
   ② 有的人在待人接物时充满疑心,总是毫无根据地怀疑别人
   ③ 有的人自高自大,看不起他人,以不公平的方式对待比较弱势的人
   ④ 有的人喜欢在背后议论别人,制造同学间的矛盾
   ⑤ 其他_____

4. 排球是一项集体活动,需要大家相互协作,配合默契。以下关于合作意识的观点,哪些是正确的?(多选题)
   ① 一个只关注自我,只强调个性的人,是难以形成合作精神的
   ② 与他人合作时应心胸开阔,不过分计较个人得失

③ 在合作中应当时时为自己考虑,不能吃亏
④ 想人之所想、急人之所急
⑤ 其他_____

情景题 10

多多是个有些内向的女生,平时总是受到大伟的欺负,大伟有时故意推她一下,有时在上课时向她丢纸屑,有时当着很多同学的面喊多多"扫把星"这样难听的绰号。多多很伤心,但大伟长得又高又壮,多多不敢反抗。最近,班级同学都不爱跟多多玩儿,原因是大伟在背后说多多的坏话,造谣说:"多多成绩好是因为作弊……"

1. 如果你是多多,你会怎样做?(多选题)
   ① 默默忍受,不敢反抗
   ② 想办法报复大伟
   ③ 礼貌而坚定地向大伟表达自己的感受,让他以后不要再欺负自己
   ④ 告诉家长和老师,向大人们求助
   ⑤ 其他_____

2. 假如你看到大伟正在欺负多多,你会如何做?
   ① 在一旁看热闹,大声叫好
   ② 虽然心里同情多多,但因为害怕大伟报复自己,还是不敢上前阻止
   ③ 什么也不做,因为不关自己的事
   ④ 出面阻拦大伟,并在事后安慰多多
   ⑤ 其他_____

3. 假如有同学对你说另一位同学的谣言,而你知道事实并不像谣言中说的那样,你会如何做?
   ① 觉得谣言中的内容很好玩,向自己的好朋友转述
   ② 相信谣言中的内容,会对谣言中的同学产生不好的印象
   ③ 纠正对你说谣言的同学,告诉他/她事实真相
   ④ 与我无关,别人说什么都无所谓
   ⑤ 其他_____

情景题 11

　　小鹏是一位高一男生,平时他跟老师、同学关系都很好,学习也不错,但近期他跟教语文的张老师发生了课堂冲突,使得他整日忧心忡忡,不仅影响到了他与张老师的正常交往,而且影响到他的学习,成绩有所下滑。事情原来是这样的:一天语文课上,小鹏正在专心听讲,邻座一同学趁老师板书之际传来一张纸条,约他放学后去玩电子游戏。小鹏立刻把纸条退给那位同学,并轻声劝告:"上课不要传纸条……"谁知正在这时,张老师转过身来看到了这一幕,随即批评小鹏上课传纸条、随便讲话,并没有听小鹏的解释。小鹏十分委屈,觉得张老师冤枉了他,又别无他法。

1. 如果你是小鹏,你会如何做?(多选题)
   ① 对张老师"怀恨在心",不跟他打招呼,故意不用心听张老师讲课
   ② 虽然心里很难受,但还是装作若无其事
   ③ 主动找张老师谈心,与老师沟通自己的想法,化解误会
   ④ 向家长或其他老师寻求帮助
   ⑤ 其他_____
2. 你期望的师生关系是什么样的?(多选题)
   ① 教师对学生严格管教,学生应服从教师的指令
   ② 教师与学生相互尊重,相互信任
   ③ 教师任由学生发展,尽量不予干预
   ④ 教师鼓励学生参与班级民主决策,师生地位平等
   ⑤ 其他_____

情景题 12

　　家人天天相处在一起,容易在沟通、处理事情上,出现意见不合的情形:
　　小明:"妈,我要出去打球了!"
　　妈妈:"不准去,你最近的成绩退步了,而且晚上还要补习英文,你好好在家呆着,多看点书!"

1. 如果你是小明,你会如何处理与妈妈的不一致?
   ① 没有反驳,不情愿地去看书,但是心想:太过分了,我连运动的自由都没有,一天到晚只会叫我看书!
   ② 表面上答应不去,等妈妈不注意偷偷溜出去。
   ③ 大声抗议、哭闹、责怪妈妈。
   ④ 努力和妈妈沟通,说明打球的益处,并说明适当的身体锻炼不会影响学习。
   ⑤ 其他_____

情景题 13

玲玲的父母亲经常吵架,严重影响家庭气氛,使她的心情很不好。最近玲玲听到父母在谈论离异的内容。

1. 如果你是玲玲,你会如何做?
   ① 寻求老师或其他长辈的帮助
   ② 为了家庭不要破裂,尽量委曲求全,当受气包
   ③ 放学后尽量晚回家,逃离现实
   ④ 怂恿父母离婚,长痛不如短痛
2. 你认为怎样做可以使家庭成员之间关系更好?(多选题)
   ① 每个家庭成员都要腾出时间进行交谈,交流各自的想法和感受
   ② 家庭成员之间相互尊重,要坦率、诚实
   ③ 每个家庭成员做出决定时,只需按照自己的心愿,不必考虑其他人的感受
   ④ 每个家庭成员都要分担家务

情景题 14

1. 一般来说人有5种表情:a. 喜悦;b. 悲伤;c. 恐惧;d. 愤怒;e. 惊讶。请看上面图中的卡通表情,依次选出卡通表情代表的表情符号。
   ① a b c d e ② c b e d a ③ b d c e a ④ b c e d a
2. 关于你对情绪的理解,以下哪些说法是正确的?(多选题)
   ① 情绪会被我们的想法和感知所影响
   ② 情绪既可能是简单的,也可能是复杂的
   ③ 有可能在同一时间感受到好几种不同的情绪
   ④ 情绪没有正确与错误的区别
3. 根据你对情绪的理解,人们通过以下哪些方法表达自己的情绪?(多选题)
   ① 表情 ② 语音语调 ③ 动作 ④ 眼神
4. 以下哪些方法虽然可以用来表达情绪,但你所见到的并不一定能反映人们的内心感受,而可能只是伪装呢?(多选题)
   ① 表情 ② 语音语调 ③ 动作 ④ 眼神
5. 要想理解其他人的情绪,你可以通过以下哪些方法?(多选题)
   ① 用能表现尊重的方式与人交谈询问
   ② 留意自己的行为会对其他人产生什么影响
   ③ 在脑海中反复揣摩猜测
   ④ 观察人们在不同情绪下的表达方法

6. 以下哪些情绪的表达是准确的?(多选题)
   ① 在悲伤时哭泣　② 在快乐时皱眉　③ 在害怕时微笑　④ 在愤怒时瞪起眼
7. 以下哪些情绪方法表达了对他人的尊重?(多选题)
   ① 遵守家庭准则　② 帮助他人　③ 使用礼貌用语　④ 避免暴力

情景题 15

一天,小咩和小哞在放学路上大吵了一架,然后各自回家了。请参考以下的一些想法,选出你常常会怎样思考和应对这件事情的?(多选题)

① 小咩晚上回家以后不停回忆着吵架时候的情景,越想越确定都是小哞的错。
② 小哞想了想觉得吵一架也不是没有好处,至少发现了自己竟然会因为一点小事就炸毛简直幼稚,因此小哞决定以后待人处事要更宽厚一些。
③ 小咩拼命告诉自己不要再想吵架这件事了,更不能有要和小哞绝交的想法。
④ 小哞一想到这件事就觉得特别糟心,干脆抛在脑后,不再去想和小咩有关的事情了。
⑤ 小咩回想了一遍吵架的前因后果,给小哞发出了一条短信,阐述了自己客观思考后的想法,也劝说小哞稍微改一改容易炸毛的个性,又像往常一样约定第二天一起坐公交车上学。
⑥ 小哞回家以后静下心来,从中立的角度审视了自己的消极情绪和负面想法,慢慢接纳它们,觉得自己有这些想法也是正常的。

情景题 16

假如你报名了运动会的接力跑。比赛开始前,你的前棒看上去十分轻松,一点也不担心一会儿就要开始的比赛,但你感到了一些压力。

1. 根据你对压力的理解,以下哪些是积极的压力呢?(多选题)
   ① 你之前几天没有参加接力跑的练习,有些心虚
   ② 你想起了隔壁班的短跑能手,感觉心跳和呼吸都有些加快
   ③ 你非常担心不能拿到好的名次,紧张得有些胃痛
   ④ 你看到同桌趴在栏杆上向你挥手加油,一时心情激动,脚步也轻快了起来
2. 判断积极压力和消极压力主要依据是?(多选题)
   ① 能否让人心情愉快
   ② 能否有助于身体做好应对压力的准备
   ③ 能否带来好的表现结果
   ④ 能否有助于身体健康
3. 根据你对压力来源的认识,请分析下列情景,哪些情况可能会产生压力?
   ① 别人都开始长高了,但是自己没有　　② 父母总是让自己学别人家的孩子
   ③ 和朋友吵架了　　　　　　　　　　　④ 在学校被其他孩子欺负了
   ⑤ 手腕扭伤了,不能完成作业　　　　　⑥ 和自己关系很好的同学要转学了
   ⑦ 以上均会产生压力
4. 你知道有哪些途径可以获取到应对压力,调节自己情绪的信息吗?(多选题)
   ① 与家长交流,将压力告诉父母,请他们帮助自己缓解压力
   ② 与朋友交流,获取他们缓解压力的方法,选择正确适合自己缓解压力的方法
   ③ 上网咨询网友,把困难和苦恼告诉他们,请他们帮忙
   ④ 以上均正确
5. 可以采取哪些行动来减轻消极压力的影响呢?(多选题)

① 在比赛前保证充足的休息和睡眠　② 吃健康的食物
③ 深呼吸　　　　　　　　　　　　④ 做热身运动放松身体

6. 请将以下压力管理的步骤排成正确顺序：
   a. 知道压力产生的原因
   b. 针对产生压力的原因准备对策
   c. 了解压力的信号
   d. 采取行动来减轻消极压力的影响
   ① c a b d　　　② a b c d　　　③ a c b d　　　④ c b a d

7. 如果感到有压力，而且最近两周持续出现以下哪些情况时，需要及时找心理老师或者心理医生倾诉？（多选题）
   ① 胃口不好，吃不下饭
   ② 晚上失眠，早上不愿意起床
   ③ 感觉生活没有希望
   ④ 不想去学校，不想与人交往

中学生健康素养　评价问卷五
安全应急与避险

你理解这些安全警示标志的含义吗？请分别在下面两栏内进行标识图与含义的选择。

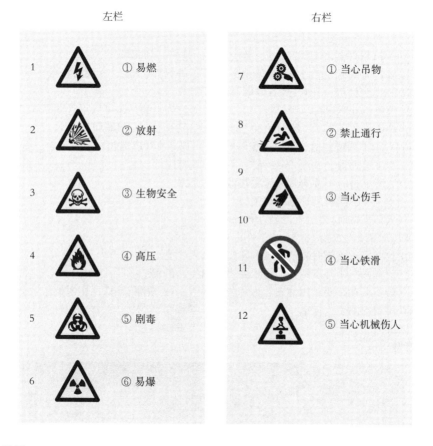

情景题 1

据媒体多次报道，学生户外伤害事件越来越多发。当出现以下情形时，你会如何思考如何行动。

1. 学校要组织大家去山里踏青，你觉得可能会遇到怎样的危险？
　① 着火引起火灾　　　　　　　② 有湖泊或者水库会发生溺水
　③ 山里动物咬伤　　　　　　　④ 以上均对
2. 当发现有人触电时，下列做法中正确的是？

① 立即上前用手将触电人拉开
② 立即用手将电线拉开
③ 立刻切断电源或用绝缘材料将电线挑开
④ 赶紧走开

3. 发生火灾时,正确逃生方法是?
① 用双手抱住头或用衣服包住头,冲出火场
② 向头上和身上淋水,或用浇湿的毛毯包裹身体,冲出火场
③ 边用衣服扑打火焰,边向火场外撤离
④ 赶紧去取重要物品,再逃生

4. 在户外,出现雷电天气时,以下做法正确的是?(多选题)
① 躲在大树下　　② 远离高压线　　③ 避免打手机　　④ 站在高处

5. 请分析,怎样可以让自己"有效率"地过马路?
① 严格遵守"红灯停,绿灯行"　　② 行人少的马路可以不管红绿灯
③ 跟着人流走　　　　　　　　　④ 只要没有车辆就可以走

6. 请分析,下列哪些措施可以避免踩踏事件的发生?(多选题)
① 上下楼梯遵守秩序,不要拥挤,不要追逐打闹
② 人群拥挤时不要弯腰去捡丢在地上的东西
③ 不去人群拥挤的地方凑热闹
④ 人群拥挤时,要沉着冷静,不要乱挤乱窜

7. 你一个外出时应该注意什么?(多选题)
① 放学家长来接时看清车牌和熟知的亲人才能上车
② 就算两三个好友结伴而行也要当心陌生人诱骗
③ 若不慎迷路要利用地图软件和公共服务人员(警察、地铁工作人员)
④ 不要与陌生人搭话

情景题 2

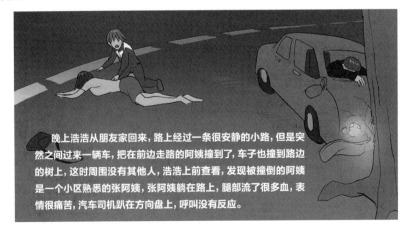

晚上浩浩从朋友家回来,路上经过一条很安静的小路,但是突然之间过来一辆车,把在前边走路的阿姨撞到了,车子也撞到路边的树上,这时周围没有其他人,浩浩上前查看,发现被撞倒的阿姨是一个小区熟悉的张阿姨,张阿姨躺在路上,腿部流了很多血,表情很痛苦,汽车司机趴在方向盘上,呼叫没有反应。

1. 浩浩决定打电话求助,如果你是浩浩,分析现场的情景,会拨打以下哪个电话?
   ① "110"和"120"
   ② "119"
   ③ "112"
   ④ "10086"
2. 拨通电话后,你认为应该告知专业人员哪些情况?(多选题)
   ① 发生事故的具体地点和周围标志性建筑等
   ② 伤员情况和人数
   ③ 车辆和路边设施损坏情况
   ④ 不知道
3. 对于受伤阿姨,你会怎么处理呢?(多选题)
   ① 首先告诉阿姨不要害怕,自己已经打过电话叫救护车和报警了
   ② 找清洁干净的毛巾或衣物将伤口简单包扎起来
   ③ 扶阿姨起来到路边坐着休息
   ④ 不知道
4. 遇到意外伤害患者,哪些情况不应该随意搬动?(多选题)
   ① 在吃东西时不小心被鱼刺、果冻、骨头等鲠住咽喉的意外情况
   ② 患者突然晕倒时
   ③ 遭遇创伤,遇到伤者无法移动的情况
   ④ 伤者疼痛难忍时

情景题 3

根据中国互联网络信息中心(CNNIC)发布的最新数据显示,截至 2013 年 12 月,我国网民规模达 6.18 亿。其中,10 岁以下网民数量占比为 1.9%,约合 1 174.2 万,而 10~19 岁的网民占比 24.1%,约合 1.49 亿。青少年上网搜索的主要内容依次为:游戏 47.4%,动漫 15.5%,社交 8.5%,影视剧 8.1%,综艺明星 7.9%,购物 7.0%,与学习相关的搜索内容仅占 0.6%。

1. 以下哪个选项最符合你日常上网搜索信息时的情形?

① 相信搜索引擎中点击率最高的答案
② 进入权威的官方网站寻找相关资料
③ 在论坛中发布帖子或在聊天群中提问,请网友解答
④ 随便找一个网站,浏览我需要的信息

2. 请分析这4位同学的行为,哪一位能健康地使用网络与人互动?
① 小丽使用不真实的身份在聊天群里与网友聊天
② 安安使用E-mail联系熟悉的朋友,传达关心和祝福
③ 小涛在很多网站上留下自己的真实信息,以便参加各种抽奖活动
④ 亮亮从各类网站上下载了很多好玩的软件和视频,并拷贝给同学以增进人际关系

3. 请分析:哪些是长时间上网可能带来的结果?
① 睡眠品质变好,更容易入睡
② 与同学的关系越来越亲密
③ 视力变差,学习成绩下降
④ 上网一般都是坐着,有助于充分休息,使体力变好

4. 以下关于使用电脑的叙述,哪些做法是正确的?(多选题)
① 为了适应长时间使用电脑,可以做些训练,使自己适应久坐
② 规划自己的课余时间,限制每次使用网络的时长
③ 多培养其他休闲娱乐活动,不能只靠上网来打发时间
④ 为了有多一点时间玩网络游戏,可以牺牲吃饭时间

情景题 4

16岁的陕西女孩小雨(化名)不久前只身到长春与网友见面,网友没见到,却被巡警送到了长春市救助管理站。原来,小雨一年多前通过QQ与长春李某相识,两人聊得非常投机,于是相约在长春见面。1月9日,刚刚放假的小雨登上了开往长春的列车,而她的网友李某却躲了起来,电话停机。无处可归的小雨被一位好心人发现后报了警,民警将小雨送到了长春市救助管理站。

1. 关于"安全使用网络",你觉得下面哪项不正确?
① 不交网友,不相信网上不实言论
② 安装杀毒软件,上官方认证的网站
③ 网上买东西时,按照卖家发来的链接一步步操作
④ 设置账户密码时,使用没有规律的数字和字母组合

2. 以下哪种叙述,符合你对网络交友的理解?(多选题)

① 因为隐瞒了真实身份,网上交友一般不容易控制,易造成上当、受骗等
② 网络上的交往范围大多只局限于同辈交往,而与家长、老师之间的互动比较少
③ 网络上的交往是一种"人—机—符号—符号—机—人"形式的交往,与真实的社会情景相去甚远
④ 网络交友与现实中的交友是完全相同的,可以代替现实中人与人的沟通

3. 与网友聊天时他发过来一个陌生的网络链接,说有有趣的东西,这时你会怎么办?
① 朋友发过来的应该没问题
② 难以遏制好奇心理,就打开看看
③ 反正有杀毒软件和防火墙,点开没有问题
④ 前几天看新闻有网络诈骗,不能点

4. 你认为网络交友应当注意哪些方面?(多选题)
① 网络上谈吐斯文的网友,在现实世界中绝对不是坏人
② 网络上交的朋友,原本互不相识,可以安全地倾吐心事,并成为知己
③ 不能将自己和亲人的隐私信息(包括姓名、电话等)泄露给任何人
④ 不能与网友单独见面,若要见面,必须有父母或监护人同行

情景题 5

2010年1月14日,年仅15岁的少女菲比·普林斯因不堪在学校受同学欺负和网络上遭遇语言暴力在家中上吊自杀。2009年,普林斯从爱尔兰移居美国马里兰州的南哈德利市,在当地高中因为颇受男生欢迎遭到学校两伙女生团体的欺负。在其Facebook主页上,有同学留下大量污秽的不实留言,这给初来乍到的普林斯造成了极大的心理压力。无法消除内心的痛苦,普林斯在家里上吊,结束了生命,其尸体最后被12岁的妹妹发现。

1. 以下哪种态度符合你对网络上人际沟通的理解?
   ① 为了表达不满,我们可以在网络上匿名骂人
   ② 不论使用何种沟通方式,都应该注意讲话的礼貌,不能伤害别人
   ③ 跟很熟的朋友网络聊天或公开留言时,不需要注意说话的语气
   ④ 网络聊天看不见对方的表情,因此可以不必理会对方的反应
2. 假如你遭遇了网络欺负,你会怎样做?(多选题)
   ① 保存网络欺负的证据或线索,如邮件或信息的所有记录、时间等
   ② 向家长和老师求助,或者向警方报案
   ③ 忍气吞声,逃避现实,不愿见人
   ④ 在网上发表言论抨击欺负自己的人,讲欺负者的坏话
3. 某网络贴吧里,很多人正在讽刺、嘲笑、谩骂某个人,此时你会怎么做?
   ① 感到很好玩,趁机跟风嘲笑、讽刺、挖苦
   ② 看看贴吧里都说什么,然后告诉同学、朋友们,广而告之
   ③ 反正网络上,没人知道我是谁,骂几句没关系
   ④ 不发表意见,不参与

情景题 6

初中生小文是个漂亮的女孩子,平时比较喜欢打扮,穿衣服模仿成年人,着装比较暴露。

一个夏天的早晨,小文乘公交车去上学,碰到一名40多岁的陌生男子,一直往她身上靠。

刚开始她以为是车上人多比较挤,也没怎么在意,便往外挪了挪。见她不做声,对方却又跟着往她身边挤了过来,并开始对她动起手来。

下车后,这名男子也跟着下了车,并一直尾随到她学校门口。

两天后当她再次乘车回家时,又在车上碰到了该名男子。一上车这名男子就靠在她身边

并用手摸她的臀部

她立刻吓得向周围乘客求助

乘客对那位中年男子投去鄙夷的目光,并纷纷指责他的无耻。小文羞得满脸通红,眼里噙着泪水,汽车一到站,她就急匆匆地下车离去。

从此,她乘公交车总是心神不宁,总是害怕再碰到坏人,又不知该怎么办。

在生活中,不仅女生,男生也会遇到类似的困扰,有不良分子也会对男生下手。

1. 如果你是小文,遭遇到类似情形时,你会怎么做?
   ① 使劲地哭　　　　　　　　② 冷静,并找机会求助

③ 和罪犯拼了 ④ 逆来顺受
⑤ 不知道该怎么做
2. 分析以下情景,你认为哪些行为属于性骚扰?(多选题)
   ① 打电话时故意谈论有关性的话题,追问个人隐私、性生活等
   ② 将骚扰性的语言转化为文字,投递赤裸裸的淫秽文字
   ③ 在公众场合故意接近他人,产生身体上的接触或碰撞等
   ④ 故意给对方看黄色图像或黄色影片等
   ⑤ 用手机信息或电子邮件的形式,故意发送黄色文字、黄色图像或黄色笑话
3. 性骚扰的主要形式有哪些?
   ① 身体的碰触 ② 言语的骚扰
   ③ 设置淫秽色情的环境 ④ 以性作为贿赂或要挟的行为
   ⑤ 以上均是
4. 根据下列场所的特点,分析在哪些地方容易发生性骚扰?
   ① 舞池 ② 影院 ③ 公共汽车 ④ 车站
   ⑤ 以上均是
5. 若不幸在公共场合遇到坏人的性骚扰时,你认为可以采用的做法有哪些?
   ① 用眼神或语言狠狠地当场制止
   ② 假装拨打电话("110"),或者与旁人讲话
   ③ 记住其外貌特征,必要时给公安机关提供证据
   ④ 喊"失火"代替"救命"更容易引起注意
   ⑤ 以上均是
6. 如何避免在公共场合受到性骚扰或性侵害?(多选题)
   ① 公共场合穿着得体,不过分暴露
   ② 学习和掌握足够的性生殖健康知识,懂得自我保护
   ③ 与陌生人保持一定安全距离
   ④ 注意留心旁边有无居心不良的人
   ⑤ 和朋友结伴就能避免

情景题 7

女生小芳这几天有些苦恼,一个经常在学习上帮助自己的同学,有一天晚自习后,突然拥抱、亲吻她,而小芳自己感到很不舒服。虽然那天用力挣脱跑开了,但小芳老在想,怎样才能既不伤害他/她又保护自己呢?(性侵害:是一种非自愿的性接触,或企图以暴力、威胁、引诱、欺骗的方式进行的性接触。可以是身体上的,也可以不是身体上的,包括强奸和试图强奸、奸幼和性骚扰。)

1. 据你对性侵害行为的理解,你认为这个案例中"同学"的行为属于性侵害吗?
   ① 属于性侵害　　　　　　　② 不属于性侵害
2. 若你是小芳,你会怎么做?
   ① 担心受到报复,所以忍耐再说
   ② 没有发生大的事情,也许是在开玩笑,不要太在意
   ③ 若是破坏了两个人的关系就不好了,还是忍耐
   ④ 自己感觉不舒服,下次碰到这个同学时要态度明确地告诉他/她
3. 为避免类似情况发生,你会建议小芳如何做?(多选题)
   ① 避免再与这位同学单独去无人的公园或僻静的地方
   ② 若下次见面同学还做出轻浮举动,要坚定告诉他/她:"不要这样。""不要摸我。"
   ③ 注意自己的姿态、衣着、语调和眼神,不要让对方误解
   ④ 要懂得遇到危急情况时大声呼救
4. 分析下列行为,你认为属于性侵害的有?(多选题)
   ① 使用暴力和野蛮的手段,对女性实施强奸、轮奸或调戏、猥亵等
   ② 利用自己的权势、地位、职务之便,对受害人利诱猥亵,强迫受害人与其发生性行为
   ③ 与熟人、同学、老乡、同乡,甚至是朋友约会时,威逼利诱受害者,发生不自愿性行为
   ④ 利用受害人追求享乐、贪图钱财的心理,诱惑受害人而与其发生性行为

中学生健康素养　评价问卷六
医疗常识与合理就医

1. 根据你对健康的理解,下列关于健康的说法,正确的是?
   ① 健康就是体格强壮,没有疾病
   ② 健康就是心理素质好,体格强壮
   ③ 健康不仅是没有疾病,而是身体、心理和社会适应的完好状态
   ④ 健康就是吃的饱睡的香
   ⑤ 不知道
2. 请阅读下列词语,快速判断其含义,若觉得词语的通常含义是有益、有帮助或是有用的,请在词语后的□内打"√",觉得词语含义是有害的、警告的、危险的请打"×"

1) Flu	□	2) Deadly	□	3) 百服咛	□	4) Health	□
5) HIV	□	6) Safety	□	7) 冰毒	□	8) 碘酒	□
9) 康泰克	□	10) Disease	□	11) Caution	□	12) Poison	□
13) 扑尔敏	□	14) 红花油	□	15) Dangerous	□	16) K 粉	□
17) 吗丁啉	□	18) AIDS	□	19) Virus	□	20) 维生素	□
21) 扶他林	□	22) 摇头丸	□	23) 青霉素	□	24) 阿司匹林	□
25) 海洛因	□	26) 蛇胆川贝液	□	27) 窒息	□		

3. 你平时常常通过下列哪些渠道获取医疗卫生方面的知识?(多选题)
   ① 家长、亲戚;同学或朋友
   ② 医生或者医院的宣传栏
   ③ 网络搜索引擎,如百度、搜狐等,发现自己感兴趣文字的链接,就直接打开查看内容
   ④ 通过卫生专业机构的网站和公众号(如@健康上海12320、上海市卫生计生委、上海市疾病预防控制中心等)
   ⑤ 主流媒体(比如知名电视、广播和报刊杂志)的健康养生栏目
   ⑥ 学校健康教育课程、活动、展板等
   ⑦ 其他_____

情景题 1

人体生命四大指征包括呼吸、体温、脉搏、血压,它们是维持机体正常活动的支柱,缺一不可,不论哪项异常都会导致严重或致命的疾病。正常人的生命指征都

在一定的范围内,低于或超过这个范围就可能使健康受到损害。晓红今年上初二,正上着课,突然从椅子上倒下来,晕过去了。校医检查晓红呼吸为 28 次/每分钟,体温为 39.5 ℃,脉搏 120 次/每分钟,血压 110/70 毫米汞柱。

1. 按照你对上述文字的理解,下列哪项不是人体生命的四大指征?
   ① 呼吸　　　　② 脉搏　　　　③ 身高　　　　④ 血压
   ⑤ 不知道

2. 根据材料,分析晓红哪项指标是正常的?
   ① 体温　　　　② 脉搏　　　　③ 呼吸　　　　④ 血压
   ⑤ 不知道

3. 一般人体腋下体温的正常值范围是?
   ① 35.0~36.0 ℃　　　　　　　② 36.0~37.0 ℃
   ③ 36.5~37.5 ℃　　　　　　　④ 37.0~38.0 ℃
   ⑤ 不知道

4. 用玻璃体温计测体温时,正确的读数方法是?
   ① 手持体温计水银端水平读取　　② 手持体温计玻璃端竖直读取
   ③ 手持体温计玻璃端水平读取　　④ 手持体温计水银端竖直读取
   ⑤ 不知道

5. 晓红感觉心慌,于是想自己测一下脉搏数,晓红应该取图中几号位置进行测量?
   ① 1 号位置
   ② 2 号位置
   ③ 3 号位置
   ④ 4 号位置
   ⑤ 不知道

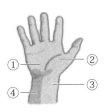

6. 一般青少年和成人的正常脉搏次数范围是?
   ① 30~50 次/分钟　　　　　② 60~100 次/分钟
   ③ 100~120 次/分钟　　　　④ 120~140 次/分钟
   ⑤ 不知道

7. 有一天奶奶站起来觉得头晕晕的,晓红急忙帮奶奶测量血压,奶奶的正常血压应该在什么范围?
   ① 50/30~80/40 毫米汞柱　　　　② 90/60~140/90 毫米汞柱
   ③ 120/95~200/150 毫米汞柱　　 ④ 135/100~185/160 毫米汞柱
   ⑤ 不知道

8. 以下关于血压测量的说法中,哪项不正确?
   ① 血压的测量需要借助专门的仪器,采用标准的方法,而且血压计要定期校准
   ② 血压跟体重的关系很密切
   ③ 在情绪激动、紧张、运动等的时候,人的血压会上升
   ④ 多吃盐或者味精,会使血压升高

⑤ 青少年身体体格正在发育，血压也会随年龄而递增，因而没有必要对未成年的青少年进行血压定期测量

情景题 2

慢性病是慢性非传染性疾病的简称，专指病程为长期，很难或几乎不能治愈的一类疾病。主要包括心脏病、脑血管疾病、恶性肿瘤、糖尿病、慢性肺部疾患、肝肾疾病等。目前，慢性病已成为人类死亡和残疾的最主要问题。据世界卫生组织报告，慢性病每年使 3 800 万人失去生命，将近 3/4 发生在低收入和中等收入国家。其中，心血管疾病引起的慢性病死亡人数最多，每年达 1 750 万人，其次是癌症（820 万人）、呼吸系统疾病（400 万人）以及糖尿病（150 万人），这 4 类疾病占了全部慢性病死亡人数的 82%。在我国，几乎 80% 的死亡可归因于慢性病。

年龄越大，发生各种慢性病的几率越大，但其危险因素和病变的积累往往从儿童、青少年开始。不仅如此，慢性病已不再是富贵病。除了生物性的年龄、性别和遗传这些不可控因素，慢性病的发生和发展大多与不健康饮食、缺乏体力活动、吸烟行为有着非常密切的关系，也与不断增加的心理社会压力有关，提示慢性病是可以预防和控制的。

1. 通过以上材料的阅读，按照你对慢性病的理解，您觉得以下哪些论述是不正确的？（多选题）
   ① 慢性病是中老年病，与年轻人不需要重视慢性病
   ② 慢性病的危险因素都是可控的
   ③ 慢性病多发生于发达国家
   ④ 现阶段慢性病成为了我国居民的主要死因
   ⑤ 不知道

2. 分析下列关于慢性病的论述，相对正确的是？
   ① 慢性病都是遗传造成的   ② 年纪大了才患慢性病
   ③ 慢性病很难治愈   ④ 慢性病发病较快
   ⑤ 不知道

3. 下列哪项疾病不是慢性非传染性疾病？
   ① 冠心病   ② 恶性肿瘤   ③ 糖尿病
   ④ 流行性感冒   ⑤ 不知道

4. 以下哪些措施有利于防控慢性病的危险因素？（多选题）
   ① 加强运动和锻炼，保持正常的体重
   ② 不吸烟，少饮酒
   ③ 饮食均衡多样，三餐定时定量，不暴饮暴食

④ 保持心理平衡,及时排遣心理压力
⑤ 定期体检,知晓自己的血压、血糖、血脂等指标
⑥ 每人每天摄入油量 25～30 g,用盐量 6 g

情景题 3

　　一天下午,乐乐放学回家的时候忘记带雨伞,结果淋了一场大雨。第二天早上起床后,突然觉得自己嗓子疼,而且打喷嚏、流鼻涕和咳嗽,身体酸疼无力,测量体温 38.7 ℃,自己在家里服用一些非处方的退热药后,症状没有明显缓解,乐乐想去医院看病。

1. 你知道我国的医疗体系中,医院可以分为几个级别吗?
　　① 一　　　　　② 二　　　　　③ 三　　　　　④ 不知道
2. 如果要去医院看这个感冒,你会选择去哪类医院?
　　① 小区附近的社区卫生服务中心
　　② 区(县)中心医院
　　③ 综合性三甲医院的特色专科
3. 你准备去医院看病的话,通常要携带下列什么证件?(可多选)
　　① 身份证　　　　　　　　　② 学生证
　　③ 医保卡(社保卡)　　　　　④ 户口本
4. 你到了医院后,首先要做的是什么?
　　① 直接去医生诊室看病　　　② 预检,了解适合的挂号科室
　　③ 挂号　　　　　　　　　　④ 到收费窗口付费
5. 以下哪些情况要挂急诊?(多选题)
　　① 急性发热性疾病,体温一般在 38 ℃(腋下)以上者
　　② 急性出血患者
　　③ 昏迷患者
　　④ 重大疾病来复诊者

6. 医生询问乐乐病情,并让他去验血。这时候,乐乐想起来,自己一年前被查出过肺结核(一种呼吸道传染病),还在医院里住过一个月。如果你是乐乐,你会把这个情况告诉医生吗?
   ① 肯定不会,因为确信以前的病史和现在这次感冒发热的关系不大
   ② 会,因为这样可以帮助医生在这一次更好地治疗自己
   ③ 不确定,医生问起来就说,不问就不会主动告诉医生

7. 医生对乐乐的诊断是病毒性感冒伴细菌感染,开了一周的口服药,并嘱咐要每天按时、连续服药一周。然而,服药2天后,乐乐就已经没有感冒症状了。如果是你,你会怎么做?
   ① 继续按照医生说的那样,服用完药物
   ② 症状已经缓解消失,就该停药了
   ③ 还是会继续服用药物,但因为没有感冒症状了,经常会漏服
   ④ 选择一个药效低的抗生素来服用

情景题 4

爷爷上个月因为胃溃疡做过手术,这个月要去医院复查。因为爸爸妈妈工作比较忙,都要出差,只好由萱萱陪同爷爷去医院复诊。如果您是萱萱,会怎么做?

1. 您是否知道现在大部分医院可以使用网上预约挂号功能?
   ① 知道
   ② 不知道

2. 根据你对网上预约挂号的理解,你会考虑首先使用网上预约挂号功能吗?
   ① 会   ② 不会,太麻烦了
   ③ 没有使用过,可能会试一下

3. 去医院前,你会提醒他带哪些东西?(多选题)
   ① 病历卡和医保卡
   ② 之前手术住院的出院小结、检查报告等资料
   ③ 其他病史资料

4. 您帮爷爷预约的就诊时间是下午3:00,但是到医院才2:00,你会怎么办?
   ① 直接闯进医生诊室,要求医生看病
   ② 安静地在诊室外等候就诊
   ③ 在诊室门口来回徘徊,并时不时的推开诊室的门,看看是否看完前一个病人了

5. 到了3:00预约时间,但是因为今天前来就诊患者较多,前面仍然有5名患者等待排队中,您会怎么做?

① 不知道该怎么办　　　　　　② 很生气,责怪医生护士看病慢
③ 找预约台的护士问询和了解情况
6. 耐心等待后,轮到就诊。诊疗后,医生告知爷爷的胃溃疡复发了,您会怎么办?
① 很愤怒,责怪医生没有水平,认为医生没有给爷爷看好病
② 很伤心,带着爷爷默默地离开
③ 虽然很伤心,但是对这个结果表示理解和接受,并积极配合医生。同时安慰爷爷,积极配合诊治,争取尽快康复
7. 回家后萱萱告诉爸爸妈妈诊疗经过和结果,家里决定带爷爷去治疗胃溃疡的专科特色医院就诊,您会通过以下哪种途径来获得信息?
① 上网搜索　　　　　　　　② 通过"12320"卫生热线问询
③ 看信箱广告介绍　　　　　④ 听亲戚朋友介绍

情景题 5

下面是有段药品的一段文字,请仔细阅读,回答后面的问题。

处方药(Rx),是指有处方权的医生所开具出来的处方,并由此从医院药房购买的药物。这种药通常都具有一定的毒性及其他潜在的影响,用药方法和时间都有特殊要求,必须在医生指导下使用。

非处方药(OTC),根据非处方药的安全程度,又分为甲类和乙类两种。非处方药的包装、标签、说明书上均有其特有标识OTC。红色为甲类,必须在药店出售;绿色为乙类,除药店外,还可药监部门批准的宾馆、商店等商业企业中零售。相对而言,乙类比甲类更安全。

中考前,17岁的小明因为考试压力太大,经常熬夜复习功课,导致抵抗力低下,出现了打喷嚏、流涕、鼻塞和全身酸痛和发热等症状。亲戚朋友听说之后,给小明带来了很多保健品和药品。以下是一张常见感冒药的说明书。

1. 根据你对保健品的理解,下列关于保健品的说法,正确的是?
① 保健品就是药品
② 保健品可以代替药品治病
③ 保健品不是药品,但是可以代替药品治病
④ 保健品不是药品,也不能代替药品治病
⑤ 不知道
2. 出现发热症状时,下列做法正确的是?
① 及时找医生看病,服药遵医嘱　　② 根据以往经验,自行服用退热药
③ 观察观察再说　　　　　　　　④ 只要不影响学习就不用治疗
⑤ 不知道
3. 如果你是小明,在选择医院看病或治疗上,会有怎样的考虑?
① 一生病就应该去大医院　　　　② 只要进了大医院,病就会好转
③ 尽量选择附近的社区医院诊疗,必要时再去大医院
④ 输液疗效好、作用快,所以有病之后要一定要让医生给自己输液治疗

⑤ 不知道

4. 妈妈带小明去医院看病，医生给小明开了一些口服药。请你帮小明分析一下，服用药物前是否要看说明书？
   ① 不需要看，说明书是给医生看的
   ② 不需要看，说明书是药厂写的生产流程
   ③ 需要看，了解药物的各项特性，并在医生指导下按医嘱服用药物
   ④ 需要看，只要看看药物用量和保质期就可以了
   ⑤ 不知道

5. 药品标签上印有"OTC"红色字样，并注有字样"MFG 2013/4/30 EXP 2015/8"，请分析这种药品属于？（注：MFG：Manufacturing date；EXP：Expiring date）（多选题）
   ① 该药是处方药，必须由医生开处方才能买到
   ② 该药是非处方药，不用医生开处方，就可以购买
   ③ 该药是甲类非处方药，必须在药店出售
   ④ 该药生产期为2013年4月，有效期至2015年8月
   ⑤ 不知道

6. 药品说明书上写有字样：口服，成人及12岁以上儿童，1次1片，每6小时服1次，24小时内不超过4次。0.125 g/粒，1次/天，12岁以上 0.25 g/天，你觉得小明应该如何服药？
   ① 每次吃2片，1天1次   ② 每次吃1片，1天4次
   ③ 每次吃1粒，1天不超过4次   ④ 每次吃1粒，症状不缓解就加量
   ⑤ 不知道

7. 小明帮妈妈整理药箱时发现一盒开瑞坦，有效期写着2011年4月1日，药物已过期，小明应该如何做？
   ① 扔到家里垃圾桶里   ② 扔到小区垃圾箱里
   ③ 继续放在药箱里
   ④ 送到小区过期药品回收点集中处理   ⑤ 不知道

8. 小明整理药箱时还发现几瓶眼药水和炉甘石洗剂也过期了，他该如何处理？
   ① 直接扔到小区垃圾箱里
   ② 继续放在药箱里
   ③ 所有的液体全部混杂在一起，倒入下水道冲走，外盒丢入垃圾箱
   ④ 所有的液体彼此不可混杂，分别倒入下水道冲走，外盒丢入垃圾箱
   ⑤ 不知道

9. 小明看到商场里有很多食品，营养品在售卖，请问分析，那么下面哪一个是正规的保健品标识？

   ①   ②   ③   ④

国家社会科学基金教育学重点课题成果鉴定材料(6)研究总报告附录 3

大学生健康素养自评问卷

编撰人：张　镭　钱海红

1. 鉴别app/公众号推送的信息的可靠性
① 很困难　　② 较困难　　③ 一般　　④ 较容易　　⑤ 很容易
2. 你能判断朋友圈里健康相关信息的可靠性
① 很困难　　② 较困难　　③ 一般　　④ 较容易　　⑤ 很容易
3. 如果发生郁闷的事情或是挫折，你能进行自我调适
① 很困难　　② 较困难　　③ 一般　　④ 较容易　　⑤ 很容易
4. 你对适应新的生活环境，觉得
① 很困难　　② 较困难　　③ 一般　　④ 较容易　　⑤ 很容易
5. 在压力大的时候，能避免酒精或药物滥用
① 从不　　　② 偶尔　　③ 有时　　④ 经常　　　⑤ 总是
6. 压力大的时候，你有有效的减压办法
① 从不　　　② 偶尔　　③ 有时　　④ 经常　　　⑤ 总是
7. 对于人工流产对健康的危害
① 非常了解　② 比较了解　③ 一般　④ 不太了解　⑤ 完全不了解
8. 对于避孕套的正确使用方法
① 非常了解　② 比较了解　③ 一般　④ 不太了解　⑤ 完全不了解
9. 对于避孕药的正确使用方法和不良反应
① 非常了解　② 比较了解　③ 一般　④ 不太了解　⑤ 完全不了解
10. 万一发生意外怀孕，你知道该处理
① 很困难　　② 较困难　　③ 一般　　④ 较容易　　⑤ 很容易
11. 获得所关注疾病的症状以及治疗的信息时，你觉得
① 很困难　　② 较困难　　③ 一般　　④ 较容易　　⑤ 很容易
12. 当你想获得预防乙型肝炎的相关信息时，你觉得
① 很困难　　② 较困难　　③ 一般　　④ 较容易　　⑤ 很容易
13. 当你想获得获取暴发性传染病（如埃博拉病毒病）的相关信息时，你觉得
① 很困难　　② 较困难　　③ 一般　　④ 较容易　　⑤ 很容易
14. 当你想获取防治高血压、糖尿病等慢性病的相关信息时，你觉得
① 很困难　　② 较困难　　③ 一般　　④ 较容易　　⑤ 很容易
15. 你觉得获取有益于你心理健康的信息
① 很困难　　② 较困难　　③ 一般　　④ 较容易　　⑤ 很容易
16. 如果要想获取学校心理咨询中心的联系方式，你觉得
① 很困难　　② 较困难　　③ 一般　　④ 较容易　　⑤ 很容易
17. 如果你想获取有关解决焦虑的信息，你觉得
① 很困难　　② 较困难　　③ 一般　　④ 较容易　　⑤ 很容易
18. 你觉得获取所关注的青春期自我保健的信息
① 很困难　　② 较困难　　③ 一般　　④ 较容易　　⑤ 很容易
19. 你觉得获取正确使用避孕套的信息
① 很困难　　② 较困难　　③ 一般　　④ 较容易　　⑤ 很容易

20. 如果你想获取艾滋病防治的信息,你觉得
① 很困难　　② 较困难　　③ 一般　　④ 较容易　　⑤ 很容易
21. 如果你想获取有关体育锻炼相关信息,你觉得
① 很困难　　② 较困难　　③ 一般　　④ 较容易　　⑤ 很容易
22. 如果你想获取有关健康饮食的相关信息,你觉得
① 很困难　　② 较困难　　③ 一般　　④ 较容易　　⑤ 很容易
23. 你觉得获取有关戒烟的信息
① 很困难　　② 较困难　　③ 一般　　④ 较容易　　⑤ 很容易
24. 你觉得获取到居住地环境或区域中的可能危险因素相关信息
① 很困难　　② 较困难　　③ 一般　　④ 较容易　　⑤ 很容易
25. 旅游前,如果你想获得当地的危险因素,你觉得
① 很困难　　② 较困难　　③ 一般　　④ 较容易　　⑤ 很容易
26. 你获取性知识来自相关官方渠道的频率
① 从不　　② 偶尔　　③ 有时　　④ 经常　　⑤ 总是
27. 判断生活中有哪些外界因素会影响身心健康
① 很困难　　② 较困难　　③ 一般　　④ 较容易　　⑤ 很容易
28. 判断哪些日常生活习惯会影响身心健康
① 很困难　　② 较困难　　③ 一般　　④ 较容易　　⑤ 很容易
29. 判断缺乏运动等影响健康的相关信息的可靠性
① 很困难　　② 较困难　　③ 一般　　④ 较容易　　⑤ 很容易
30. 判断生活场所的不利于身体健康的隐患
① 很困难　　② 较困难　　③ 一般　　④ 较容易　　⑤ 很容易
31. 判断偏方和秘方的可靠性
① 很困难　　② 较困难　　③ 一般　　④ 较容易　　⑤ 很容易
32. 判断某种卫生保健服务或者产品的推销是否可靠
① 很困难　　② 较困难　　③ 一般　　④ 较容易　　⑤ 很容易
33. 分析评价日常运动中的潜在安全风险因素
① 很困难　　② 较困难　　③ 一般　　④ 较容易　　⑤ 很容易
34. 患病时,你会根据医生建议,接受治疗方案
① 从不　　② 偶尔　　③ 有时　　④ 经常　　⑤ 总是
35. 服药时,你严格遵照医生的指导或者药品说明书服药
① 从不　　② 偶尔　　③ 有时　　④ 经常　　⑤ 总是
36. 遵照医生给予的生活建议(如饮食控制、增强锻炼等)
① 从不　　② 偶尔　　③ 有时　　④ 经常　　⑤ 总是
37. 合理使用抗生素
① 从不　　② 偶尔　　③ 有时　　④ 经常　　⑤ 总是
38. 你是否定期体检
① 从不　　② 偶尔　　③ 有时　　④ 经常　　⑤ 总是

39. 说起人生，你觉得很有目标并在为此努力
① 从不　　　② 偶尔　　　③ 有时　　　④ 经常　　　⑤ 总是

40. 你有明确职业规划，并朝这个方向努力
① 从不　　　② 偶尔　　　③ 有时　　　④ 经常　　　⑤ 总是

41. 在就业受挫时，你能及时调整定位，寻求更合适的岗位
① 很困难　　② 较困难　　③ 一般　　　④ 较容易　　⑤ 很容易

42. 失恋时，你能处理自己低落的情绪
① 很困难　　② 较困难　　③ 一般　　　④ 较容易　　⑤ 很容易

43. 每天吃早饭
① <1 次/周　② 1~2 次/周　③ 3~4 天/周　④ 5~6 天/周　⑤ 7 天/周

44. 买食品的时候，会看食品包装上的生产日期、保质期、营养、热量和钠盐等信息
① 从不　　　② 偶尔　　　③ 有时　　　④ 经常　　　⑤ 总是

45. 有意识地减少食用快餐
① 从不　　　② 偶尔　　　③ 有时　　　④ 经常　　　⑤ 总是

46. 有意识地能够根据自身营养状况来选择食品（如脱脂，少糖等）
① 从不　　　② 偶尔　　　③ 有时　　　④ 经常　　　⑤ 总是

47. 有规律地参加体育健身活动
① 从不　　　② 偶尔　　　③ 有时　　　④ 经常　　　⑤ 总是

48. 有意识在日常生活中加强锻炼（如每天计步活动）
① 从不　　　② 偶尔　　　③ 有时　　　④ 经常　　　⑤ 总是

49. 有充足的睡眠
① 从不　　　② 偶尔　　　③ 有时　　　④ 经常　　　⑤ 总是

50. 能有效管理时间，做到劳逸结合
① 从不　　　② 偶尔　　　③ 有时　　　④ 经常　　　⑤ 总是

51. 抽烟
① <1 支/月　　　　② 1~4 支/月　　　　③ 5~20 支/月
④ 2~5 支/天　　　⑤ >20 支/天

52. 喝酒
① <1 次/月　　　　② 1~2 次/月　　　　③ 3~5 次/月
④ 6~8 次/月　　　⑤ >8 次/月

53. 尽可能避免使用导致室内污染的产品
① 从不　　　② 偶尔　　　③ 有时　　　④ 经常　　　⑤ 总是

54. 愿意在健康相关产品上花额外的时间或费用
① 从不　　　② 偶尔　　　③ 有时　　　④ 经常　　　⑤ 总是

55. 积极参与改善居住地环境
① 从不　　　② 偶尔　　　③ 有时　　　④ 经常　　　⑤ 总是

56. 有充分的自我防护意识来减少在卫生保健上的花销和或者卫生保健提供者的依赖

① 从不　　　② 偶尔　　　③ 有时　　　④ 经常　　　⑤ 总是

57. 对于扭伤的应急处理
① 非常了解　② 比较了解　③ 一般　④ 不太了解　⑤ 完全不了解

58. 对于急性胃肠炎的应急处理
① 非常了解　② 比较了解　③ 一般　④ 不太了解　⑤ 完全不了解

59. 对于上呼吸道感染的常规处理
① 非常了解　② 比较了解　③ 一般　④ 不太了解　⑤ 完全不了解

60. 关于乙型肝炎的传播方式和预防手段
① 非常了解　② 比较了解　③ 一般　④ 不太了解　⑤ 完全不了解

61. 关于禽流感的传播方式和预防措施
① 非常了解　② 比较了解　③ 一般　④ 不太了解　⑤ 完全不了解

62. 知道哪些是非处方药（OCT）药物
① 非常了解　② 比较了解　③ 一般　④ 不太了解　⑤ 完全不了解

63. 你觉得看懂药物说明书
① 很困难　　② 较困难　　③ 一般　　④ 较容易　　⑤ 很容易

64. 你觉得理解医生给的健康建议
① 很困难　　② 较困难　　③ 一般　　④ 较容易　　⑤ 很容易

65. 你觉得看懂体检报告
① 很困难　　② 较困难　　③ 一般　　④ 较容易　　⑤ 很容易

66. 对于月经和乳房（女生填）/外生殖器（男生填）的卫生护理方法
① 非常了解　② 比较了解　③ 一般　④ 不太了解　⑤ 完全不了解

67. 对于艾滋病的传播途径和预防方式
① 非常了解　② 比较了解　③ 一般　④ 不太了解　⑤ 完全不了解

68. 你觉得理解膳食金字塔的构成，并合理选择和搭配三餐
① 很困难　　② 较困难　　③ 一般　　④ 较容易　　⑤ 很容易

69. 你觉得对于理解有关酗酒的健康警示
① 很困难　　② 较困难　　③ 一般　　④ 较容易　　⑤ 很容易

70. 理解媒体上宣传的保健信息
① 很困难　　② 较困难　　③ 一般　　④ 较容易　　⑤ 很容易

71. 你对网络成瘾的危害性
① 非常了解　② 比较了解　③ 一般　④ 不太了解　⑤ 完全不了解

72. 你知道哪些疾病筛检是你所需的（如是否需要定期进行甲状腺的 b 超检查）
① 很困难　　② 较困难　　③ 一般　　④ 较容易　　⑤ 很容易

73. 你知道你何时需要注射哪些疫苗
① 很困难　　② 较困难　　③ 一般　　④ 较容易　　⑤ 很容易

74. 如果你身体出现异常变化，你知道如何咨询医生或者健康专家
① 很困难　　② 较困难　　③ 一般　　④ 较容易　　⑤ 很容易

75. 你知道多久应该进行一次健康检查

① 非常了解　　② 比较了解　　③ 一般　　④ 不太了解　　⑤ 完全不了解
76. 知道如何采取措施远离日常生活环境中的危险区域,避免踩踏
① 非常了解　　② 比较了解　　③ 一般　　④ 不太了解　　⑤ 完全不了解
77. 火灾、地震发生时能采取正确的逃生措施
① 非常了解　　② 比较了解　　③ 一般　　④ 不太了解　　⑤ 完全不了解
78. 能够对小伤病(如轻微外伤、咬伤、烧烫伤等)采取必要的院前处理
① 非常了解　　② 比较了解　　③ 一般　　④ 不太了解　　⑤ 完全不了解
79. 如果发生生命危急状态(如心肺骤停、溺水、大出血等),能够对别人开展紧急援助(包括使用正确的方法拨打求助电话、实施心肺复苏)
① 很困难　　② 较困难　　③ 一般　　④ 较容易　　⑤ 很容易
80. 能够采取措施预防和控制网络成瘾
① 很困难　　② 较困难　　③ 一般　　④ 较容易　　⑤ 很容易
81. 能够采取措施规避网络诈骗和网络交友陷阱
① 很困难　　② 较困难　　③ 一般　　④ 较容易　　⑤ 很容易

大学生电子健康素养调查问卷

调查对象所在大学：_____　　　　问卷编号：_____

亲爱的同学：

　　您好！希望您能抽出宝贵的时间填写此份问卷！该问卷主要目的是评估高校学生的**电子健康素养**（**eHealth Literacy**），即从网络等电子资源搜索、查找、获取和理解有效健康信息，并运用这些信息解决健康问题的能力。本调查不记名，您所提供的数据仅作研究之用，请您根据自己的真实情况，在相应选项下划"√"。**如果选择其他，请注明**。谢谢！

一、人口统计学：

1. 性　　别：1) 男　　　　　　　2) 女
2. 出生年月：_____年_____月
3. 院　　系：_____专业：_____
4. 年　　级：1) 本科_____年级　　2) 硕士研究生　　3) 博士研究生
5. 原户籍性质：1) 城镇　　　　　　2) 农村

二、电子健康素养量表（eHealth Literacy Scale）：

1-1 您听说过电子健康素养吗？　　　　1) 是　　2) 否
1-2 您认为电子健康素养受下列哪些因素影响？（可多选）
1) 文化程度　　2) 网络可及性　3) 上网费用　　4) 职业　　5) 健康状况　　6) 专业
1-3 您认为电子健康素养包含哪些方面？（可多选）
1) 计算机素养　　2) 信息素养　　3) 媒体素养　　4) 健康素养　5) 科学素养　　6) 传统文化素养
2. 您认为网络对您做出关于健康方面的决定作用有多大？
1) 没有任何作用　2) 不是很有用　3) 不确定　　4) 有用　　5) 非常有用
3. 对您而言，通过网络获取健康信息的重要性
1) 一点都不重要　2) 不重要　　　3) 不确定　　4) 重要　　5) 非常重要
4. 您知道可以从网络上获取哪些健康资源
1) 非常不同意　　2) 不同意　　　3) 不清楚　　4) 同意　　5) 非常同意
5. 您知道可以从社交网络（如微博、人人、微信等）上获取哪些健康资源
1) 非常不同意　　2) 不同意　　　3) 一般　　　4) 同意　　5) 非常同意
6. 您知道可以从哪些网站获取有用的健康资源
1) 非常不同意　　2) 不同意　　　3) 一般　　　4) 同意　　5) 非常同意
7. 您知道如何从网络上获取有用的健康资源
1) 非常不同意　　2) 不同意　　　3) 不清楚　　4) 同意　　5) 非常同意
8. 您知道如何利用网络去回答与自己有关的健康问题
1) 非常不同意　　2) 不同意　　　3) 不清楚　　4) 同意　　5) 非常同意
9. 您知道如何利用网络去回答别人的健康问题
1) 非常不同意　　2) 不同意　　　3) 不清楚　　4) 同意　　5) 非常同意
10. 您知道如何利用从网络上获得的健康信息来帮助自己
1) 非常不同意　　2) 不同意　　　3) 不清楚　　4) 同意　　5) 非常同意
11. 您具备评估网络上健康信息所需的能力
1) 非常不同意　　2) 不同意　　　3) 一般　　　4) 同意　　5) 非常同意
12. 您知道如何对网络健康信息进行优劣区分
1) 非常不同意　　2) 不同意　　　3) 一般　　　4) 同意　　5) 非常同意
13. 您有自信能利用网络健康信息来帮助自己做出正确的有关健康方面的决定
1) 非常不同意　　2) 不同意　　　3) 一般　　　4) 同意　　5) 非常同意

14. 您会关注网络上与健康相关的研究进展(如慢性病防治、疫苗研制等)
1) 非常不同意　　2) 不同意　　　3) 一般　　　4) 同意　　　5) 非常同意
15. 您知道健康类网站(如健康123、丁香园、迈博健康、37度医学网、三九健康网)
1) 非常不同意　　2) 不同意　　　3) 不清楚　　4) 同意　　　5) 非常同意
16. 您知道某些健康类软件(如掌上药店、安全期自测等用于保健和健康监测的软件)
1) 非常不同意　　2) 不同意　　　3) 不清楚　　4) 同意　　　5) 非常同意
17. 您愿意在社交网络中分享和讨论健康相关话题
1) 非常不同意　　2) 不同意　　　3) 不清楚　　4) 同意　　　5) 非常同意
18. 您愿意参加如何利用网络查找有效健康信息的培训
1) 非常不同意　　2) 不同意　　　3) 不清楚　　4) 同意　　　5) 非常同意
19. 您愿意在电子邮箱里收到由权威机构发布的健康类信息(如医疗保健、营养卫生等)
1) 非常不同意　　2) 不同意　　　3) 不清楚　　4) 同意　　　5) 非常同意
20. 您不同意在电子邮箱里收到健康类信息的原因是(可多选)
1) 没时间看　　　　　2) 不会辨别真伪　　　　3) 不相信权威
4) 觉得这些信息没用　5) 其他_____

三．电子健康行为：

1. 您会参加网络上以健康为主题的网络社区(如减肥网站、健身网站)　　　1) 是　　2) 否
2. 您会使用某些健康类软件　　　　　　　　　　　　　　　　　　　　　1) 是　　2) 否
3. 您曾利用网络上的健康信息帮助自己解决过健康问题　　　　　　　　　1) 是　　2) 否
4. 您曾从网络上搜索到有效的健康信息　　　　　　　　　　　　　　　　1) 是　　2) 否
5. 您曾利用电子设备(如手机、平板电脑等)查找过健康资源　　　　　　　1) 是　　2) 否
6. 您曾使用过电子身高仪或体重计　　　　　　　　　　　　　　　　　　1) 是　　2) 否
7. 您曾通过医院官方网站进行电子挂号　　　　　　　　　　　　　　　　1) 是　　2) 否
8. 您曾在微博、人人网、博客等社交网站上浏览过健康类信息　　　　　　1) 是　　2) 否
9. 您曾在微博、人人网、博客等社交网站上评论或分享过健康类信息　　　1) 是　　2) 否
10. 您对在网络上推销的卫生保健服务或健康产品表示质疑
1) 从来没有　　2) 很少这样　　3) 不清楚　　4) 经常这样　　5) 每次都是
11. 您对私营医生或诊所在网络上做的宣传广告表示质疑
1) 从来没有　　2) 很少这样　　3) 不清楚　　4) 经常这样　　5) 每次都是
12. 网络上健康保健类广告对您的影响程度
1) 总是被影响　2) 偶尔被影响　3) 不清楚　　4) 不太会影响　5) 完全没有影响
13. 您会接受通过网络获取的有科学依据的健康信息
1) 从来不会　　2) 很少会　　　3) 不清楚　　4) 经常会　　　5) 每次都会
14. 您常获取健康信息的网络资源来源是
1) 健康类网站　2) Google等搜索引擎　3) 微博　　4) 论坛(BBS)　5) 其他
15. 您常用于获取健康资源的工具为
1) 手机　　　　2) 电脑、平板电脑　　3) 电视、广播　4) 书刊、报纸　5) 其他
16. 您比较关注网络上哪些方面的健康信息
1) 食品安全　　　　　2) 营养与保健品　　　　3) 药品信息
4) 减肥瘦身　　　　　4) 两性健康　　　　　　5) 疾病防治

注：以上信息均只为本研究所用。如您想知道获知您的评估结果,请留下联系方式：
邮箱：_____　/　　电话：_____
调查时间：___年___月___日___时　　调查者：

(编撰人：唐增　傅华)

图书在版编目(CIP)数据

学生健康素养评估指标体系研究/傅华,史慧静主编. —上海:复旦大学出版社,2020.4
ISBN 978-7-309-14983-8

Ⅰ.①学… Ⅱ.①傅… ②史… Ⅲ.①青少年-健康教育-教育评估-研究-中国 Ⅳ.①G479

中国版本图书馆 CIP 数据核字(2020)第 059333 号

学生健康素养评估指标体系研究
傅 华 史慧静 主编
责任编辑/王 瀛

复旦大学出版社有限公司出版发行
上海市国权路 579 号 邮编:200433
网址:fupnet@fudanpress.com http://www.fudanpress.com
门市零售:86-21-65102580 团体订购:86-21-65104505
外埠邮购:86-21-65642846 出版部电话:86-21-65642845
上海四维数字图文有限公司

开本 787×1092 1/16 印张 24.75 字数 381 千
2020 年 4 月第 1 版第 1 次印刷

ISBN 978-7-309-14983-8/G·2099
定价:78.00 元

如有印装质量问题,请向复旦大学出版社有限公司出版部调换。
版权所有 侵权必究